A Revolução Russa

Sheila Fitzpatrick

A Revolução Russa

tradução
José Geraldo Couto

todavia

Introdução **7**

1. O cenário **27**
2. 1917: As Revoluções de Fevereiro e Outubro **63**
3. A Guerra Civil **103**
4. A NEP e o futuro da Revolução **139**
5. A revolução de Stálin **177**
6. Encerrando a Revolução **219**

Agradecimentos **253**
Notas **255**
Bibliografia selecionada **269**
Índice remissivo **277**

Introdução

Durante a visita do presidente Nixon à China em 1972, a conversa se voltou para a Revolução Francesa, ocorrida quase dois séculos antes. Diz a lenda que, quando perguntaram ao premiê Chu En-Lai sobre o impacto da revolução, ele teria respondido que ainda era cedo para dizer. Descobriu-se depois que ele provavelmente não entendeu a pergunta, e que se referia aos acontecimentos de 1968 em Paris, mas seria uma boa resposta de qualquer maneira. Sempre é cedo demais para avaliarmos o impacto de grandes acontecimentos históricos, porque esse impacto nunca é estático e está sempre se transformando conforme mudam as circunstâncias do presente e nossa perspectiva do passado. Assim foi com a Revolução Russa, cuja memória já atravessou uma série de vicissitudes, um processo que certamente continuará no futuro.

A segunda edição de *A Revolução Russa* (1994) foi publicada na esteira de eventos dramáticos – a queda do regime comunista e a dissolução da União Soviética no final de 1991. Esses eventos tiveram toda sorte de consequências para historiadores da Revolução Russa. Eles abriram arquivos até então fechados, trouxeram à luz memórias escondidas em gavetas e liberaram um oceano de novos materiais de todo tipo, em especial sobre o período de Stálin e a história da repressão soviética. Como resultado, a década de 1990 e os primeiros anos do século XXI foram particularmente produtivos para os historiadores, incluindo russos pós-soviéticos, recém-reconectados à comunidade acadêmica internacional. Na terceira edição, os leitores puderam encontrar, citadas nas notas e listadas na bibliografia, as obras pós-1991 mais importantes disponíveis em inglês.

A bibliografia expandida da terceira edição (2008) reflete essa avalanche de novas informações. Agora, com a quarta edição, chegamos ao centenário da Revolução Russa. É o momento certo para uma reavaliação, mas há pouca vontade na Rússia de se envolver em um projeto assim. A Rússia pós-soviética precisa de um passado aproveitável como base de uma nova identidade nacional. O problema é saber onde a revolução se encaixa nisso. É relativamente fácil acomodar Stálin como um edificador da nação, que levou a Rússia (a União Soviética) à sua grande vitória na Segunda Guerra e que liderou sua ascensão a superpotência no pós-guerra. Todavia, não é fácil para um russo contemporâneo saber o que pensar sobre Lênin e os bolcheviques.

Para os russos e outros ex-cidadãos soviéticos, o colapso da União Soviética significou uma reavaliação fundamental do sentido da Revolução,[1] anteriormente saudada como o acontecimento fundamental do "primeiro Estado socialista" do mundo, e hoje visto por muitos como um desvio equivocado que tirou a Rússia do rumo por 74 anos. Se para os historiadores do Ocidente bastava fazer um pequeno ajuste, sua perspectiva foi sutilmente modificada pelo fim da Guerra Fria, bem como da União Soviética.

A poeira ainda precisa baixar sobre essas reconfigurações intelectuais. Contudo, uma coisa é clara: no que se refere ao significado da Revolução Russa, é cedo para uma afirmação definitiva, e sempre será enquanto a Revolução for vista como um divisor de águas na história moderna da Europa e do mundo. Este livro se propõe a contar a história da Revolução e iluminar as questões como eram vistas pelos participantes. Todavia, o sentido da Revolução Russa, assim como o da Revolução Francesa, será debatido eternamente.

Extensão temporal da revolução

Como as revoluções são sublevações sociais e políticas complexas, os historiadores que escrevem sobre elas tendem a divergir quanto às questões mais básicas – suas causas, os objetivos revolucionários, o impacto na sociedade, o resultado político e até mesmo a extensão temporal da revolução em si. No caso da Revolução Russa, o ponto inicial não apresenta problema: quase todo mundo considera que ele seja a "Revolução de Fevereiro"[2] de 1917, que levou à abdicação do imperador Nicolau II e à formação do Governo Provisório. Mas quando a Revolução Russa terminou? Acabou tudo em outubro de 1917, quando os bolcheviques tomaram o poder? Ou o final da Revolução veio com a vitória bolchevique na Guerra Civil, em 1920? A "revolução de cima para baixo" de Stálin fez parte da Revolução Russa? Ou deveríamos assumir a opinião de que a Revolução continuou por toda a duração do Estado soviético?

Em sua *Anatomia das revoluções*, Crane Brinton sugeriu que as revoluções têm um ciclo de vida que atravessa fases de crescente fervor e zelo pela transformação radical até atingir um clímax de intensidade, seguido pela fase "termidoriana" de desilusão, declínio da energia revolucionária e movimentos graduais rumo à restauração da ordem e à estabilidade.[3] Os bolcheviques russos, tendo em mente o mesmo modelo da Revolução Francesa, base da análise de Brinton, temiam uma degeneração termidoriana de sua própria revolução, e suspeitavam de que algo assim ocorrera ao final da Guerra Civil, quando o colapso econômico os obrigou ao "recuo estratégico" marcado pela introdução da Nova Política Econômica (NEP) em 1921.

No entanto, no final dos anos 1920, a Rússia se viu imersa em outra turbulência – a "revolução de cima" de Stálin, associada com o impulso industrializante do Primeiro Plano Quinquenal, a coletivização da agricultura e uma "Revolução Cultural" dirigida predominantemente contra a velha *intelligentsia* – cujo impacto na sociedade foi ainda maior que o das Revoluções de Fevereiro e Outubro de 1917 e o da Guerra Civil de 1918-20. É só quando essa turbulência termina, no início dos anos 1930, que sinais de um Termidor clássico podem ser percebidos: enfraquecimento do fervor e da beligerância revolucionários, novas diretrizes destinadas à restauração da ordem e da estabilidade, renascimento de valores e cultura tradicionais, solidificação de uma nova estrutura política e social. No entanto, mesmo esse Termidor não foi exatamente o fim da turbulência revolucionária. Numa derradeira convulsão interna, ainda mais devastadora que os surtos anteriores de terror revolucionário, os Grandes Expurgos de 1937-8 eliminaram muitos dos velhos revolucionários bolcheviques sobreviventes, efetuaram uma mudança generalizada de pessoal no seio das elites políticas, administrativas e militares e mandaram mais de 1 milhão de pessoas para a morte ou para a prisão no Gulag.[4]

Ao decidir sobre uma extensão temporal para a Revolução Russa, a primeira questão é a natureza do "recuo estratégico" representado pela NEP nos anos 1920. Aquilo foi o fim da revolução, ou concebido como tal? Embora a intenção declarada dos bolcheviques em 1921 fosse a de usar aquele interlúdio a fim de juntar forças para uma posterior renovação da investida revolucionária, havia sempre a possibilidade de que as intenções mudassem à medida que enfraqueciam as paixões revolucionárias. Alguns estudiosos julgam que, em seus últimos anos de vida, Lênin (que morreu em 1924) passou a acreditar que, para a Rússia, o progresso rumo ao socialismo só poderia ser gradativamente alcançado, com a elevação do nível cultural da população. Não obstante, a sociedade russa permaneceu extremamente volátil e instável durante o período da NEP, e a disposição do partido permaneceu agressiva e revolucionária. Os bolcheviques temiam a contrarrevolução, continuavam preocupados com a ameaça dos "inimigos de classe" no país e no exterior, e expressavam constantemente sua insatisfação com a NEP e sua relutância em aceitá-la como o resultado final da Revolução.

Uma segunda questão a ser considerada é a natureza da "revolução de cima" com que Stálin encerrou a NEP no final dos anos 1920. Alguns historiadores rejeitam a ideia de que tenha havido uma continuidade real entre a revolução de Stálin e a de Lênin. Outros sentem que a "revolução" de Stálin não merece esse nome, pois acreditam que não se tratou de uma sublevação popular, mas sim algo como um ataque à sociedade por parte de um partido governante, objetivando uma transformação radical. Neste livro, traço linhas de continuidade entre a revolução de Lênin e a de Stálin. Quanto à inclusão da "revolução de cima" de Stálin na Revolução Russa, trata-se de um tema sobre o qual os historiadores podem divergir legitimamente. A questão não é se 1917 e 1929 foram semelhantes, mas sim, se fizeram parte do mesmo processo. As guerras revolucionárias de Napoleão podem ser incluídas em nosso conceito geral de Revolução Francesa, mesmo que não as consideremos uma expressão do espírito de 1789; e um enfoque similar parece legítimo no caso da Revolução Russa. Em termos simples e práticos, uma revolução é coincidente com o período de sublevação e instabilidade entre a queda de um velho regime e a firme consolidação de um novo. No final dos anos 1920, os contornos permanentes do novo regime na Rússia ainda estavam por emergir.

A questão final é julgar se os Grandes Expurgos de 1937-8 devem ser considerados parte da Revolução Russa. Foi terror revolucionário ou terror de tipo basicamente diverso – terror totalitário, talvez, no sentido de um terror que serve a propósitos sistêmicos ou a um regime firmemente entrincheirado? Em meu modo de ver, nenhuma dessas duas caracterizações fornece uma descrição completa dos Grandes Expurgos. Eles foram um fenômeno único, localizado precisamente na fronteira entre a revolução e o stalinismo pós-revolucionário. Foi terror revolucionário em sua retórica, seus alvos e sua progressão em avalanche. Foi terror totalitário no sentido de que destruiu pessoas, mas não estruturas, e não ameaçou a pessoa do Líder. O fato de ter sido terror de Estado promovido por Stálin não o desqualifica como parte da Revolução Russa: afinal, o Terror Jacobino de 1794 pode ser descrito em termos similares.[5] Outra semelhança importante entre os dois episódios é que, em ambos os casos, revolucionários estavam entre os primeiros alvos de destruição. Por uma questão dramática, a crônica da Revolução Russa precisa dos Grandes Expurgos, assim como a crônica da Revolução Francesa precisa do Terror Jacobino.

Neste livro, a extensão temporal da Revolução Russa vai de fevereiro de 1917 aos Grandes Expurgos de 1937-8. Os diferentes estágios – as Revoluções de Fevereiro e Outubro de 1917, a Guerra Civil, o interlúdio da NEP, a "revolução de cima para baixo" de Stálin, seu rescaldo "termidoriano" e os Grandes Expurgos – são tratados como episódios distintos em um processo de vinte anos de revolução. Ao final desse período, a energia revolucionária estava completamente esgotada, a sociedade estava exausta, e até mesmo o Partido Comunista[6] governante se mostrava cansado de agitação e compartilhava o anseio geral por um "retorno à normalidade". Esta, evidentemente, ainda era inalcançável, pois a invasão alemã e o início do engajamento soviético na Segunda Guerra Mundial vieram poucos anos depois dos Grandes Expurgos. A guerra trouxe uma turbulência adicional, mas não mais revolução, ao menos no que dizia respeito aos territórios da União Soviética pré-1939. Era o início de uma nova era, pós-revolucionária, na história soviética.

Escritos sobre a revolução

Não há nada como uma revolução para provocar controvérsias ideológicas entre seus intérpretes. O bicentenário da Revolução Francesa em 1989, por exemplo, foi marcado por uma vigorosa tentativa, por parte de alguns acadêmicos e profissionais da comunicação, de pôr fim ao longo conflito interpretativo, despachando a Revolução para o arquivo morto da história. A Revolução Russa tem uma historiografia mais breve, mas provavelmente porque tivemos um século e meio a menos para escrever sobre ela. Na Bibliografia Selecionada, no final deste livro, eu me concentrei em obras acadêmicas recentes, refletindo o florescimento dos estudos ocidentais sobre a Revolução Russa nos últimos dez ou quinze anos. Aqui resumirei as mudanças mais importantes na perspectiva histórica ao longo do tempo e descreverei as características principais de algumas das obras clássicas sobre a Revolução Russa e a história soviética.

Antes da Segunda Guerra Mundial, não havia muita coisa escrita sobre a Revolução Russa por historiadores profissionais no Ocidente. Há diversos ótimos relatos e memórias de testemunhas oculares, dos quais o mais famoso é *Dez dias que abalaram o mundo*, de John Reed, bem como algumas grandes histórias narradas por jornalistas como W. H. Chamberlin e Louis Fischer, cuja história dos bastidores da diplomacia soviética, *The Soviets in World Affairs*, ainda hoje é um clássico. As obras de interpretação que tiveram mais impacto de longo prazo foram a *História da Revolução Russa*, de Liev Trótski, e *A Revolução traída*, do mesmo autor. A primeira, escrita após a expulsão de Trótski da União Soviética, mas não como polêmica política, apresenta uma vívida descrição e análise marxista de 1917 da perspectiva de um participante. A segunda, um libelo contra Stálin escrito em 1936, descreve o regime stalinista como termidoriano, com base no apoio de uma classe burocrática soviética emergente e refletindo seus valores essencialmente burgueses.

Dos escritos sobre a União Soviética antes da guerra, um lugar de honra deve ser concedido a uma obra escrita sob a rigorosa supervisão de Stálin, o famigerado *História do Partido Comunista (Bolchevique) da União Soviética: Breve curso*, publicado em 1938. Como o leitor pode adivinhar, não era um trabalho acadêmico, mas uma obra concebida para estabelecer a "linha partidária" correta – isto é, a ortodoxia a ser absorvida por todos os comunistas e ensinada em todas as escolas – a respeito de todas as questões da história soviética, abarcando desde a natureza de classe do regime tsarista e os motivos da vitória do Exército Vermelho na Guerra Civil às conspirações contra o poder soviético encabeçadas pelo "Judas Trótski" e apoiadas por potências capitalistas estrangeiras. A existência de uma obra como o *Breve curso* não deixava muito espaço para a pesquisa acadêmica criativa sobre o período soviético. Uma severa censura e autocensura era a ordem do dia na profissão historiográfica soviética.

A interpretação da Revolução Bolchevique que se estabeleceu na União Soviética nos anos 1930 e permaneceu soberana até pelo menos meados da década de 1950 talvez possa ser descrita como marxista típica. Os pontos-chave eram: que a Revolução de Outubro foi uma verdadeira revolução proletária na qual o Partido Bolchevique atuou como a vanguarda do proletariado; e que ela não foi nem prematura nem acidental – sua ocorrência foi regida pela lei histórica. Leis históricas (*zakonomiérnosti*), imperiosas mas geralmente mal definidas, determinavam tudo na história soviética, o que significava que toda decisão política importante estava certa. Nenhuma história política real era escrita, já que todos os líderes revolucionários, com exceção de Lênin, Stálin e uns poucos que morreram jovens, foram expostos como traidores da Revolução e tornados "não pessoas", isto é, não mencionáveis por escrito. A história social era escrita em termos de classe, sendo a classe operária, o campesinato e a *intelligentsia* praticamente os únicos atores e objetos.

No Ocidente, a história soviética só se tornou um assunto de grande interesse depois da Segunda Guerra Mundial, principalmente em um contexto de Guerra Fria, para "conhecer o inimigo". Os dois livros que definiram o tom eram de ficção, *1984*, de George Orwell, e *O zero e o infinito*, de Arthur Koestler (sobre os processos de velhos bolcheviques nos Grandes Expurgos do final dos anos 1930), mas no terreno acadêmico foi a ciência política norte-americana que dominou. O modelo totalitário, com base em uma fusão um tanto demonizada de Alemanha nazista e Rússia stalinista, era o parâmetro interpretativo mais popular. Ele enfatizava a onipotência do Estado totalitário e de suas "alavancas de controle", dedicava considerável atenção à ideologia e à propaganda e negligenciava em grande parte a esfera social (vista como passiva e fragmentada pelo Estado totalitário). A maior parte dos estudiosos ocidentais concordava que a Revolução Bolchevique foi um golpe realizado por um partido minoritário, desprovido de qualquer espécie de apoio popular ou legitimidade. A Revolução, bem como a história pré-revolucionária do Partido Bolchevique, era estudada sobretudo para elucidar as origens do totalitarismo soviético.

Antes da década de 1970, poucos historiadores ocidentais ousaram se aprofundar no estudo da história soviética, incluindo a Revolução Russa, em parte porque o tema estava tão carregado politicamente, e em parte porque os arquivos e fontes primárias eram de difícil acesso. Dois trabalhos pioneiros de historiadores britânicos são dignos de nota: *A Revolução Bolchevique, 1917-1923*, de E. H. Carr, início de sua *História da Rússia Soviética*, em vários volumes, o primeiro dos quais foi publicado em

1952; e a clássica biografia de Trótski por Isaac Deutscher, cujo primeiro volume, *O profeta armado*, foi publicado em 1954.

Na União Soviética, a denúncia dos crimes de Stálin por Khruschóv no XX Congresso do Partido Comunista em 1956 e a desestalinização parcial que se seguiu abriram as portas para alguma reavaliação histórica e para a elevação do nível da pesquisa acadêmica. Estudos de 1917 e dos anos 1920 baseados em arquivos começaram a aparecer, embora ainda houvesse restrições e dogmas a ser observados, por exemplo, em relação ao status do Partido Bolchevique como vanguarda da classe operária. Tornou-se possível mencionar "não pessoas" como Trótski e Zinóviev, mas somente em um contexto pejorativo. A grande oportunidade que o Discurso Secreto de Khruschóv ofereceu aos historiadores foi separar Lênin e Stálin. Historiadores soviéticos de mente reformista produziram muitos livros e artigos sobre os anos 1920, sustentando que "normas leninistas" em diferentes áreas eram mais democráticas e tolerantes da diversidade e menos coercitivas e arbitrárias que as práticas da era Stálin.

Para leitores ocidentais, a tendência "leninista" dos anos 1960 e 1970 foi exemplificada por Roy A. Medviédev, autor de *Let History Judge. The Origins and Consequences of Stalinism*, publicado no Ocidente em 1971. Entretanto, a obra de Medviédev criticava Stálin de um modo incisivo e franco demais para o clima dos anos Brejnev, e ele não conseguiu publicá-la na União Soviética. Era a época do florescimento do *samizdat* (circulação clandestina de manuscritos no interior da União Soviética) e do *tamizdat* (publicação ilegal de obras no exterior). O mais famoso dos autores dissidentes a emergir naquela época foi Aleksandr Soljenítsin, o grande romancista e polemista histórico cujo *Arquipélago Gulag* foi publicado em inglês em 1973.

Enquanto as obras de alguns acadêmicos soviéticos dissidentes começavam a alcançar um público ocidental nos anos

1970, o trabalho acadêmico ocidental sobre a Revolução Russa ainda era tratado como "falsificação burguesa" e fora banido da União Soviética (embora algumas obras, incluindo *O Grande Terror*, de Robert Conquest, tenham circulado às escondidas com o *Gulag* de Soljenítsin). De todo modo, as condições haviam melhorado para estudiosos ocidentais. Agora eles podiam realizar pesquisas na União Soviética, ainda que com acesso limitado e estritamente controlado a arquivos, pois em tempos anteriores as condições tinham sido tão difíceis que muitos estudiosos ocidentais sequer podiam visitar a União Soviética, e outros tiveram expulsão sumária sob acusação de espionagem ou foram sujeitos a várias formas de pressão e perseguição. À medida que o acesso a arquivos e fontes primárias foi melhorando no final dos anos 1970 e nos anos 1980, um número crescente de historiadores ocidentais optou por estudar a Revolução Russa e seus desdobramentos; e a história, especialmente a história social, começou a suplantar a ciência política como disciplina dominante na sovietologia norte-americana.

Um novo capítulo nos estudos acadêmicos começou no início da década de 1990, quando a maior parte das restrições ao acesso a arquivos na Rússia foi suspensa e começaram a ser publicadas as primeiras obras que se valeram de documentos soviéticos até então secretos. Com o final da Guerra Fria, o campo da história soviética se tornou menos politizado no Ocidente, trazendo uma série de benefícios. Historiadores russos e outros pós-soviéticos já não estavam mais isolados de seus colegas ocidentais, e as velhas distinções entre estudo acadêmico "soviético", "emigrado" e "ocidental" desapareceram em grande medida: entre os estudiosos cujos trabalhos tiveram mais influência na Rússia e no exterior estavam o "russo" (na verdade, nascido na Ucrânia) radicado em Moscou Olieg Khlevniuk, pioneiro em estudos sobre o Politburo com base em arquivos, e Yuri Slezkine, um emigrado nascido em Moscou e residente nos Estados

Unidos desde os anos 1980, cujo *The Jewish Century* apresentou uma grande reinterpretação do lugar dos judeus na Revolução e na *intelligentsia* soviética.

Surgiram novas biografias de Lênin e Stálin com base em arquivos, e tópicos como Gulag e resistência popular, antes inacessíveis ao trabalho de pesquisa, atraíram muitos historiadores. Respondendo ao colapso da União Soviética e à emergência de Estados independentes no lugar das velhas repúblicas da União, estudiosos como Ronald Suny e Terry Martin desenvolveram as nacionalidades soviéticas como campo histórico. Estudos regionais floresceram, incluindo *Magnetic Mountain*, de Stephen Kotkin, sobre Magnitogorsk, nos Urais, que sustentava a emergência, nos anos 1930, de uma cultura soviética específica ("civilização stalinista") implicitamente produto da Revolução. Historiadores sociais descobriram nos arquivos uma profusão de cartas de cidadãos comuns a autoridades (queixas, denúncias, apelos), o que contribuiu para o rápido desenvolvimento de estudos sobre a vida cotidiana que têm muito em comum com a antropologia histórica. Em contraste com os anos 1980 (e refletindo desenvolvimentos generalizados no interior da profissão historiográfica), a geração atual de jovens historiadores tem sido atraída tanto pela história cultural e intelectual quanto pela história social, usando diários e autobiografias a fim de esclarecer o lado subjetivo e individual da experiência soviética.

Interpretando a revolução

Todas as revoluções têm *liberté*, *égalité*, *fraternité* e outros slogans nobres inscritos em suas bandeiras. Todos os revolucionários são entusiastas, ou até fanáticos; todos são utopistas, com sonhos de criar um novo mundo do qual a injustiça, a corrupção e a apatia do velho mundo sejam banidas para sempre. São intolerantes com a divergência; incapazes de concessões; fascinados por metas grandiosas e distantes; violentos, desconfiados e destrutivos. Os revolucionários são irrealistas e inexperientes em governar; suas instituições e procedimentos são improvisados. Eles têm a inebriante ilusão de personificar a vontade do povo, o que significa supor que o povo seja monolítico. São maniqueístas, dividindo o mundo em dois campos: luz e trevas, a revolução e seus inimigos. Desprezam todas as tradições, a sabedoria herdada, os ícones e as superstições. Acreditam que a sociedade pode ser uma *tabula rasa* na qual a revolução será escrita.

Está na natureza das revoluções terminar em desilusão e desapontamento. O fanatismo murcha; o entusiasmo se torna forçado. O momento de loucura[7] e euforia passa. A relação entre o povo e os revolucionários se torna complicada: fica evidente que a vontade do povo não é necessariamente monolítica e transparente. As tentações de riqueza e posição retornam, junto com o reconhecimento de que cada indivíduo não ama seu vizinho como a si mesmo, nem quer amar. Todas as revoluções destroem coisas cuja perda não demora a ser lamentada. O que elas criam é menos do que os revolucionários esperavam, e diferente.

Para além da semelhança genérica, cada revolução tem seu feitio próprio. A localização da Rússia era periférica, e suas classes instruídas preocupavam-se com o atraso do país em relação à Europa. Os revolucionários eram marxistas que muitas vezes substituíam "o povo" por "o proletariado" e sustentavam que a revolução era historicamente necessária, não moralmente imperiosa. Havia partidos revolucionários na Rússia antes de haver uma revolução; e quando chegou o momento, no meio da guerra, esses partidos competiram pelo apoio de unidades formadas de revolução popular (soldados, marinheiros, operários das grandes fábricas de Petrogrado), não pela adesão de uma massa revolucionária amorfa e espontânea.

Neste livro, três temas têm especial importância. O primeiro é o tema da modernização – a revolução como meio de sair do atraso. O segundo é a classe – a revolução como missão do proletariado e de sua "vanguarda", o Partido Bolchevique. E o terceiro é o tema da violência e do terror revolucionários – como a Revolução lidou com seus inimigos, e o que isso significou para o Partido Bolchevique e o Estado soviético.

O termo "modernização" passou a soar antiquado em uma era quase sempre descrita como pós-moderna. Todavia, isso é apropriado para nosso assunto, uma vez que a modernidade industrial e tecnológica pela qual os bolcheviques se empenhavam parece hoje irremediavelmente obsoleta: as gigantescas chaminés que povoam a paisagem da antiga União Soviética e da Europa Oriental como um rebanho de dinossauros poluidores eram, em seu tempo, a realização de um sonho revolucionário. Os marxistas russos se apaixonaram pela industrialização de estilo ocidental muito antes da revolução; sua insistência sobre a inevitabilidade do capitalismo (o que antes de tudo significava industrialização capitalista) estava no cerne de sua discussão com os populistas no final do século XIX. Na Rússia, como mais tarde ocorreria no Terceiro Mundo, o marxismo era tanto uma ideologia da revolução como uma ideologia do desenvolvimento econômico.

Em teoria, a industrialização e a modernização econômica eram, para os marxistas russos, apenas meios para atingir um fim, e esse fim era o socialismo. Quanto mais os bolcheviques se concentravam clara e obstinadamente nos meios, mais nebuloso, distante e irreal o fim se tornava. Quando a expressão "construindo o socialismo" passou a ser de uso comum nos anos 1930, era difícil distinguir seu sentido da construção real de fábricas novas e cidades industriais então em andamento. Para os comunistas daquela geração, as novas chaminés bafejando fumaça na estepe eram a demonstração suprema de que a Revolução tinha sido vitoriosa. Como afirma Adam Ulam, a industrialização acelerada de Stálin, apesar de penosa e coercitiva, era "a consumação lógica do marxismo, 'revolução realizada', em vez de 'revolução traída'".[8]

A classe social, o segundo tema, foi importante na Revolução Russa porque os participantes centrais a percebiam como tal. Categorias analíticas marxistas eram amplamente aceitas pela *intelligentsia* russa; e os bolcheviques, longe de serem exceção, eram representativos de um grupo socialista muito mais vasto quando interpretavam a Revolução em termos de conflito de classe e atribuíam um papel especial à classe operária industrial. No poder, os bolcheviques tomaram por certo que os proletários e os camponeses pobres eram seus aliados naturais. Também assumiram a suposição de que membros da "burguesia" – um amplo grupo que englobava antigos capitalistas, membros da nobreza fundiária, funcionários públicos, pequenos comerciantes, *kulaki* (camponeses prósperos) e mesmo, em alguns contextos, a *intelligentsia* russa – eram seus antagonistas naturais. Classificavam essas pessoas como "inimigos de classe", e foi predominantemente contra elas que o primeiro terror revolucionário foi dirigido.

O aspecto da classe social que tem sido debatido com mais ardor é se a pretensão dos bolcheviques de representar a classe operária era justificada. Talvez seja uma questão bastante simples, se observarmos apenas o verão e o outono de 1917, quando a classe operária de Petrogrado e Moscou estava radicalizada e preferia claramente os bolcheviques a qualquer outro partido político. Depois disso, as coisas não são mais simples. O fato de os bolcheviques terem tomado o poder com o apoio da classe operária não significa que tenham mantido esse apoio para sempre – ou que eles vissem seu partido, antes ou depois da tomada do poder, como mero porta-voz dos operários da indústria.

A acusação de que os bolcheviques tinham traído a classe operária, ouvida pela primeira vez no exterior em conexão com a revolta de Kronstadt de 1921, viria com certeza e provavelmente seria justificada. Mas que tipo de traição – em que momento, com quem, com que consequências? No período da NEP, os bolcheviques reatavam seu relacionamento com a classe operária, que parecera prestes a se desfazer ao final da Guerra Civil. Durante o Primeiro Plano Quinquenal, as relações azedaram de novo por causa da queda dos salários reais e dos padrões de vida urbanos, e das insistentes demandas do regime por aumento de produtividade. Uma efetiva separação da classe operária, se não um divórcio formal, ocorreu nos anos 1930.

Mas essa não é toda a história. A situação dos operários enquanto operários sob o poder soviético era uma coisa; as oportunidades acessíveis aos operários para se aprimorarem (tornarem-se algo além de operários) eram outra. Ao recrutar membros do partido predominantemente junto à classe operária nos quinze anos que se seguiram à Revolução de Outubro, os bolcheviques deram um grande passo para validar sua alegada condição de partido operário. Criaram também um amplo canal para a ascensão da classe operária, uma vez que o recrutamento de operários para o partido seguia de mãos dadas com a promoção de operários comunistas a cargos administrativos e gerenciais e da burocracia. Durante a Revolução Cultural no final dos anos 1920, o regime abriu outro canal de ascensão ao enviar um grande número de jovens operários e filhos de operários ao ensino superior. Embora a política de intensa "promoção proletária" fosse descontinuada no início dos anos 1930, suas consequências permaneceram. Não eram operários que contavam no regime de Stálin, mas ex-operários – o "núcleo proletário" recentemente promovido no seio da elite gerencial e profissional. Do ponto de vista marxista, essa mobilidade ascendente da classe operária talvez tenha sido de escasso interesse. Para os beneficiários, entretanto, seu novo status de elite devia parecer uma prova irrefutável de que a Revolução cumprira suas promessas à classe operária.

O último tema que perpassa este livro é a violência e o terror revolucionários. A violência popular é inerente à revolução; revolucionários tendem a encará-la de modo amplamente favorável nos primeiros estágios da revolução, mas com reservas crescentes em seguida. O terror, no sentido de violência organizada empreendida por grupos ou regimes revolucionários, que intimida e aterroriza a população em geral, também é uma característica das revoluções modernas, cujo padrão fora estabelecido pela Revolução Francesa. O principal propósito do terror, aos olhos dos revolucionários, é destruir os inimigos da revolução e os obstáculos à mudança; mas há, com frequência, um propósito secundário de manter a pureza e o comprometimento revolucionário dos próprios revolucionários.[9] Inimigos e "contrarrevolucionários" são extremamente importantes em todas as revoluções. Os inimigos resistem tanto em surdina quanto às claras; fomentam intrigas e conspirações; com frequência vestem a máscara de revolucionários.

Seguindo a teoria marxista, os bolcheviques conceituavam os inimigos da revolução em termos de classe. Ser um nobre, um capitalista ou um *kulak* era, ipso facto, evidência de afinidades contrarrevolucionárias. Como a maioria dos revolucionários (talvez mais do que a maioria, dada sua experiência pré-guerra de organização partidária e conspiração na clandestinidade), os bolcheviques eram obcecados com intrigas contrarrevolucionárias; e seu marxismo dava a isso uma característica especial. Se havia classes inimigas inatas da revolução, toda uma classe social podia ser encarada como uma conspiração de inimigos. Membros individuais dessa classe talvez fossem "objetivamente" conspiradores contrarrevolucionários, mesmo que subjetivamente (isto é, em sua própria mente) nada soubessem da conspiração e se considerassem apoiadores da revolução.

Os bolcheviques usaram dois tipos de terror na Revolução Russa: contra inimigos de fora do partido e contra inimigos internos a ele. O primeiro foi predominante nos anos iniciais da Revolução, esmoreceu nos anos 1920 e renasceu com força no final da década com a coletivização e a Revolução Cultural. O segundo latejou como uma possibilidade durante as lutas de facções partidárias no final da Guerra Civil, mas foi contido até 1927, quando um terror de pequena escala foi dirigido contra a Oposição de Esquerda.

Desde então, era palpável a tentação de perpetrar o terror total contra inimigos no interior do partido. Um motivo para isso era que o regime estava usando o terror em escala considerável contra "inimigos de classe" fora do partido. Outra razão era que os expurgos periódicos do partido (*tchístki*, literalmente, limpezas) em suas próprias fileiras tinham um efeito semelhante ao de esfregar uma coceira. Tais expurgos, realizados pela primeira vez em escala nacional em 1921, eram revisões de filiações no partido, nas quais todos os comunistas eram convocados individualmente para avaliações públicas de sua lealdade, competência, retrospecto e conexões; e os julgados indignos eram expulsos do partido ou rebaixados ao *status* de postulantes. Houve um expurgo nacional no partido em 1929, outro em 1933-4, e em seguida – já que limpar o partido tornou-se uma atividade quase obsessiva – mais duas revisões de filiações em rápida sucessão, em 1935 e 1936. Embora ainda fosse relativamente baixa a probabilidade de que a expulsão causasse punições suplementares, como a prisão ou o exílio, ela foi aumentando a cada um desses expurgos partidários.

O terror e os expurgos (com "e" minúsculo) partidários finalmente se uniram massivamente nos Grandes Expurgos de 1937-8.[10] Estes não foram um expurgo no sentido habitual, já que não envolveram nenhuma revisão sistemática de filiações; mas foram dirigidos em primeira instância contra membros do partido, particularmente aqueles em altas posições oficiais, embora as prisões e o medo tenham logo se espalhado para a *intelligentsia* não partidária e, em menor grau, para a população em geral. Nos Grandes Expurgos, descritos de forma mais precisa como o Grande Terror,[11] a suspeita era frequentemente equivalente à convicção, provas de atos criminosos eram desnecessárias e a punição por crimes contrarrevolucionários era a morte ou uma sentença a trabalhos forçados. A analogia com o Terror da Revolução Francesa ocorreu a muitos historiadores, e também claramente aos organizadores dos Grandes Expurgos, já que a expressão "inimigos do povo", aplicada aos que fossem julgados contrarrevolucionários durante os Grandes Expurgos, foi copiada dos terroristas jacobinos. O significado desse sugestivo empréstimo histórico é explorado no último capítulo.

Notas sobre a quarta edição

Como nas edições anteriores, esta quarta edição é essencialmente uma história da Revolução Russa como vivenciada na Rússia, não nos territórios não russos que faziam parte do antigo Império Russo e da União Soviética. Essa limitação deve ser ainda mais enfatizada agora, quando se desenvolve uma intensa e valiosa pesquisa acadêmica sobre as áreas e povos não russos. Com respeito a seu assunto central, esta edição incorpora materiais novos que se tornaram disponíveis de 1991 em diante, bem como estudos internacionais recentes. Não há grandes alterações na argumentação e na organização do livro, mas sim várias pequenas mudanças que refletem minha reação a novas informações e a novas interpretações acadêmicas. Usei as notas de rodapé para chamar a atenção para importantes estudos acadêmicos recentes (e mais antigos) em língua inglesa, bem como para estudos russos em traduções para o inglês, e mantive as citações de obras em russo reduzidas ao mínimo. A Bibliografia selecionada fornece um breve guia para leituras complementares.

I.
O cenário

No início do século XX, a Rússia era uma das grandes potências da Europa. Mas era uma grande potência vista universalmente como atrasada em comparação com a Grã-Bretanha, a Alemanha e a França. Em termos econômicos, isso significava que ela havia emergido tardiamente do feudalismo (os camponeses só foram libertados da servidão legal a seus senhores ou ao Estado nos anos 1860) e chegado tardiamente à industrialização. Em termos políticos, significava que até 1905 não havia partidos políticos legais nem parlamento central eleito, e que a autocracia sobrevivia com poderes ilimitados. As cidades russas não tinham a menor tradição de organização política ou autogoverno, e sua nobreza tampouco conseguira desenvolver um sentido de identidade coletiva forte o bastante para exigir concessões por parte do trono. Legalmente, cidadãos da Rússia ainda pertenciam a "estamentos" (urbano, camponês, clerical e nobre), embora esse sistema estamental não contemplasse novos grupos sociais, como profissionais liberais e trabalhadores urbanos, e somente o clero detivesse algo parecido com as características de uma casta autônoma.

As três décadas que antecederam a Revolução de 1917 não assistiram a um empobrecimento, mas a um crescimento da riqueza nacional; foi naquele período que a Rússia experimentou seu primeiro surto de crescimento econômico, como resultado de políticas governamentais de industrialização, investimento estrangeiro, modernização da estrutura bancária e de crédito, e um modesto desenvolvimento da atividade empresarial nativa. O campesinato, que ainda constituía 80% da população da Rússia na época da Revolução, não experimentou uma melhora visível em sua posição econômica. Contrariamente a algumas opiniões contemporâneas, é quase certo que não houve uma deterioração contínua da situação econômica dos camponeses.

Como percebeu com tristeza o último tsar da Rússia, Nicolau II, a autocracia estava travando uma batalha perdida contra insidiosas influências liberais do Ocidente. A direção da mudança política – rumo a algo como uma monarquia constitucional ocidental – parecia clara, embora muitos membros das classes instruídas estivessem impacientes com a lentidão das mudanças e com a atitude obstrucionista da autocracia. Depois da Revolução de 1905, Nicolau II cedeu e instituiu um parlamento nacional eleito, a Duma, legalizando ao mesmo tempo partidos políticos e sindicatos. Porém, os velhos hábitos arbitrários do governo autocrático e a atividade continuada da polícia secreta solaparam essas concessões.

Depois da Revolução Bolchevique de outubro de 1917, muitos russos emigrados passaram a recordar os anos pré-revolucionários como uma era dourada de progresso arbitrariamente interrompida (assim parecia) pela Primeira Guerra Mundial, pela turba descontrolada ou pelos bolcheviques. Houve progresso, mas ele contribuiu bastante para a instabilidade social e a probabilidade de insurreição política: quanto mais rápido uma sociedade muda (seja essa mudança percebida como progressista ou retrógrada), menos estável ela provavelmente ficará. Se pensarmos na grande literatura da Rússia pré-revolucionária, as imagens mais vigorosas são de deslocamento, alienação e falta de controle sobre o próprio destino. Para o escritor oitocentista Nikolai Gógol, a Rússia era uma troica em disparada na escuridão rumo a um destino desconhecido.

Para o político da Duma Aleksandr Gutchkov, ao denunciar Nicolau II e seus ministros em 1916, o país era um carro conduzido à beira de um precipício por um motorista louco, cujos passageiros apavorados estavam ponderando o risco de tomar o volante. Em 1917 correu-se esse risco, e o precipitado movimento da Rússia para a frente tornou-se um mergulho na revolução.

A sociedade

O Império Russo cobria uma vasta superfície territorial, estendendo-se da Polônia, a oeste, até o oceano Pacífico, a leste; do Ártico, ao norte, até o mar Negro e as fronteiras da Turquia e do Afeganistão, ao sul. O centro nervoso do império, a Rússia europeia (incluindo parte da área onde hoje é a Ucrânia), contava com uma população de 92 milhões de habitantes em 1897, de uma população total do império de 126 milhões, segundo o censo registrado naquele ano.[1] Mas mesmo a Rússia europeia e as regiões ocidentais relativamente avançadas do império permaneciam em grande medida rurais e não urbanizadas. Havia meia dúzia de grandes centros industriais, em sua maioria frutos de expansão recente e rápida: São Petersburgo, a capital imperial, rebatizada de Petrogrado durante a Primeira Guerra Mundial e de Leningrado em 1924; Moscou, a velha e (a partir de 1918) futura capital; Kíev, Khárkov e Odessa, com os novos centros mineradores e metalúrgicos do Donbás (bacia do Donets), no que hoje é a Ucrânia; Varsóvia, Łódź e Riga, no oeste; Rostov e a cidade petrolífera de Baku ao sul. Em sua maioria, as cidades russas do interior ainda eram atrasadas e modorrentas no início do século XX – centros administrativos locais com uma pequena população mercantil, algumas escolas, um mercado agrícola e talvez uma estação ferroviária.

Nas aldeias, muito do modo de vida tradicional persistia. Os camponeses ainda mantinham suas terras em posse comunal, dividindo os campos da aldeia em faixas estreitas cultivadas em separado pelas várias famílias camponesas; e em muitas aldeias o *mir* (assembleia da aldeia) ainda redistribuía periodicamente as faixas de terra para que cada família tivesse uma porção igual. Arados de madeira eram de uso compartilhado, técnicas modernas de lavoura eram desconhecidas nas aldeias e a agricultura camponesa não estava muito acima do nível de subsistência. As cabanas aglomeravam-se ao longo da rua da aldeia, camponeses dormiam sobre a estufa e guardavam seus animais dentro de casa, a velha estrutura patriarcal da família camponesa sobrevivia. Os camponeses não estavam a muito mais de uma geração de distância da servidão: um camponês que tivesse sessenta anos na virada do século já era um jovem adulto na época da Emancipação, em 1861.

Claro que a Emancipação mudou a vida rural, mas ela fora concebida com grande cautela de modo a minimizar a mudança e desdobrá-la ao longo do tempo. Antes da Emancipação, os camponeses trabalhavam em suas faixas de terra da aldeia e também nas terras do seu senhor, ou lhe pagavam em dinheiro o equivalente de seu trabalho. Depois da Emancipação, eles continuaram a trabalhar em suas próprias terras, e às vezes trabalhavam por empreitada nas terras do antigo senhor, fazendo ao mesmo tempo pagamentos de "resgate" ao Estado para compensar as grandes somas entregues aos senhores de terras como indenização imediata. Os pagamentos de resgate foram agendados para se estender por 49 anos (embora, na prática, o Estado os tenha cancelado alguns anos antes disso), e a comunidade da aldeia era responsável pelas dívidas de todos os membros. Isso significava que camponeses individuais continuavam presos à aldeia, embora estivessem presos pela dívida e pela responsabilidade coletiva do *mir*, e não mais pela condição de servos. Os termos da Emancipação tinham o objetivo de impedir um afluxo em massa de camponeses para as cidades e a criação de um proletariado sem terra que representasse um perigo à ordem pública. Tinham também o efeito de reforçar o *mir* e o velho sistema de posse comunal da terra, bem como tornar quase impossível aos camponeses efetivar a propriedade de suas faixas, expandir ou aprimorar suas terras, ou mesmo fazer a transição para uma pequena agricultura independente.

Se abandonar de vez as aldeias era difícil nas décadas pós-Emancipação, era fácil deixá-las temporariamente para trabalhar por empreitada na agricultura, na construção, na mineração, ou nas cidades. Na verdade, esses trabalhos eram uma necessidade para muitas famílias rurais. Os camponeses que labutavam como trabalhadores sazonais (*otkhódniki*) frequentemente se ausentavam por muitos meses a cada ano, deixando para trás as famílias, que continuavam cultivando suas terras na aldeia. Se as jornadas eram longas – como no caso de camponeses das aldeias da Rússia central que iam trabalhar nas minas do Donbás –, os *otkhódniki* poderiam eventualmente retornar apenas para a colheita e talvez para a semeadura na primavera. A prática de partir para trabalho sazonal era antiga, sobretudo nas áreas menos férteis da Rússia europeia, onde antes da Emancipação os senhores de terras já cobravam dos servos pagamento em dinheiro em vez de trabalho. Mas estava se tornando cada vez mais comum no final do século XIX e início do século XX, em parte porque havia mais trabalho disponível nas cidades. Nos anos anteriores à Primeira Guerra Mundial, cerca de 9 milhões de camponeses por ano obtiveram salvo-conduto para trabalho sazonal fora de suas aldeias de origem, e quase metade deles trabalhava fora da agricultura.[2]

Como uma em cada duas famílias camponesas da Rússia europeia incluía um membro que deixava a aldeia para trabalhar – e uma proporção maior na área de São Petersburgo, na Região Industrial Central e nas províncias ocidentais –, a impressão de que a velha Rússia sobrevivia quase inalterada nas aldeias pode muito bem ter sido enganosa. Muitos camponeses estavam na verdade vivendo com um pé no mundo rural tradicional e outro no mundo completamente diverso da cidade industrial moderna. Até que ponto os camponeses permaneciam dentro do mundo tradicional variava não somente de acordo com a localização geográfica, mas também com a idade e o gênero. Os jovens tinham uma tendência maior a trabalhar longe de casa, e além disso os rapazes entravam em contato com um mundo mais moderno quando convocados para o serviço militar. As mulheres e os idosos tinham maior probabilidade de conhecer apenas a aldeia e o velho modo de vida rural. Essas diferenças no seio da experiência camponesa apareceram de modo flagrante nos números sobre a alfabetização no censo de 1897. Os jovens eram muito mais alfabetizados que os velhos, os homens mais que as mulheres, e o índice de alfabetização era mais elevado nas áreas menos férteis da Rússia europeia – isto é, nas áreas onde a migração sazonal era mais comum – do que na fértil região da Terra Negra.[3]

A classe operária urbana ainda estava muito próxima do campesinato. O número de operários industriais permanentes (pouco mais de 3 milhões em 1914) era menor que o número de camponeses que deixava as aldeias a cada ano para engajar-se em trabalhos não agrícolas, e na verdade era quase impossível fazer uma distinção rigorosa entre trabalhadores urbanos permanentes e camponeses que trabalhavam a maior parte do ano nas cidades. Mesmo entre os operários permanentes, muitos mantinham terras na aldeia e deixaram esposa e filhos vivendo lá; outros moravam nas aldeias (um padrão bastante comum na área de Moscou) e se deslocavam diária, ou semanalmente para a fábrica. Apenas em São Petersburgo uma grande proporção da força de trabalho industrial tinha cortado inteiramente os laços com o campo.

O principal motivo para a interconexão íntima entre a classe operária urbana e o campesinato era que a rápida industrialização da Rússia era um fenômeno muito recente. Foi somente na década de 1890 – mais de meio século depois da Grã-Bretanha – que a Rússia assistiu a um crescimento em larga escala da indústria e uma expansão urbana. Mesmo assim, a criação de uma classe operária urbana permanente era inibida pelos termos da Emancipação dos servos dos anos 1860, que os mantinha amarrados às aldeias. Operários de primeira geração, oriundos predominantemente do campesinato, constituíam grande parte da classe operária russa; poucos eram anteriores à segunda geração de operários e habitantes das cidades. Embora historiadores soviéticos aleguem que mais da metade dos operários industriais às vésperas da Primeira Guerra Mundial eram pelo menos de segunda geração, esse cálculo claramente inclui operários e camponeses *otkhódniki* cujos pais tinham sido *otkhódniki*.

A despeito dessas características de subdesenvolvimento, a indústria russa era, em alguns aspectos, bastante avançada na época da Primeira Guerra Mundial. O setor industrial moderno era pequeno, mas singularmente concentrado, tanto em termos geográficos (sobretudo nas regiões em torno de São Petersburgo, de Moscou e do Donbás ucraniano) como no tamanho das unidades fabris. Como indicou Gerschenkron, o atraso comparativo tem suas vantagens: ao industrializar-se tardiamente, com a ajuda de investimento estrangeiro em larga escala e vigoroso envolvimento estatal, a Rússia conseguiu saltar alguns dos estágios iniciais, adotar uma tecnologia relativamente avançada e rumar rapidamente para uma produção moderna de larga escala.[4] Empresas como a famosa metalúrgica Putílov, com sua unidade de produção de máquinas em São Petersburgo, e as indústrias metalúrgicas de propriedade amplamente estrangeira do Donbás empregavam milhares de operários.

De acordo com a teoria marxista, um proletariado industrial extremamente concentrado, sob condições de produção capitalista avançada, tende a ser revolucionário, ao contrário de uma classe operária pré-moderna, que mantém fortes laços com o campesinato. Assim, a classe operária russa tinha características contraditórias para um diagnóstico marxista de seu potencial revolucionário. No entanto, evidências empíricas do período dos anos 1890 a 1914 sugerem que na verdade a classe operária russa, a despeito de seus vínculos íntimos com o campesinato, era excepcionalmente militante e revolucionária. Greves em larga escala eram frequentes, os operários mostravam considerável solidariedade contra a administração empresarial e a autoridade do Estado, e suas demandas eram em geral tanto políticas quanto econômicas. Na Revolução de 1905, os operários de São Petersburgo e Moscou organizaram suas próprias instituições revolucionárias, os sovietes, e permaneceram em luta depois das concessões constitucionais do tsar em outubro e do colapso da investida dos liberais de classe média contra a autocracia. No verão de 1914, o movimento grevista dos operários em São Petersburgo e outros locais assumiu dimensões tão ameaçadoras que alguns observadores julgaram que o governo não correria o risco de convocar uma mobilização geral para a guerra.

A força do sentimento revolucionário da classe operária na Rússia pode ser explicada de diferentes maneiras. Em primeiro lugar, o protesto econômico limitado contra os patrões – o que Lênin chamava de sindicalismo – era muito difícil sob as condições russas. O governo tinha grande participação na indústria nacional russa e na proteção do investimento estrangeiro, e as autoridades do Estado eram rápidas no fornecimento de tropas quando greves contra empresas privadas davam sinais de sair de controle. Isso significava que greves econômicas (protestos relativos a salários e condições de trabalho) tendiam a tornar-se políticas; e o ressentimento muito difundido de operários russos contra administradores e técnicos estrangeiros tinha um efeito semelhante. Embora Lênin, um marxista russo, afirmasse que por iniciativa própria a classe operária só poderia desenvolver uma "consciência sindical", em vez de uma consciência revolucionária, a própria experiência russa (em contraste com a da Europa Ocidental) não o corroborava.

Em segundo lugar, o componente camponês da classe operária russa provavelmente a tornou mais revolucionária do que o contrário. Os camponeses russos não eram pequenos proprietários conservadores como seus congêneres franceses. A tradição do campesinato russo de rebelião violenta e anárquica contra grandes proprietários e autoridades públicas, exemplificada na grande revolta de Pugatchov nos anos 1770, manifestou-se mais uma vez nos levantes camponeses de 1905 e 1906: a Emancipação de 1861 não arrefecera o espírito de revolta dos camponeses, porque estes não a viam como uma emancipação justa ou adequada e, cada vez mais exigentes, afirmavam seu direito sobre as terras que lhes tinham sido negadas. Além disso, os camponeses que migravam para as cidades e se tornavam operários eram quase sempre jovens, libertos de coações familiares mas ainda não acostumados à disciplina da fábrica, e carregavam os ressentimentos e frustrações que acompanham o deslocamento e a assimilação incompleta a um ambiente estranho.[5] Em certa medida, a classe operária russa era revolucionária exatamente porque não teve tempo de adquirir a "consciência sindical" sobre a qual escreveu Lênin – e para se tornar um proletariado industrial estabelecido, capaz de proteger seus interesses por meios não revolucionários, e de compreender as oportunidades para a ascensão social que as sociedades urbanas modernas oferecem àqueles com alguma educação e talento.

No entanto, as características "modernas" da sociedade russa, mesmo no setor urbano e nos estratos instruídos mais elevados, ainda eram muito incompletas. Foi dito com frequência que a Rússia não tinha classe média; e de fato sua classe empresarial e comercial permaneceu comparativamente fraca, ainda que profissões liberais, associações e outros sinais de uma sociedade civil emergente pudessem ser detectados.[6] Apesar da crescente profissionalização da burocracia estatal, seus escalões superiores permaneciam dominados pela nobreza, tradicionalmente a classe de servidores do Estado. Prerrogativas do funcionalismo público tornaram-se ainda mais importantes para a nobreza por causa de seu declínio econômico como classe fundiária depois da abolição da servidão: apenas uma minoria de nobres senhores de terras obteve êxito na transição para a agricultura capitalista, voltada para o mercado.

A natureza esquizoide da sociedade russa no início do século XX é bem ilustrada pela desconcertante variedade de autoidentificações fornecidas pelos assinantes da lista telefônica de São Petersburgo, a maior e mais moderna cidade da Rússia. Alguns assinantes mantinham as formas tradicionais e identificavam-se pelo estamento e posição social ("nobre hereditário", "mercador da Primeira Guilda", "cidadão honrado", "conselheiro do Estado"). Outros pertenciam claramente ao novo mundo, e descreviam-se em termos de profissão e tipo de emprego ("corretor de valores", "engenheiro mecânico", "diretor de empresa", ou, em um sinal representativo das conquistas russas no campo da emancipação feminina, "médica"). Um terceiro grupo era composto de pessoas que não sabiam a qual dos mundos pertenciam, identificando-se por estamento na lista telefônica de um ano e por profissão na do ano seguinte, ou dando ambas as identificações de uma vez só, como o assinante que se apresentou insolitamente como "nobre, dentista".[7]

Em contextos menos formais, russos instruídos costumavam descrever a si mesmos como membros da *intelligentsia*. Sociologicamente, tratava-se de um conceito muito escorregadio, mas em termos gerais, a palavra *"intelligentsia"* descrevia uma elite instruída ocidentalizada, apartada do resto da sociedade russa por sua educação e do regime autocrático russo por sua ideologia radical. No entanto, a *intelligentsia* russa não se via como uma elite, e sim como um grupo pertencente a nenhuma classe, unido por uma preocupação moral em prol da melhoria da sociedade, pela capacidade de "pensamento crítico" e, em particular, por uma atitude crítica, semioposicionista, em relação ao regime. O termo se tornou de uso comum em meados do século XIX, mas a gênese do conceito pode ser encontrada no final do século XVIII, quando a nobreza foi liberada da obrigação de serviço compulsório ao Estado, e alguns de seus membros, instruídos mas considerando sua instrução subutilizada, desenvolveram um éthos alternativo de obrigação de "servir ao povo".[8] Idealmente (mas não na prática), o pertencimento à *intelligentsia* e ao serviço burocrático eram incompatíveis. O movimento revolucionário russo da segunda metade do século XIX, caracterizado pela organização conspiratória em pequena escala para combater a autocracia e libertar o povo, foi em grande parte produto da ideologia radical e do dissenso político da *intelligentsia*.

No final do século, quando o desenvolvimento de profissões de status elevado tinha proporcionado aos russos instruídos um leque maior de escolhas ocupacionais do que o existente até então, a autodefinição de *intelectual* geralmente sugeria atitudes liberais passivas, e não um comprometimento revolucionário ativo com a mudança política. Ainda assim, a nova classe profissional da Rússia herdou muito da velha tradição da *intelligentsia* a ponto de sentir simpatia e respeito pelos revolucionários engajados, e ausência de simpatia pelo regime, mesmo quando suas autoridades tentavam empreender políticas reformistas ou eram assassinadas por terroristas revolucionários.

Além disso, alguns tipos de ocupação profissional eram especialmente difíceis de conciliar com o total apoio à autocracia. A profissão jurídica, por exemplo, emergiu como resultado da reforma do sistema legal nos anos 1860, mas as reformas tiveram muito menos êxito, no longo prazo, em estender o poder da lei sobre a sociedade e o governo russos, particularmente no período de reação que se seguiu ao assassinato do imperador Alexandre II por um grupo de terroristas revolucionários em 1881. Advogados cujo estudo os levara a acreditar no império da lei tendiam a desaprovar práticas administrativas arbitrárias, poder policial descontrolado e tentativas governamentais de influenciar o funcionamento do sistema judicial.[9] Outro relacionamento intrinsecamente adverso ao regime estava associado aos *zemstva*, órgãos eleitos de administração local institucionalmente separados por completo da burocracia estatal e com frequência em conflito com ela. No início do século XX, os *zemstva* empregavam cerca de 70 mil profissionais (médicos, professores, agrônomos e outros), cujas simpatias radicais eram notórias.

Engenheiros e outros especialistas técnicos que trabalhavam para o Estado ou empresas privadas tinham menos motivos óbvios para sentir-se apartados do regime, especialmente levando em conta o vigoroso fomento à modernização econômica e à industrialização promovido pelo Ministério das Finanças sob Serguei Witte nos anos 1890 e em seguida pelo Ministério da Indústria e Comércio. Witte, de fato, fez todos os esforços para angariar apoio à autocracia e seu impulso modernizador entre os especialistas técnicos e os empresários; entretanto, o entusiasmo de Witte pelo progresso econômico e tecnológico obviamente não era compartilhado por grande parte da elite burocrática russa, além de ser pessoalmente incompatível com o imperador Nicolau II. Profissionais e empreendedores de mentalidade modernizadora podiam não fazer objeção, em princípio, à ideia de governo autocrático (embora na prática muitos o fizessem, como resultado de sua exposição à política radical quando alunos dos Institutos Politécnicos). Mas era difícil para eles ver a autocracia *tsarista* como agente efetivo de modernização: o retrospecto dela era inconsistente demais, e sua ideologia política refletia de modo muito claro a nostalgia pelo passado, mais do que qualquer visão coerente do futuro.

A tradição revolucionária

A tarefa que a *intelligentsia* assumira para si era o aprimoramento da Rússia – primeiro, esboçando os projetos sociais e políticos para o futuro do país, e depois, se possível, empreendendo ações para traduzi-los em realidade. O padrão de medida para o futuro da Rússia era o presente da Europa Ocidental. Intelectuais russos podiam aceitar ou rejeitar diferentes fenômenos observados na Europa, mas todos estes estavam na agenda para discussão na Rússia e possível inclusão nos planos para o futuro do país. Nos últimos 25 anos do século XIX, um dos tópicos centrais de discussão era a industrialização da Europa Ocidental e suas consequências sociais e políticas.

Uma das opiniões era que a industrialização capitalista produzira degradação humana, empobrecimento das massas e destruição do tecido social no Ocidente, e portanto deveria ser evitada a todo custo pela Rússia. Os intelectuais radicais que sustentavam essa visão foram depois reagrupados retrospectivamente sob a designação de "populistas", embora o rótulo sugira um grau de organização coerente que não existia de fato (em sua origem, foi utilizado pelos marxistas russos para se diferenciar de todos os vários grupos da *intelligentsia* que discordavam deles). O populismo foi essencialmente o veio principal do pensamento radical russo dos anos 1860 aos anos 1880. A *intelligentsia* russa em geral aceitava o socialismo (como compreendido por socialistas europeus pré-marxistas, sobretudo pelos "utópicos" franceses) como a forma mais desejável de organização social, embora não fosse visto como incompatível com a aceitação do liberalismo como ideologia de mudança política. A *intelligentsia* também reagia a seu isolamento social por meio de um ardente desejo de superar o abismo entre ela própria e "o povo" (*narod*). A vertente do pensamento da *intelligentsia* descrita como populismo combinava uma objeção à industrialização capitalista com uma idealização do campesinato russo. Os populistas viram que o capitalismo teve um impacto destrutivo sobre comunidades rurais tradicionais na Europa, desenraizando os camponeses da terra e empurrando-os para as cidades como proletariado industrial despossuído e explorado. Eles queriam salvar a forma tradicional de organização aldeã dos camponeses, a comuna ou *mir*, das devastações do capitalismo, pois acreditavam que o *mir* era uma instituição igualitária – talvez um sobrevivente do comunismo primitivo – por meio do qual a Rússia talvez pudesse encontrar um caminho particular rumo ao socialismo.

No início da década de 1870, a idealização do campesinato por parte da *intelligentsia* e sua frustração com a própria situação e com as perspectivas para uma reforma política levaram ao movimento de massas espontâneo que melhor exemplifica as aspirações populistas – o "ir ao povo" de 1873-4. Milhares de estudantes e membros da *intelligentsia* deixaram as grandes cidades para ir às aldeias, algumas vezes vendo a si próprios como esclarecedores do campesinato; às vezes buscando humildemente adquirir a sabedoria simples do povo e às vezes com a esperança de comandar a organização e a propaganda revolucionárias. O movimento não tinha direção central nem um objetivo político claramente definido no que se refere à maioria dos participantes: seu espírito era menos o de uma campanha política que o de uma peregrinação religiosa. Entretanto, a distinção entre essas duas coisas era difícil de ser percebida tanto pelos camponeses como pela polícia tsarista. As autoridades ficaram alarmadas e realizaram prisões em massa. Os camponeses ficaram desconfiados, encarando seus visitantes não convidados como rebentos da nobreza e prováveis inimigos de classe, e entregando-os com frequência à polícia. Esse revés produziu uma grande decepção entre os populistas. Eles não vacilaram em sua determinação de servir ao povo, mas alguns concluíram que seu trágico destino era proscrevê-lo, como malfeitores revolucionários cujas ações heroicas seriam reconhecidas somente depois de sua morte. Houve uma irrupção de terrorismo revolucionário no final dos anos 1870, motivada em parte pelo desejo populista de vingar seus camaradas aprisionados e parte pela esperança desesperada de que um golpe bem posicionado pudesse destruir toda a superestrutura da Rússia autocrática, deixando o povo russo livre para encontrar seu próprio destino. Em 1881, o grupo de terroristas populistas "Vontade do Povo" conseguiu assassinar o imperador Alexandre II. O efeito não foi o de destruir a autocracia, mas sim de apavorá-la a ponto de fazê-la adotar políticas mais repressivas, mais arbitrariedades e manipulação da lei, e a criação de algo próximo a um Estado policial moderno.[10] A resposta popular ao assassinato incluiu *pogroms* antissemitas na Ucrânia e rumores nas aldeias da Rússia de que nobres tinham matado o tsar porque ele libertara os camponeses da servidão.

Foi nos anos 1880, na esteira dos dois desastres populistas, que os marxistas emergiram como um grupo distinto no seio da *intelligentsia* russa, repudiando o idealismo utópico, as táticas terroristas e a orientação camponesa que caracterizara até então o movimento revolucionário. Em razão do clima político desfavorável na Rússia e de seu próprio repúdio ao terrorismo, os marxistas tiveram um impacto inicial sobre o debate intelectual, e não por meio da ação revolucionária. Eles sustentavam que a industrialização capitalista era inevitável na Rússia, e que o *mir* camponês já estava em um estado de desintegração interna, escorado apenas pelo Estado e por suas responsabilidades, impostas pelo Estado, na arrecadação de impostos e pagamentos de resgate da Emancipação. Afirmavam que o capitalismo constituía o único caminho possível rumo ao socialismo, e que o proletariado industrial gerado pelo desenvolvimento capitalista era a única classe capaz de levar a cabo a verdadeira revolução socialista. Essas premissas, argumentavam, podiam ser provadas cientificamente pelas leis objetivas do desenvolvimento histórico que Marx e Engels explicaram em seus escritos. Os marxistas zombavam dos que escolhiam o socialismo como ideologia por considerá-lo eticamente superior (ele era, evidentemente, mas não era essa a questão). O ponto, quanto ao socialismo, é que, assim como o capitalismo, ele era um estágio previsível do desenvolvimento da sociedade humana.

Para Karl Marx, um velho revolucionário europeu que aplaudiu instintivamente a luta do "Vontade do Povo" contra a autocracia russa, os primeiros marxistas russos agrupados em torno de Gueórgui Plekhánov no exílio pareceram demasiado passivos e pedantes – revolucionários que se contentavam em escrever artigos sobre a inevitabilidade histórica da revolução enquanto outros estavam lutando e morrendo pela causa. Mas o impacto sobre a *intelligentsia* russa foi diferente, porque uma das previsões científicas dos marxistas se concretizou rapidamente: eles afirmaram que a Rússia *precisava* se industrializar, e nos anos 1890, sob o comando enérgico de Witte, ela de fato o fez. É verdade que a industrialização russa foi tanto um produto do fomento estatal e do investimento estrangeiro como de um desenvolvimento capitalista espontâneo, de modo que, em um certo sentido, a Rússia de fato tomou um caminho separado do Ocidente.[11] Para seus contemporâneos, a rápida industrialização da Rússia parecia uma prova drástica de que as previsões dos marxistas estavam corretas, e de que o marxismo tinha pelo menos algumas das respostas para as "grandes questões" da *intelligentsia* russa.

O significado de marxismo na Rússia – assim como na China, na Índia e em outros países em desenvolvimento – era bem diferente dquele nos países industrializados da Europa Ocidental. Tratava-se de uma ideologia de modernização tanto quanto de revolução. Mesmo Lênin, que dificilmente poderia ser acusado de passividade revolucionária, fez seu nome como marxista com um estudo influente, *O desenvolvimento do capitalismo na Rússia*, ao mesmo tempo análise e defesa do processo de modernização econômica; e quase todos os outros expoentes marxistas de sua geração na Rússia produziram obras similares. A defesa é apresentada à maneira marxista ("Eu lhes disse quê", em vez de "Eu sustento quê..."), e pode surpreender leitores modernos que só conhecem Lênin como um revolucionário anticapitalista. Mas o capitalismo era um fenômeno "progressista" para os marxistas na Rússia do século XIX, uma sociedade atrasada que, na definição marxista, ainda era semifeudal. Em termos ideológicos, eles eram a favor do capitalismo porque era um estágio necessário no caminho para o socialismo. Em termos emocionais o engajamento era mais profundo: os marxistas russos admiravam o mundo urbano moderno e industrial, e sentiam-se ofendidos pelo atraso da velha Rússia rural. Muitas vezes já se afirmou que Lênin – um ativista revolucionário desejoso de empurrar a história na direção certa – era um marxista heterodoxo com algo do voluntarismo revolucionário da velha tradição populista. Isso é verdade, mas é relevante sobretudo para sua conduta em tempos de revolução verdadeira, em torno de 1905 e em 1917. Nos anos 1890, ele escolheu o marxismo em vez do populismo porque estava do lado da modernização; e essa escolha básica explica um bocado sobre o curso da Revolução Russa depois que Lênin e seu partido tomaram o poder em 1917.

Os marxistas fizeram outra opção importante na controvérsia inicial com os populistas sobre o capitalismo: escolheram a classe operária urbana com sua base de apoio e como a principal força potencial para a revolução na Rússia. Isso os distinguia da velha tradição da *intelligentsia* revolucionária russa (respaldada pelos populistas e, mais tarde, a partir de sua formação no início dos anos 1900, pelo Partido Socialista Revolucionário, o SR), com seu caso de amor unilateral com o campesinato. Distinguia-os também dos liberais (entre eles alguns ex-marxistas), cujo movimento de Libertação emergiria como força política pouco antes de 1905, pois os liberais aspiravam a uma revolução "burguesa" e conquistavam apoio da nova classe profissional e da nobreza liberal dos *zemstva*.

No início, a opção dos marxistas não parecia muito promissora: a classe operária era ínfima em comparação com o campesinato, e, na comparação com as classes urbanas mais abastadas, carecia de status, instrução e recursos financeiros. Os primeiros contatos dos marxistas com os operários foram essencialmente educacionais, consistindo em círculos e grupos de estudos nos quais intelectuais ofereciam aos operários alguma instrução geral acrescida de elementos do marxismo. Os historiadores divergem em suas avaliações da contribuição que isso trouxe ao desenvolvimento de um movimento trabalhador revolucionário.[12] Mas as autoridades tsaristas levaram muito a sério a ameaça política. De acordo com um relatório policial de 1901:[13]

Agitadores, buscando realizar seus objetivos, tiveram algum êxito, infelizmente, em organizar os operários para lutar contra o governo. Nos últimos três ou quatro anos, o despreocupado jovem russo foi transformado em um tipo especial de *inteligente* semiletrado, que se sente na obrigação de desprezar a família e a religião, de desrespeitar a lei e de negar e escarnecer a autoridade constituída. Por sorte esses jovens não são numerosos nas fábricas, mas esse punhado insignificante aterroriza a maioria inerte de operários para que os siga.

Os marxistas dispunham de uma clara vantagem sobre grupos anteriores de intelectuais revolucionários em busca de contato com as massas: tinham encontrado um setor das massas propenso a ouvir. Embora os operários russos não estivessem muito distantes do campesinato, eram um grupo muito mais letrado, e pelo menos alguns deles tinham adquirido uma percepção moderna e urbana da possibilidade de "aprimorar-se". A educação era um meio de ascensão social e também o caminho para a revolução na visão tanto dos intelectuais revolucionários como da polícia. Os professores marxistas, à diferença dos antigos missionários populistas junto ao campesinato, tinham algo mais a oferecer a seus alunos do que o risco de problemas com a polícia.

Da educação dos operários, os marxistas – organizados ilegalmente desde 1898 como Partido Operário Social-Democrata Russo – progrediram para o envolvimento em uma organização dos trabalhadores mais diretamente política, em greves e, em 1905, na revolução. A correspondência entre organização político-partidária e protesto operário real nunca foi exata, e em 1905 os partidos revolucionários tiveram grande dificuldade em acompanhar o ritmo do movimento revolucionário da classe trabalhadora. Entre 1898 e 1914, não obstante, o Partido

Operário Social-Democrata Russo deixou de ser um domínio da *intelligentsia* e tornou-se um movimento operário no sentido literal. Seus líderes ainda provinham da *intelligentsia*, e passavam a maior parte do tempo vivendo fora da Rússia, como emigrantes. Mas, na Rússia, os membros e ativistas eram em sua maioria operários (ou, no caso de revolucionários profissionais, ex-operários).[14]

Nos termos de sua teoria, os marxistas russos deram a partida com o que parecia uma desvantagem revolucionária importante: eram obrigados a trabalhar não pela revolução vindoura, mas pela revolução que viria depois dela. De acordo com as previsões marxistas ortodoxas, a entrada da Rússia na fase capitalista (que só ocorreu no final do século XIX) inevitavelmente levaria à derrubada da autocracia por uma revolução liberal burguesa. O proletariado talvez apoiasse essa revolução, mas parecia pouco provável que tivesse nela um papel mais do que secundário. A Rússia só estaria pronta para a revolução socialista proletária depois que o capitalismo tivesse atingido sua maturidade, o que talvez estivesse em um futuro distante.

Esse problema não parecia muito urgente em 1905, já que nenhuma revolução estava em curso e os marxistas estavam obtendo algum êxito na organização da classe operária. No entanto, um pequeno grupo – os "marxistas legais", liderados por Piotr Struve – identificou-se fortemente com os objetivos da primeira revolução (liberal) na agenda marxista, e perdeu interesse na meta suprema da revolução socialista. Não era surpreendente que opositores da autocracia munidos de uma mentalidade modernizadora, como Struve, tivessem aderido ao marxismo nos anos 1890, já que na época não havia nenhum movimento liberal ao qual pudessem se unir; e era igualmente natural que por volta da virada do século eles abandonassem o marxismo para participar da instauração do movimento liberal de Libertação. Mesmo assim, a heresia do marxismo legal foi severamente denunciada pelos líderes social-democratas russos, especialmente Lênin. A hostilidade violenta de Lênin ao "liberalismo burguês" era um tanto ilógica em termos marxistas e causava perplexidade a seus companheiros. Em termos revolucionários, porém, a atitude de Lênin era extremamente racional.

Na mesma época, os líderes do Partido Operário Social-Democrata Russo repudiavam a heresia do economismo, isto é, que o movimento dos operários devesse enfatizar metas econômicas em detrimento das políticas. Havia, na verdade, poucos economistas articulados no movimento russo, em parte porque os protestos dos operários russos tendiam a saltar rapidamente de questões puramente econômicas, como salários, para questões políticas. Todavia, os líderes exilados, em geral mais sensíveis às inclinações da social-democracia europeia do que à situação interna da Rússia, temiam as tendências revisionistas e reformistas que se desenvolveram no movimento alemão. Nas lutas doutrinárias contra o economismo e o marxismo legal, os marxistas russos deixaram claramente registrado que eram revolucionários, não reformistas, e que sua causa era a revolução socialista dos trabalhadores e não a revolução da burguesia liberal.

Em 1903, quando o Partido Social-Democrata Russo realizou seu II Congresso, os líderes entraram em uma disputa sobre um tema aparentemente menor – a composição do conselho editorial do jornal do partido, *Iskra* [Centelha].[15] Nenhuma questão substantiva real estava envolvida, embora, na medida em que a disputa girava em torno de Lênin, talvez possa ser dito que ele próprio era a questão subjacente, e que seus colegas o consideravam agressivo demais na busca por uma posição de controle. A conduta de Lênin no congresso foi autoritária; e ele vinha, nos últimos tempos, decretando a lei de modo muito decisivo em várias questões teóricas, notadamente na organização e funções do partido. Houve tensão entre Lênin e Plekhánov, o decano dos marxistas russos; e a amizade entre Lênin e seu contemporâneo Iúli Mártov estava à beira da ruptura.

O resultado do II Congresso foi uma cisão no Partido Operário Social-Democrata Russo entre as facções "bolchevique" e "menchevique". Os bolcheviques seguiam a liderança de Lênin, e os mencheviques (incluindo Plekhánov, Mártov e Trótski) constituíam um grupo mais amplo e diversificado de quadros do partido que julgavam que Lênin passara dos limites. A cisão fazia pouco sentido para os marxistas dentro da Rússia, e na época em que ocorreu não foi vista como irrevogável nem mesmo pelos exilados. Não obstante, mostrou-se permanente; e com o passar do tempo as duas facções adquiriram identidades mais claramente distintas do que as que tinham em 1903. Em anos posteriores, Lênin viria a expressar orgulho por ter sido um "divisor", querendo dizer com isso que grandes organizações políticas de coesão frouxa eram menos eficazes que grupos radicais menores e disciplinados, que exigiam um grau maior de comprometimento e de unidade ideológica. Alguns autores também atribuíam esse traço à sua dificuldade de tolerar discordâncias – aquela "desconfiança maliciosa" que Trótski, em uma polêmica pré-revolucionária, chamou de "caricatura da intolerância jacobina".[16]

Nos anos posteriores a 1903, os mencheviques emergiram como os mais ortodoxos em seu marxismo (sem contar Trótski, menchevique até meados de 1917, mas sempre um independente), menos inclinados a forçar o ritmo dos acontecimentos rumo à revolução e menos interessados em criar um partido revolucionário rigidamente organizado e disciplinado. Tiveram mais sucesso que os bolcheviques em atrair apoio nas áreas não russas do império, enquanto os bolcheviques levavam vantagem entre operários russos. (Em ambos os partidos, entretanto, judeus e outros não russos eram proeminentes na liderança dominada pela *intelligentsia*.) Nos últimos anos antes da guerra, entre 1910 e 1914, os mencheviques perderam o apoio da classe operária para os bolcheviques à medida que a disposição dos operários tornou-se mais militante: eles eram percebidos como um partido mais "respeitável", com relações mais estreitas com a burguesia, enquanto os bolcheviques eram vistos como mais operários e mais revolucionários.[17]

Os bolcheviques, à diferença dos mencheviques, tinham um único líder, e sua identidade era em grande parte definida pelas ideias e pela personalidade de Lênin. O primeiro traço distintivo de Lênin como teórico marxista era sua ênfase na organização partidária. Ele via o partido não somente como a vanguarda do proletariado, mas também, em certo sentido, como seu criador, uma vez que, para ele, o proletariado por si próprio conseguiria alcançar somente uma consciência sindical e não uma consciência revolucionária.

Lênin acreditava que o cerne da filiação partidária deveria consistir em revolucionários profissionais em tempo integral, recrutados tanto junto à *intelligentsia* como junto à classe operária, mas concentrando-se na organização política de operários mais do que em qualquer outro grupo social. Em *Que fazer?* (1902), ele insistiu na importância da centralização, da disciplina severa e da unidade ideológica no seio do partido. Essas, evidentemente, eram prescrições lógicas para um partido com atuação clandestina em um Estado policial. Mesmo assim, pareceu a muitos contemporâneos de Lênin (e depois a muitos estudiosos) que sua aversão a organizações de massa mais frouxas, que permitissem maior diversidade e espontaneidade, não era puramente uma conveniência de momento, mas refletia uma inclinação autoritária natural.

Lênin diferia de muitos outros marxistas russos ao dar a impressão de desejar ativamente uma revolução proletária em vez de simplesmente prever que uma acabaria acontecendo.

Esse era um traço de caráter que sem dúvida teria agradado a Karl Marx, a despeito de que isso demandava alguma revisão do marxismo ortodoxo. A ideia de que a burguesia liberal devesse ser a líder natural da revolução antiautocrática russa nunca foi de fato aceitável para Lênin; e em *Duas táticas da social-democracia*, escrito no meio da Revolução de 1905, ele insistiu que o proletariado – aliado ao campesinato russo rebelado – podia e devia desempenhar um papel dominante. Era claramente necessário para qualquer marxista russo com sérias intenções revolucionárias encontrar um caminho que passasse ao largo da doutrina da liderança revolucionária burguesa, e Trótski faria um esforço semelhante e talvez mais bem-sucedido com sua teoria da "revolução permanente". Nos escritos de Lênin a partir de 1905, as palavras "ditadura", "insurreição" e "guerra civil" passaram a aparecer com cada vez mais frequência. Foi nesses termos ásperos, violentos e realistas que ele concebeu a futura transferência revolucionária do poder.

A Revolução de 1905 e seus desdobramentos;
a Primeira Guerra Mundial

A Rússia tsarista tardia era uma potência imperial expansionista com o maior exército permanente de todas as grandes potências da Europa. Sua força em face do mundo exterior era motivo de orgulho, uma realização que podia ser contraposta aos problemas sociais e políticos internos do país. Nas palavras atribuídas a um ministro do Interior do início do século XX, "uma pequena guerra vitoriosa" era o melhor remédio para a inquietação doméstica da Rússia. Historicamente, porém, trata-se de uma proposição bastante dúbia. Ao longo do meio século anterior, as guerras da Rússia em geral não tiveram sucesso nem fortaleceram a confiança da sociedade no governo. A humilhação militar da Guerra da Crimeia precipitara as reformas domésticas radicais dos anos 1860. A derrota diplomática sofrida pela Rússia com seu envolvimento militar nos Bálcãs no final da década de 1870 produziu uma crise política interna que só terminou com o assassinato de Alexandre II. No início dos anos 1900, a expansão russa no Extremo Oriente a empurrava para um conflito com outra potência expansionista na região: o Japão. Embora alguns ministros de Nicolau II recomendassem cautela, o sentimento predominante na corte e nos altos círculos burocráticos era de que haveria ganhos fáceis no Extremo Oriente, e de que o Japão – uma potência inferior, não europeia, afinal de contas – não seria um adversário temível. Iniciada pelo Japão, mas também provocada pela política russa no Extremo Oriente, a Guerra Russo-Japonesa eclodiu em janeiro de 1904.

Para a Rússia, a guerra se mostrou uma série de desastres e humilhações em terra e no mar. O entusiasmo patriótico inicial de sociedade respeitável logo amargou, e – como aconteceu também durante a carestia de 1891 – tentativas de organizações públicas como os *zemstva* de ajudar o governo em uma emergência só levaram a conflitos com a burocracia e frustração. Isso serviu de combustível ao movimento liberal, uma vez que a autocracia sempre parecia menos tolerável e era percebida como incompetente e ineficaz; e a nobreza e os profissionais dos *zemstva* se uniram ao movimento ilegal da Libertação, controlado da Europa por Piotr Struve e outros ativistas liberais. Nos últimos meses de 1904, com a guerra ainda em andamento, os liberais da Rússia organizaram uma "campanha de banquetes" (inspirada naquela usada contra o rei da França, Luís Filipe, em 1847), por meio da qual a elite social demonstrava apoio à ideia de reforma constitucional. Ao mesmo tempo, o governo estava sob outros tipos de pressão, incluindo ataques terroristas contra autoridades, manifestações estudantis e greves operárias. Em janeiro de 1905, trabalhadores de São Petersburgo realizaram uma manifestação pacífica – organizada não por militantes e revolucionários, mas por um religioso renegado com relações com a polícia, o padre Gapon – a fim de atrair a atenção do tsar para suas queixas econômicas. No Domingo Sangrento (9 de janeiro), tropas dispararam contra os manifestantes diante do Palácio de Inverno, e a Revolução de 1905 começou.[18]

O espírito de solidariedade nacional contra a autocracia foi muito forte nos primeiros nove meses de 1905. A pretensão dos liberais à liderança do movimento não foi seriamente contestada; e sua posição para negociação com o regime estava baseada não somente no apoio dos *zemstva* e dos novos sindicatos de profissionais de classe média, mas também nas pressões heterogêneas provenientes das manifestações estudantis, greves operárias, desordens camponesas, motins nas forças armadas e inquietação nas regiões não russas do império. A autocracia, por sua vez, estava firmemente na defensiva, tomada pelo pânico e pela confusão, e aparentemente incapaz de restaurar a ordem. Suas perspectivas de sobrevivência melhoraram consideravelmente quando Witte conseguiu negociar a paz com o Japão (o Tratado de Portsmouth) em termos notavelmente vantajosos no final de agosto de 1905. Mas o regime ainda tinha 1 milhão de soldados na Manchúria, e eles não podiam ser trazidos de volta para casa pela ferrovia Transiberiana até que os ferroviários em greve estivessem de novo sob controle.

O auge da revolução liberal foi o Manifesto de Outubro (de 1905) de Nicolau II, em que ele reconhecia a proposta de uma constituição e prometia criar um parlamento nacional eleito, a Duma. O Manifesto dividiu os liberais: os outubristas o aceitaram, enquanto os democratas constitucionais (*kadeti*) se recusaram formalmente a aceitá-lo, ansiando por mais concessões. Na prática, porém, os liberais se retiraram da atividade revolucionária naquele momento, e concentraram suas energias na organização dos novos partidos Outubrista e Kadet e nos preparativos das futuras eleições para a Duma.

No entanto, os operários permaneceram ativamente revolucionários até o final do ano, conseguindo mais visibilidade do que antes e tornando-se cada vez mais militantes. Em outubro, os operários de São Petersburgo organizaram um "soviete" ou conselho de representantes de operários eleitos nas fábricas. A função prática do Soviete de São Petersburgo era prover a cidade de uma espécie de governo municipal de emergência em um momento em que outras instituições estavam paralisadas e uma greve geral estava em andamento. Tornou-se também um fórum político para os operários, e, em menor escala, para os socialistas dos partidos revolucionários (Trótski, então um menchevique, tornou-se um dos líderes do soviete). Por alguns meses, as autoridades tsaristas lidaram cautelosamente com o soviete, e órgãos semelhantes surgiram em Moscou e em outras cidades. Mas no início de dezembro, ele foi dispersado por uma operação policial bem-sucedida. A notícia do ataque contra o Soviete de São Petersburgo ocasionou um levante armado do Soviete de Moscou, no qual os bolcheviques tinham conquistado uma influência considerável. Foi reprimido por tropas militares, mas os operários revidaram e houve muitas vítimas.

A revolução urbana de 1905 estimulou as mais sérias sublevações camponesas desde a revolta de Pugatchov do final do século XVIII. Porém, as revoluções urbana e rural não foram simultâneas. Os distúrbios camponeses – que consistiram em saques e incêndios de casas senhoriais e ataques a senhores de terras e autoridades – começaram no verão de 1905 e cresceram até atingir um pico no final do outono; arrefeceram e por fim retornaram em larga escala em 1906. Mesmo no final de 1905 o regime estava forte o bastante para começar a usar tropas em uma campanha pela pacificação de aldeia por aldeia. Em meados de 1906, todas as tropas haviam retornado do Extremo Oriente, e a disciplina fora restaurada nas forças armadas. No inverno de 1906-7, boa parte da Rússia rural estava sob lei marcial, e uma justiça sumária (incluindo mais de mil execuções) era exercida por cortes marciais de campanha.

A nobreza fundiária da Rússia aprendeu uma lição com os acontecimentos de 1905-6, a saber, que seus interesses estavam do lado da autocracia (que podia talvez protegê-la de um campesinato vingativo) e não dos liberais.[19] Em termos urbanos, a Revolução de 1905 não produziu uma consciência tão grande da polarização de classe: mesmo para muitos socialistas, aquele não era um 1848 russo, que revelasse a natureza traiçoeira do liberalismo e o antagonismo essencial entre burguesia e proletariado. Os liberais – representando uma classe média mais de profissionais do que de capitalistas – ficaram afastados em outubro, mas não aderiram ao regime em seu ataque violento à revolução dos operários. Sua atitude em face dos movimentos operários e socialistas permaneceu bem mais benevolente que a dos liberais da maioria dos países europeus. Os operários, por sua vez, pareciam perceber os liberais como um aliado mais tímido que traiçoeiro.

O resultado político da Revolução de 1905 foi ambíguo, e em alguns aspectos, insatisfatório para todos os envolvidos. Nas Leis Fundamentais de 1906 – o mais perto que a Rússia chegou de uma constituição – Nicolau deixou clara sua crença de que a Rússia ainda era uma autocracia. É verdade que o autocrata agora consultava um parlamento eleito, e que partidos políticos foram legalizados. Mas a Duma tinha poderes limitados; ministros continuavam respondendo unicamente à autocracia; e, depois que as duas primeiras Dumas se mostraram insubordinadas e foram dissolvidas de modo arbitrário, introduziu-se um novo sistema eleitoral que, na prática, privava do direito de voto alguns grupos sociais e aumentava pesadamente a representação da nobreza fundiária. A principal importância da Duma repousava, talvez, no fato de proporcionar um fórum público para o debate político e um campo de treinamento para políticos. As reformas de 1905-7 deram origem a parlamentares do mesmo modo que as reformas legais dos anos 1860 geraram advogados; e ambos os grupos tinham uma tendência inerente a desenvolver valores e aspirações que a autocracia não podia tolerar.

Um aspecto que a Revolução de 1905 *não* mudou foi o regime político que atingira a maturidade nos anos 1880. O devido processo legal ainda estava suspenso (como no caso das cortes marciais de campanha que lidaram com o campesinato rebelado em 1906-7) para boa parte da população da época. Claro que havia razões compreensíveis para isso: o fato de que, em 1908, um ano comparativamente tranquilo, 1800 autoridades e funcionários do governo foram mortos e 2083 ficaram feridos em ataques com motivação política[20] indica o quanto a sociedade permanecia turbulenta, e o quanto o regime permanecia na defensiva. Mas significava também que em muitos aspectos as reformas políticas eram somente uma fachada. Sindicatos profissionais, por exemplo, tinham sido legalizados em princípio, mas sindicatos específicos eram frequentemente fechados pela polícia. Partidos políticos eram legais, e mesmo os partidos socialistas revolucionários podiam concorrer nas eleições à Duma e conquistar algumas cadeiras – no entanto, os membros de partidos socialistas revolucionários não estavam menos sujeitos à prisão que no passado, e os líderes partidários (muitos deles de regresso à Rússia durante a Revolução de 1905) eram obrigados a emigrar novamente para evitar a prisão e o exílio.

Em uma visão retrospectiva, pode parecer que os revolucionários marxistas, com 1905 no currículo e 1917 se assomando no horizonte, deveriam estar se parabenizando pela espetacular estreia revolucionária dos operários e com o olhar confiante para o futuro. Na verdade, o ânimo estava completamente diferente. Nem os bolcheviques nem os mencheviques haviam conquistado mais do que um pequeno espaço de apoio na revolução operária de 1905: os operários não os tinham propriamente rejeitado, e sim deixado para trás, e essa era uma constatação muito séria, sobretudo para Lênin. A revolução tinha chegado, mas o regime revidara e sobrevivera. No seio da *intelligentsia*, havia muita conversa sobre abandonar o sonho revolucionário e as velhas ilusões de perfeição social. Do ponto de vista revolucionário, não houvera ganho algum em uma fachada de instituições políticas legais e uma nova raça de políticos liberais presunçosos e verborrágicos (para resumir a visão de Lênin, que não era muito diferente da de Nicolau II). Foi também profunda e quase insuportavelmente frustrante, para os líderes revolucionários, retornar à velha melancolia da vida de emigrados. Os emigrados nunca foram tão irritadiços e briguentos quanto nos anos entre 1905 e 1917; de fato, as rixas contínuas e pequenas entre os russos tornaram-se um dos escândalos da social-democracia europeia, e Lênin era um dos piores agressores.

Entre as más notícias dos anos pré-guerra figurava a de que o regime daria início a um grande programa de reforma agrária. As revoltas camponesas de 1905-7 haviam convencido o governo a abandonar sua premissa anterior de que o *mir* era a melhor garantia da estabilidade rural. Suas esperanças agora repousavam na criação de uma classe de pequenos proprietários independentes – uma aposta nos "moderados e fortes", como definiu o presidente do conselho de ministros de Nicolau, Piotr Stolípin. Os camponeses agora eram incentivados a consolidar suas propriedades e separá-las do *mir*, e comissões fundiárias eram instaladas nas províncias para facilitar o processo. A suposição era de que os pobres venderiam o que tinham e iriam para as cidades, enquanto os mais prósperos melhorariam e expandiriam suas propriedades, adquirindo a mentalidade pequeno-burguesa conservadora do, digamos, agricultor camponês francês. Em 1915, entre um quarto e metade de todos os camponeses da Rússia mantinham suas terras em alguma forma de posse individual, embora, dada a complexidade legal e prática do processo, apenas um décimo tivesse completado o processo e cercado suas propriedades.[21] As reformas de Stolípin eram "progressistas" em termos marxistas, uma vez que estabeleciam as bases para o desenvolvimento capitalista da agricultura. Em contraste com o desenvolvimento do capitalismo urbano, suas implicações de pequeno e médio alcance para a Revolução Russa foram bastante desanimadoras. O campesinato tradicional da Rússia era propenso à revolta. Se as reformas de Stolípin funcionassem (como Lênin, por exemplo, temia que acontecesse), o proletariado russo perderia um importante aliado revolucionário.

Em 1906, a economia russa foi reforçada por um grande empréstimo (2,4 bilhões de francos) que Witte negociou com um consórcio bancário internacional; e a indústria, tanto nacional como de propriedade estrangeira, expandiu-se rapidamente nos anos pré-guerra. Isso significa, é claro, que a classe operária industrial também se expandiu. Mas a agitação trabalhista caiu drasticamente por alguns anos depois do esmagamento brutal do movimento revolucionário dos operários no inverno de 1905-6, recuperando as forças somente por volta de 1910. Greves em larga escala tornaram-se cada vez mais comuns nos anos imediatamente anteriores à guerra, culminando na greve geral de Petrogrado no verão de 1914, séria o bastante para que alguns observadores duvidassem de que a Rússia fosse aventurar-se a mobilizar seu exército para a guerra. As demandas dos operários eram políticas, tanto quanto econômicas; e suas queixas contra o regime incluíam a responsabilidade deste pelo domínio estrangeiro em muitos setores da indústria russa, bem como seu uso da coerção contra os próprios operários. Na Rússia, os mencheviques tinham consciência de perder apoio à medida que os operários se tornavam mais violentos e beligerantes, e os bolcheviques tinham consciência de ganhar esse apoio. Mas isso não elevou o ânimo dos líderes bolcheviques emigrados: por causa das comunicações precárias com a Rússia, é bem provável que não soubessem tudo o que ocorria, e sua própria posição na comunidade russa e socialista de emigrados na Europa era cada vez mais fraca e isolada.[22]

Quando a guerra eclodiu na Europa em agosto de 1914, com Rússia aliada à França e à Inglaterra contra Alemanha e Áustria-Hungria, os emigrados políticos ficaram quase completamente apartados da Rússia, além de suportar os problemas normais de residentes forasteiros em tempos de guerra. No movimento socialista europeu como um todo, um grande número de antigos internacionalistas se tornou patriota da noite para o dia quando a guerra foi declarada. Os russos estavam menos inclinados que outros ao patriotismo sem reservas, mas muitos assumiram a postura "defensivista" de apoiar o esforço de guerra russo na medida em que isso representasse defesa do território russo. Lênin, porém, pertencia ao grupo menor de "derrotistas" que repudiavam inteiramente a causa de seu país: era uma guerra imperialista, no entender de Lênin, e a melhor perspectiva era uma derrota russa que pudesse talvez provocar uma guerra civil e uma revolução. Esta era uma posição muito controversa, mesmo para o movimento socialista, e os bolcheviques passaram a ser vistos com muita frieza. Na Rússia, todos os bolcheviques conhecidos – incluindo representantes na Duma – ficaram presos durante toda a guerra.

Como em 1904, a declaração de guerra da Rússia produziu um surto público de entusiasmo patriótico, um agitar nacionalista de bandeiras, uma trégua nas disputas internas e sérias tentativas por parte da sociedade respeitável e de organizações não governamentais de colaborar com o esforço de guerra do governo. Porém, mais uma vez, o ânimo rapidamente azedou. Embora o desempenho e o moral do exército russo hoje pareçam aos estudiosos menos melancólicos que em outros tempos, o exército sofreu derrotas e perdas esmagadoras (um total de 5 milhões de baixas entre 1914 e 1917), e o exército alemão adentrou fundo nos territórios ocidentais do império, causando um fluxo caótico de refugiados para a Rússia central.[23] As derrotas suscitaram suspeitas de traição em altos escalões, e um dos alvos principais foi a esposa de Nicolau, a imperatriz Alexandra, uma princesa alemã por nascimento. O escândalo pairava sobre o relacionamento de Alexandra com Raspútin, um personagem suspeito, mas carismático, em quem ela confiava como verdadeiro homem de Deus capaz de controlar a hemofilia de seu filho. Quando Nicolau assumiu as responsabilidades de comandante supremo do exército russo, afastando-se da capital por longos períodos, Alexandra e Raspútin passaram a exercer uma influência desastrosa sobre escolhas ministeriais. As relações entre o governo e a Quarta Duma se deterioraram drasticamente: a disposição na Duma e entre as pessoas instruídas como um todo foi captada na frase com que o *kadet* Pável Miliukov pontuou um discurso sobre as deficiências do governo: "É estupidez ou traição?". No final de 1916, Raspútin foi assassinado por jovens nobres próximos à corte e um deputado direitista da Duma, cuja motivação era o resgate da honra da Rússia e da autocracia.

As pressões da Primeira Guerra Mundial – e, sem dúvida, as personalidades de Nicolau e sua esposa, bem como a tragédia familiar da hemofilia do jovem filho do casal[24] – puseram em pungente relevo os traços anacrônicos da autocracia russa e fizeram Nicolau parecer menos um sustentáculo da tradução autocrática do que um satirista involuntário dela. As promoções precipitadas de protegidos incompetentes ao gabinete ministerial, a presença do curandeiro camponês iletrado na corte, as intrigas da alta nobreza que levaram ao assassinato de Raspútin e mesmo a narrativa épica da obstinada resistência de Raspútin à morte por veneno, tiros e afogamento – tudo isso parecia pertencer a uma época anterior, e um acessório esquisito e irrelevante às realidades do século XX de trens militares, guerra de trincheira e mobilizações em massa. A Rússia tinha não somente uma população instruída capaz de perceber isso, mas contava com instituições como a Duma, os partidos políticos, os *zemstva* e o Comitê das Indústrias de Guerra, todos agentes potenciais de transição do antigo regime para o mundo moderno.

A situação da autocracia era precária às vésperas da Primeira Guerra Mundial. A sociedade estava profundamente dividida, e a estrutura política e burocrática era frágil e submetida a uma pressão excessiva. O regime estava tão vulnerável a todo tipo de solavanco ou revés que é difícil imaginar que pudesse sobreviver muito tempo, mesmo sem a guerra, embora esteja claro que a mudança, em outras circunstâncias, talvez viesse de modo menos violento e com consequências menos radicais do que aconteceu em 1917.

A Primeira Guerra Mundial expôs e ao mesmo tempo aumentou a vulnerabilidade do antigo regime na Rússia. A população aplaudia vitórias, mas não tolerava derrotas. Quando estas ocorriam, a sociedade não se unia em apoio a seu governo (reação relativamente normal, sobretudo quando o inimigo se torna um invasor do território pátrio; foi essa a reação da sociedade russa em 1812 e de novo em 1941-2), em vez disso, voltava-se violentamente contra ele, denunciando sua incompetência e seu atraso em um tom de desprezo e superioridade moral. Isso sugere que a legitimidade do regime tinha se tornado muito instável, que sua sobrevivência dependia muito de façanhas visíveis ou, na falta delas, de pura sorte. O antigo regime tivera sorte em 1904-6, ocasião em que as derrotas militares o mergulharam na revolução, porque saíra da guerra de modo até certo ponto rápido e honrado, e conseguira obter depois da guerra um grande empréstimo da Europa, que estava em paz. O regime não teve tanta sorte em 1914-7. A guerra se estendeu demais, exaurindo não somente a Rússia, mas toda a Europa. Pouco antes do armistício na Europa, o antigo regime russo estava morto.

2.
1917: As Revoluções de Fevereiro e Outubro

Em fevereiro de 1917, a autocracia ruiu em face de manifestações populares e da retirada do apoio da elite ao regime. Na euforia da revolução, as soluções políticas pareciam fáceis. A futura forma de governo da Rússia seria, evidentemente, democrática. O sentido exato desse termo ambíguo e a natureza da nova constituição da Rússia seriam decididos por uma Assembleia Constituinte, a ser eleita pelo povo russo tão logo as circunstâncias permitissem. Enquanto isso, a revolução da elite e a revolução popular – no primeiro caso, políticos liberais, as classes dos proprietários e dos profissionais liberais e o corpo de funcionários públicos; no segundo, políticos socialistas, a classe operária urbana, os soldados rasos e marinheiros – coexistiriam, como havia acontecido nos dias gloriosos da solidariedade revolucionária nacional em 1905. Em termos institucionais, o novo governo provisório representaria a revolução da elite, enquanto o recém-reativado Soviete de Petrogrado falaria pela revolução do povo. A relação entre as duas revoluções seria mais complementar do que competitiva, e o "poder dual" (expressão aplicada à coexistência do Governo Provisório e do Soviete) seria uma fonte de força, não de fraqueza. Liberais russos, afinal de contas, tradicionalmente tendiam a ver os socialistas como aliados, cujo interesse especial em reformas sociais era comparável e compatível com o interesse especial dos próprios liberais na democratização política. A maioria dos socialistas russos, da mesma forma, estava preparada para ver os liberais como aliados, já que aceitava a visão marxista de que a revolução liberal burguesa vinha em primeiro lugar na agenda e que os socialistas por certo a apoiariam na luta contra a autocracia.

No entanto, em oito meses as esperanças e expectativas de fevereiro jaziam em ruínas. O "poder dual" revelou-se uma ilusão, mascarando algo muito parecido com um vácuo de poder. A revolução popular tornou-se cada vez mais radical, enquanto a revolução da elite se deslocava em direção a uma inquieta postura conservadora em defesa da propriedade, da lei e da ordem. O Governo Provisório mal sobreviveu à tentativa de golpe de direita do general Korníolov, antes de sucumbir em outubro ao bem-sucedido golpe de esquerda dos bolcheviques, popularmente associado com o slogan "Todo poder aos sovietes". A tão aguardada Assembleia Constituinte se reuniu, mas não realizou nada, sendo dissolvida sem cerimônia pelos bolcheviques em janeiro de 1918. Nas periferias da Rússia, oficiais do velho exército tsarista reuniam forças para combater os bolcheviques, alguns sob a bandeira monarquista que parecera ter sido banida para sempre em 1917. A Revolução não trouxera a democracia liberal à Rússia. Em vez disso, trouxe anarquia e guerra civil.

A abrupta passagem do fevereiro democrático ao outubro vermelho espantou tanto vencedores quanto vencidos. Para os liberais russos, o choque foi traumático. A revolução – revolução que era *deles* de direito, como demonstrava a história da Europa Ocidental e como até marxistas sensatos concordavam – ocorrera afinal, mas fora arrancada de suas mãos por forças sinistras e incompreensíveis. Mencheviques e outros marxistas não bolcheviques estavam similarmente injuriados: o tempo ainda não estava propício para a revolução socialista proletária, e era injustificável que um partido marxista violasse as regras e tomasse o poder. Os Aliados, parceiros da Rússia na guerra na Europa, ficaram consternados com a derrota e se recusaram a reconhecer o novo governo, que estava se preparando para retirar a Rússia da guerra unilateralmente. Os diplomatas mal sabiam os nomes dos novos governantes da Rússia, mas imaginavam o pior e rezavam por uma rápida ressurreição das esperanças democráticas saudadas em fevereiro. Leitores de jornais ocidentais souberam com horror da queda da Rússia da civilização às bárbaras profundezas do comunismo ateu.

As cicatrizes deixadas pela Revolução de Outubro foram profundas, e tornadas mais dolorosas e visíveis ao mundo exterior pela emigração de grande número de russos instruídos durante e imediatamente após a Guerra Civil que se seguiu à vitória bolchevique. Para os emigrados, a Revolução Bolchevique não era tanto uma tragédia no sentido grego quanto um desastre inesperado, imerecido e essencialmente injusto. Para o Ocidente e sobretudo para os Estados Unidos, parecia que o povo russo tinha sido defraudado da democracia liberal pela qual ele lutara por tanto tempo e tão nobremente. Teorias da conspiração explicando a vitória bolchevique ganharam crédito muito difundido: a mais popular era a de um complô judaico internacional, uma vez que Trótski, Zinóviev e inúmeros outros líderes bolcheviques eram judeus; mas outra teoria, ressuscitada em *Lênin em Zurique*, de Soljenítsin, retratava os bolcheviques como fantoches dos alemães em uma trama bem-sucedida para tirar a Rússia da guerra. Historiadores, evidentemente, tendem a ser céticos diante de teorias da conspiração. Mas as atitudes que permitiam o florescimento de tais teorias também podem ter influenciado as abordagens do problema por pesquisadores ocidentais. Até muito recentemente, a maioria das explicações históricas da Revolução Bolchevique enfatizava sua ilegitimidade de uma maneira ou de outra, como se buscassem absolver o povo russo de qualquer responsabilidade pelo evento e suas consequências.

Na interpretação ocidental clássica da vitória bolchevique e da evolução subsequente do poder soviético, o *deus ex machina* era a arma secreta bolchevique da organização e da disciplina partidárias. O panfleto *Que fazer?* (ver p. 49), de Lênin, que estabelecia os pré-requisitos para a organização bem-sucedida de um partido ilegal e conspiratório, costumava ser citado como texto básico; e argumentava-se que as ideias de *Que fazer?* moldaram o Partido Bolchevique em seus anos de formação e continuaram a determinar o comportamento bolchevique mesmo depois da saída final da clandestinidade em fevereiro de 1917. As políticas abertas, democráticas e pluralistas dos meses pós-fevereiro na Rússia foram assim subvertidas, culminando na tomada ilegal do poder pelos bolcheviques mediante uma ação conspiratória organizada em outubro. A tradição bolchevique de organização centralizada e disciplina partidária rigorosa levou o novo regime soviético ao autoritarismo repressivo e estabeleceu os alicerces para a posterior ditadura totalitária de Stálin.[1]

No entanto, sempre houve problemas em aplicar essa concepção geral das origens do totalitarismo soviético à situação histórica específica que se desenrolou entre fevereiro e outubro de 1917. Em primeiro lugar, o velho Partido Bolchevique clandestino foi inundado por um afluxo de novos membros, ultrapassando todos os outros partidos políticos em quantidade de recrutamentos, especialmente nas fábricas e nas forças armadas. Em meados de 1917, tornara-se um partido aberto de massas, mantendo pouca semelhança com a disciplinada organização de elite de revolucionários em tempo integral descrita em *Que fazer?*. Em segundo, nem o partido como um todo nem sua liderança estavam unidos quanto às questões mais básicas de orientação política em 1917. Em outubro, por exemplo, divergências no seio da liderança do partido quanto à conveniência da insurreição eram tão graves que o tema foi debatido publicamente pelos bolcheviques na imprensa diária.

É bem possível que a maior força dos bolcheviques em 1917 não fosse a severa organização e disciplina partidária (que quase não existia naquele momento), mas a postura do partido de intransigente radicalismo na extrema esquerda do espectro político. Enquanto outros grupos socialistas e liberais se acotovelavam por uma posição no Governo Provisório e no Soviete de Petrogrado, os bolcheviques se recusavam a ser cooptados e denunciavam a política de coalizão e compromisso. Enquanto outros políticos outrora radicais clamavam por moderação e por lideranças responsáveis e diplomáticas, os bolcheviques permaneciam nas ruas com as multidões irresponsáveis e beligerantes. À medida que o "poder dual" se desintegrava, desacreditando os partidos de coalizão representados no Governo Provisório e na liderança do Soviete de Petrogrado, somente os bolcheviques estariam em condições de se beneficiar. Entre os partidos socialistas, somente os bolcheviques superavam os escrúpulos marxistas, captando o ânimo da multidão e declarando sua disposição para tomar o poder em nome da revolução proletária.

O relacionamento entre o "poder dual" do Governo Provisório e o Soviete de Petrogrado era geralmente visto, em termos de classe, como uma aliança entre a burguesia e o proletariado. Sua sobrevivência dependia da contínua colaboração entre essas classes e os políticos que diziam representá-las; mas ficou claro, no verão de 1917, que o instável consenso de fevereiro tinha sido seriamente solapado. À medida que a sociedade urbana se tornava mais polarizada entre uma direita lei-e-ordem e uma esquerda revolucionária, o terreno intermediário da coalizão democrática começava a desmoronar. Em julho, multidões de operários, soldados e marinheiros saíram às ruas de Petrogrado reivindicando que o Soviete tomasse o poder em nome da classe operária e repudiando os "dez ministros capitalistas" do Governo Provisório. Em agosto, o mês do golpe abortado do general Kornílov, um proeminente industrial exortou os liberais a serem mais decididos na defesa de seus interesses de classe:

> Precisamos dizer [...] que a atual revolução é uma revolução burguesa, que a ordem burguesa que existe hoje em dia é inevitável, e uma vez que é inevitável, deve-se extrair a conclusão completamente lógica e insistir para que aqueles que dirigem o Estado pensem de maneira burguesa e ajam de maneira burguesa.[2]

O "poder dual" foi concebido como um arranjo provisório à espera da convocação de uma Assembleia Constituinte. Mas sua desintegração sob os ataques da esquerda e da direita, e a crescente polarização da política russa suscitavam questões inquietantes quanto ao futuro e também ao presente em meados de 1917. Ainda era razoável esperar que os problemas políticos da Rússia pudessem ser resolvidos por uma Assembleia Constituinte eleita pela população e pela institucionalização formal da democracia parlamentar nos moldes ocidentais? A solução da Assembleia Constituinte, como o "poder dual" interino, exigia certo grau de consenso político e de acordo quanto à necessidade de negociação. As alternativas visíveis ao consenso e à negociação eram a ditadura e a guerra civil. Contudo, parecia que essas alternativas tinham grande probabilidade de ser escolhidas por uma sociedade turbulenta e violentamente polarizada que se livrara das rédeas do governo.

A Revolução de Fevereiro e o "duplo poder"

Na última semana de fevereiro, escassez de pão, greves, locautes e por fim uma manifestação em homenagem ao Dia

Internacional da Mulher realizada por operárias do distrito de Víborg levaram às ruas de Petrogrado uma multidão que as autoridades não conseguiram dispersar. A Quarta Duma, que chegara ao fim de seu mandato, apelou de novo ao imperador para que formasse um gabinete responsável e pediu para permanecer em sessão enquanto durasse a crise. Ambos os pedidos foram recusados; mas um não autorizado Comitê da Duma, dominado pelos liberais do Partido Kadet e pelo Bloco Progressista, permaneceu de fato em sessão. Os ministros do imperador realizaram uma última e hesitante reunião e em seguida deram no pé, os mais cautelosos abandonando imediatamente a capital. O próprio Nicolau II estava ausente, visitando o quartel-general do exército em Moguiliov; sua reação à crise foi uma lacônica instrução por telégrafo para que as desordens fossem encerradas imediatamente. A polícia estava se desintegrando, e tropas da guarnição de Petrogrado mobilizadas na cidade para controlar a multidão tinham começado a confraternizar com ela. Na noite de 28 de fevereiro, o comandante militar de Petrogrado teve que relatar que a multidão revolucionária havia tomado todas as estações ferroviárias, todos os suprimentos da artilharia e, até onde ele sabia, a cidade como um todo; pouquíssimos soldados leais permaneciam à sua disposição, nem seus telefones funcionavam mais.

O Alto-Comando do Exército tinha duas opções: mandar novas tropas, que poderiam ou não permanecer leais, ou buscar uma solução política com a ajuda dos políticos da Duma. Escolheu a segunda alternativa. Em Pskov, na viagem de volta de Moguiliov, o trem de Nicolau foi alcançado por emissários do Alto-Comando e da Duma, que sugeriram respeitosamente que o imperador abdicasse. Depois de alguma discussão, Nicolau aceitou tranquilamente. Tendo aceitado inicialmente abdicar em favor de seu filho, pensou depois na saúde delicada do *tsarévitch* Aleksei e decidiu, em vez disso, abdicar em seu nome e no de Aleksei em favor de seu irmão, o grã-duque Mikhail. Sendo um homem de família, passou o restante da viagem pensando com notável calma e inocência política sobre seu futuro como cidadão comum:

> Ele disse que iria para o exterior e ficaria lá enquanto durassem as hostilidades [na guerra contra a Alemanha] e depois retornaria à Rússia, se instalaria na Crimeia e se dedicaria completamente à educação de seu filho. Alguns de seus conselheiros duvidavam que ele viesse a ter permissão para isso, mas Nicolau respondia que em nenhum lugar os pais tinham negado seu direito de cuidar dos filhos.[3]

(Depois de chegar à capital, Nicolau foi enviado para juntar-se à família nos arredores de Petrogrado, e dali em diante permaneceu discretamente sob prisão domiciliar enquanto o Governo Provisório e os Aliados tentavam decidir o que fazer com ele. Não se chegou a uma solução. Mais tarde, a família toda foi mandada para a Sibéria e depois para os Urais, ainda sob prisão domiciliar, mas em condições cada vez mais penosas que Nicolau suportou com firmeza. Em julho de 1918, depois da eclosão da Guerra Civil, Nicolau e sua família foram executados por ordem do Soviete Bolchevique dos Urais.[4] Da época de sua abdicação até sua morte, Nicolau se comportou de fato como um cidadão comum, sem desempenhar nenhum tipo de papel político ativo.)

Nos dias que se seguiram à abdicação de Nicolau, os políticos de Petrogrado estavam em um estado de grande agitação e atividade frenética. A intenção original era livrar-se de Nicolau, mais do que da monarquia. Mas a abdicação de Nicolau em favor do filho removera a possibilidade de uma regência durante a menoridade de Aleksei; e o grã-duque Mikhail, sendo um homem prudente, declinou do convite para suceder o irmão. Na prática, portanto, a Rússia não era mais uma monarquia. Decidiu-se que a futura forma de governo do país seria determinada a seu tempo por uma Assembleia Constituinte, e que enquanto isso um autodesignado "Governo Provisório" assumiria as responsabilidades do antigo Conselho de Ministros do império. O príncipe Gueórgui Lvov, líder da União dos Zemstva e liberal moderado, tornou-se chefe do novo governo. Seu gabinete incluía Pável Miliukov, historiador e teórico do Partido Kadet, como ministro do Exterior; dois proeminentes industriais como ministros das Finanças e da Indústria e Comércio; e o advogado socialista Aleksandr Kiérenski como ministro da Justiça.

O Governo Provisório não tinha nenhum mandato eleitoral, extraindo sua autoridade da agora extinta Duma, do consentimento do Alto-Comando Militar e de acordos informais com organismos públicos como a União dos Zemstva e o Comitê das Indústrias de Guerra. A velha burocracia tsarista forneceu sua máquina executiva, mas, como resultado da dissolução anterior da Duma, ela não dispunha do suporte de nenhum corpo legislativo. Levando em conta sua fragilidade e falta de legitimidade formal, a apropriação do poder pelo novo governo parecia notavelmente tranquila. As potências aliadas reconheceram-no de imediato. Era como se o sentimento monarquista tivesse desaparecido da noite para o dia na Rússia: em todo o Décimo Exército, apenas dois oficiais se recusaram a jurar obediência ao Governo Provisório. Como relembrou mais tarde uma política liberal:

Indivíduos e organizações expressaram sua lealdade ao novo poder. O Stavka [quartel-general do exército] como um todo, seguido pelo estado-maior, reconheceu o Governo Provisório. Os ministros tsaristas e alguns dos ministros-adjuntos foram presos, mas todos os outros altos funcionários permaneceram em seus cargos. Ministérios, repartições e bancos, na verdade toda a máquina política da Rússia nunca cessou de funcionar. Nesse aspecto, o *coup d'état* [de fevereiro] transcorreu de modo tão suave que mesmo na época se tinha o vago pressentimento de que aquele não era o fim, de que tamanha crise não podia transcorrer tão pacificamente.[5]

De fato, desde o início havia motivos para duvidar da efetividade da transferência de poder. O mais importante era que o Governo Provisório tinha um concorrente: a Revolução de Fevereiro produzira não somente uma, mas duas autoridades autoconstituídas que aspiravam a um papel nacional. O segundo era o Soviete de Petrogrado, formado por operários, soldados e políticos socialistas, nos moldes do Soviete de São Petersburgo de 1905. O Soviete já estava em sessão no Palácio Tauride quando foi anunciada a formação do Governo Provisório, em 2 de março.

A relação de duplo poder entre o Governo Provisório e o Soviete de Petrogrado surgiu espontaneamente, e o governo a aceitou em grande parte porque não tinha escolha. Nos termos práticos mais imediatos, uma dezena de ministros sem força nenhuma à sua disposição dificilmente teria condições de liberar o palácio (local inicial de reunião tanto do governo como do Soviete) do tropel desordenado de operários, soldados e marinheiros entrando e saindo para fazer discursos, comer, dormir, discutir e escrever manifestos; e a disposição da multidão, irrompendo intermitentemente no plenário do Soviete para deixar aos pés dos delegados um policial ou ex-ministro tsarista aprisionado, deve ter desencorajado a tentativa. Em termos mais gerais, como explicou o ministro da Guerra Gutchkov no início de março ao comandante em chefe do Exército:

O Governo Provisório não tem nenhum poder real; e suas diretrizes são implementadas apenas quando permitidas pelo Soviete de Delegados dos Operários e Soldados, que desfruta de todos os elementos de poder real, uma vez que as tropas, as estradas de ferro, o correio e o telégrafo estão todos em suas mãos. Pode-se dizer simplesmente que o Governo Provisório só existe enquanto for permitido pelo Soviete.[6]

Nos primeiros meses, o Governo Provisório constava predominantemente de liberais, enquanto o Comitê Executivo do Soviete era dominado por intelectuais socialistas, sobretudo mencheviques e SRs (do Partido Socialista Revolucionário) em termos de filiação partidária. Kiérenski, membro do Governo Provisório mas também socialista, que tinha sido ativo na instauração de ambas as instituições, servia como uma ligação entre elas. Os socialistas do Soviete pretendiam atuar como cães de guarda de olho no Governo Provisório, protegendo os interesses da classe operária até que a revolução burguesa cumprisse seu curso. Essa deferência à burguesia era em parte resultado da boa educação marxista dos socialistas e em parte produto de cautela e incerteza. Como observou Nikolai Sukhánov, um dos líderes mencheviques do Soviete, era provável que surgissem problemas à frente, e era melhor que os liberais assumissem a responsabilidade e, se necessário, a culpa:

A democracia do Soviete teve que confiar o poder aos elementos proprietários, seus inimigos de classe, sem cuja participação ela não conseguiria agora dominar a técnica de administração nas condições desesperadas de desintegração, nem lidar com as forças do tsarismo e da burguesia, unidas contra ela. Mas a *condição* é que essa transferência viesse a assegurar à democracia uma vitória completa sobre a classe inimiga num futuro próximo.[7]

Todavia, os operários, soldados e marinheiros que constituíam a base do Soviete não eram tão cautelosos. Em 1° de março, antes do estabelecimento formal do Governo Provisório ou da emergência de "liderança responsável" no Soviete, a famigerada Ordem n° 1 foi emitida em nome do Soviete de Petrogrado. A Ordem n° 1 era um documento revolucionário e uma afirmação do poder soviético. Reivindicava a democratização do exército mediante a criação de comitês eleitos de soldados, redução dos poderes disciplinares dos oficiais e, o mais importante, reconhecimento da autoridade do Soviete sobre todas as questões envolvendo as forças armadas; declarava que nenhuma ordem governamental ao exército deveria ser considerada válida sem a contra-assinatura do Soviete. Embora a Ordem n° 1 não determinasse efetivamente a realização de eleições para confirmar os oficiais em seus postos, essas eleições estavam, na prática, sendo realizadas nas unidades mais insubordinadas; e havia relatos de que centenas de oficiais da marinha tinham sido presos ou mortos pelos marinheiros de Kronstadt e da frota no Báltico durante os dias de fevereiro. A Ordem n° 1, portanto, teve fortes traços de luta de classes, e não conseguiu de modo algum oferecer confiança quanto às perspectivas de uma cooperação de classes. Ela pressagiou a forma mais inexequível de poder dual, isto é, uma situação em que os homens alistados nas forças armadas só reconheciam a autoridade do Soviete de Petrogrado, enquanto a corporação dos oficiais só reconhecia a autoridade do Governo Provisório.

O Comitê Executivo do Soviete fez o possível para recuar da posição radical representada pela Ordem n° 1. Mas em abril Sukhánov criticou o "isolamento em relação às massas" produzido pela aliança do Comitê Executivo com o Governo Provisório. Era, evidentemente, apenas uma aliança parcial. Havia conflitos recorrentes entre o Comitê Executivo Soviético e o Governo Provisório quanto à política trabalhista e ao problema das demandas de terra dos camponeses. Havia também importantes divergências quanto à participação da Rússia na guerra europeia. O Governo Provisório continuava firmemente comprometido com o esforço de guerra; e o Memorando de 18 de abril do ministro do Exterior, Miliukov, chegou a sugerir um interesse continuado em estender o controle russo sobre Constantinopla e os Estreitos Turcos (conforme estabelecido nos Tratados Secretos assinados pelo governo tsarista e pelos Aliados), antes que um clamor público e renovadas manifestações de rua o obrigassem a renunciar. O Comitê Executivo do Soviete tomou a posição "defensivista", concordando com a continuação da guerra enquanto o território russo estivesse sob ataque, mas opondo-se a objetivos bélicos anexionistas e aos Tratados Secretos. Contudo, na base do Soviete – e nas ruas, nas fábricas e especialmente nas guarnições – a atitude diante da guerra tendia a ser mais simples e mais drástica: parar de combater, sair da guerra, trazer as tropas de volta para casa.

A relação que se desenvolveu entre o Comitê Executivo do Soviete de Petrogrado e o Governo Provisório na primavera e no verão de 1917 foi intensa, íntima e conflituosa. O Comitê Executivo preservava zelosamente sua identidade separada, mas em última instância as duas instituições estavam atadas de modo demasiado íntimo para serem indiferentes ao destino uma da outra, ou para se dissociarem na eventualidade do desastre. A relação foi estreitada em maio, quando o Governo Provisório deixou de ser uma reserva liberal e tornou-se uma coalizão de liberais e socialistas, incorporando representantes dos principais partidos socialistas (mencheviques e SRs) cuja influência era predominante no Comitê Executivo do Soviete. Os socialistas não estavam ávidos para entrar no governo, mas concluíram que era seu dever fortalecer um regime cambaleante numa época de crise nacional. Eles continuavam a ver o Soviete como sua esfera mais natural de ação política, sobretudo quando ficou evidente que os novos ministros socialistas da Agricultura e do Trabalho não conseguiriam implantar suas políticas por causa da oposição liberal. Ainda assim, uma escolha simbólica foi feita: ao associar-se mais estreitamente ao Governo Provisório, os socialistas "responsáveis" estavam se separando (e por extensão separando o Comitê Executivo do Soviete) da revolução popular "irresponsável".

A hostilidade popular ao Governo Provisório "burguês" acirrou-se no final da primavera, à medida que o cansaço com a guerra crescia e a situação econômica nas cidades se deteriorava.[8] Durante as manifestações de rua que ocorreram em julho (as Jornadas de Julho), manifestantes carregavam faixas clamando por "Todo poder aos sovietes", o que na prática significava tirar o poder do Governo Provisório. Paradoxalmente – embora fosse lógico, levando-se em conta seu compromisso com o governo – o Comitê Executivo do Soviete de Petrogrado rejeitou o slogan "Todo poder aos sovietes"; e de fato a manifestação estava direcionada contra a liderança existente do Soviete, e contra o governo em si. "Tome o poder, seu filho da puta, quando lhe é dado!", bradou um manifestante, brandindo o punho para um político socialista.[9] Mas esse era um apelo (ou, quem sabe, uma ameaça?) ao qual aqueles que se haviam comprometido com o "poder dual" não tinham como responder.

Os bolcheviques

Na época da Revolução de Fevereiro, quase todos os bolcheviques de destaque estavam exilados no exterior ou em regiões remotas do império russo, presos em massa depois da eclosão da guerra, porque os bolcheviques não somente se opunham à participação da Rússia como também sustentavam que a derrota russa seria de interesse da revolução. Os líderes bolcheviques que estiveram exilados na Sibéria, incluindo Stálin e Mólotov, estavam entre os primeiros a regressar às principais cidades. Mas os que estavam na Europa encontraram muito mais dificuldade para retornar, pelo simples motivo de que a Europa estava em guerra. Retornar via Báltico era perigoso e exigia cooperação aliada, enquanto as rotas terrestres atravessavam território inimigo. Ainda assim, Lênin e outros membros da comunidade emigrada na neutra Suíça estavam ansiosos para voltar; depois de negociações conduzidas por intermediários, o governo alemão ofereceu-lhes a chance de atravessar a Alemanha num trem lacrado. Era claramente do interesse da Alemanha deixar revolucionários russos que se opunham à guerra voltar a seu país, mas os próprios revolucionários tinham que ponderar a conveniência de voltar em relação ao risco de se comprometer politicamente. Lênin, com um pequeno contingente de emigrados de maioria bolchevique, decidiu correr o risco, e partiu no final de março. (Um grupo muito maior de revolucionários russos na Suíça, incluindo quase todos os mencheviques, decidiu que seria prudente esperar – uma atitude astuta, pois assim evitaram toda a controvérsia e as acusações que a viagem de Lênin provocou. Esse grupo seguiu num segundo trem lacrado, mediante um acordo semelhante com os alemães, um mês depois.)

Antes da volta de Lênin a Petrogrado no início de abril, os ex-exilados na Sibéria já haviam começado a reconstruir a organização bolchevique e a publicar um jornal. Àquela altura os bolcheviques, como outros grupos socialistas, davam sinais de se deixar levar para a coalizão em torno do Soviete de Petrogrado. Mas os líderes mencheviques e SRs do Soviete não haviam esquecido o quanto Lênin podia ser encrenqueiro, e esperavam sua chegada com apreensão. Esta acabou se mostrando justificada. Em 3 de abril, quando desceu do trem na Estação

Finlândia, em Petrogrado, Lênin reagiu com rispidez ao comitê de boas-vindas do Soviete, dirigiu poucas palavras à multidão na voz áspera que sempre exasperava seus oponentes e partiu abruptamente para uma comemoração privada e uma conferência com seus colegas do Partido Bolchevique. Estava claro que Lênin não perdera seus velhos hábitos sectários. Ele não exibia o menor sinal do sentimento de imensa alegria que, naqueles primeiros meses, frequentemente levavam velhos adversários políticos a abraçar-se como irmãos em honra da vitória revolucionária.

A avaliação de Lênin da situação política, conhecida pela história como Teses de Abril, era beligerante, inflexível e nitidamente desconcertante para os bolcheviques de Petrogrado que aceitaram, em princípio, a linha do Soviete de unidade socialista e apoio crítico ao novo governo. Quase sem perder tempo reconhecendo as conquistas de fevereiro, Lênin já antevia o segundo estágio da revolução: a deposição da burguesia pelo proletariado. Nenhum apoio deveria ser dado ao Governo Provisório, afirmava Lênin. As ilusões socialistas de unidade e a "confiança ingênua" das massas no novo regime deviam ser destruídas. A liderança vigente do Soviete, tendo sucumbido à influência burguesa, era inútil (em um discurso, Lênin tomou a caracterização da social-democracia alemã de Rosa Luxemburgo e a chamou de "um cadáver fedorento").

Ainda assim, Lênin previa que os sovietes – sob uma liderança revolucionária revitalizada – seriam as instituições-chave para a transferência de poder da burguesia para o proletariado. "Todo poder aos sovietes!", um dos slogans das Teses de Abril de Lênin, era na prática um chamado à guerra de classes. "Paz, terra e pão", outro dos slogans de Lênin em abril, tinha implicações revolucionárias semelhantes. "Paz", na acepção de Lênin, significava não somente a retirada da guerra imperialista como também o reconhecimento de que tal retirada *"é impossível* [...]

sem a derrubada do capital". "Terra" significava confisco das grandes propriedades rurais e sua redistribuição pelos próprios camponeses – algo muito próximo do confisco espontâneo de terra pelos camponeses. Não surpreende que um crítico acusasse Lênin de "plantar a bandeira da guerra civil no seio de uma democracia revolucionária".[10]

Os bolcheviques, por mais que respeitassem a visão e a liderança de Lênin, ficaram chocados com suas Teses de Abril: alguns se inclinavam a acreditar que ele perdera o contato com as realidades da vida russa durante seus anos no exterior. Mas nos meses seguintes, sob as exortações e reprimendas de Lênin, os bolcheviques de fato se deslocaram para uma posição mais intransigente, isolando-se da coalizão socialista. No entanto, sem uma maioria bolchevique no Soviete de Petrogrado, o slogan de Lênin de "Todo poder aos sovietes!" não fornecia aos bolcheviques um guia prático para a ação. Permanecia em aberto saber se a estratégia de Lênin era a de um político magistral ou simplesmente de um extremista irascível – um correlato de esquerda do velho socialista Plekhánov, cujo patriotismo sem reservas na questão da guerra o afastara da corrente principal dos políticos socialistas russos.

A necessidade de unidade socialista parecia óbvia para a maioria dos políticos associados ao Soviete, que se orgulhavam de enterrar suas velhas divergências sectárias. Em junho, no I Congresso Nacional dos Sovietes, um orador perguntou retoricamente se algum partido político estava preparado para assumir sozinho as responsabilidades do poder, tomando por certo que a resposta seria negativa. "Existe tal partido!", aparteou Lênin. Mas, para a maioria dos delegados, aquilo soou como uma bravata, e não como um desafio sério. Era, no entanto, um desafio sério, porque os bolcheviques estavam ganhando apoio popular e a coalizão socialista o estava perdendo.

Os bolcheviques ainda eram minoria no Congresso dos Sovietes, de junho, e ainda precisavam vencer a eleição em uma metrópole importante. Mas sua força crescente já era evidente no nível da base – nos comitês operários de fábrica, nos comitês de soldados e marinheiros nas forças armadas e nos sovietes distritais locais das grandes cidades. A filiação ao Partido Bolchevique também crescia de modo impressionante, embora os bolcheviques nunca tivessem tomado a decisão formal de lançar um movimento de recrutamento em massa, e parecessem até surpresos com a afluência. Os números da filiação ao partido, por mais instáveis e provavelmente inflados que sejam, dão uma ideia de suas dimensões: 24 mil membros do Partido Bolchevique na época da Revolução de Fevereiro (embora essa cifra seja particularmente suspeita, pois a organização do partido em Petrogrado pôde identificar apenas cerca de 2 mil membros em fevereiro, e a organização de Moscou, seiscentos); mais de 100 mil no final de abril; e em outubro de 1917, um total de 350 mil membros, incluindo 60 mil em Petrogrado e na província ao redor e 70 mil em Moscou e na adjacente Região Industrial Central.[11]

A revolução popular

Sete milhões de homens estavam em combate no início de 1917, com 2 milhões na reserva. As forças armadas sofreram tremendas perdas, e a exaustão produzida pela guerra ficou evidente com a crescente taxa de deserção e de adesão dos soldados à confraternização com os alemães no front. Para os soldados, a Revolução de Fevereiro foi uma promessa implícita de que a guerra logo terminaria, e eles esperaram com impaciência que o Governo Provisório acabasse com o conflito – se não por iniciativa própria, ao menos por pressão do Soviete de Petrogrado.

No início da primavera de 1917, o exército, com sua nova estrutura democrática de comitês eleitos, seus velhos problemas de suprimentos inadequados e seu estado de ânimo inquieto e instável, era, na melhor das hipóteses, uma força de combate de eficiência duvidosa. No front, o moral não se desintegrara de todo. Mas a situação nas guarnições pelo país afora, onde estavam estacionadas as tropas da reserva, era muito mais feia.

Tradicionalmente, os soldados e marinheiros da Rússia de 1917 têm sido classificados como "proletários", a despeito de sua ocupação na vida civil. Na verdade, em sua maioria os alistados eram camponeses, embora operários estivessem representados de modo desproporcional na frota do Báltico e nos exércitos dos fronts norte e oeste, pois sua área de recrutamento era relativamente industrializada. Pode-se argumentar, em termos marxistas, que os homens nas forças armadas eram proletários em virtude de sua ocupação vigente, porém o mais importante é que era assim que eles viam a si mesmos. Conforme o estudo de Wildman,[12] soldados da linha de frente na primavera de 1917 – mesmo quando dispostos a cooperar com oficiais que aceitavam a Revolução e as novas normas de conduta – viam os oficiais e o Governo como pertencentes a uma classe, a dos "senhores", e identificavam seus próprios interesses como aqueles dos operários e do Soviete de Petrogrado. Em maio, como relatou com alarme o comandante-chefe, o "antagonismo de classe" entre oficiais e seus homens causara uma erosão profunda no espírito de solidariedade patriótica do exército.

Os operários de Petrogrado já haviam demonstrado espírito revolucionário em fevereiro, embora não tenham sido suficientemente combativos ou psicologicamente preparados para resistir à criação de um Governo Provisório "burguês". Nos primeiros meses após a Revolução de Fevereiro, as principais queixas expressas pelos operários em Petrogrado e em outras partes eram econômicas, concentrando-se em questões básicas (que o Governo Provisório rejeitou, a pretexto do esforço de guerra): salários, horas extras e proteção contra o desemprego.[13] Mas não havia a menor garantia de que essa situação fosse continuar, dada a tradição de militância política na classe operária russa. Era verdade que a guerra mudara a composição da classe operária, aumentando muito a porcentagem de mulheres e aumentando um pouco o número total de operários; e em geral, acreditava-se que mulheres operárias eram menos revolucionárias que os homens. No entanto, foi uma greve de operárias no Dia Internacional das Mulheres que precipitara a Revolução de Fevereiro; e aquelas com maridos no front tinham maior probabilidade de opor-se com vigor à continuação da guerra. Petrogrado, centro da indústria de munições em que muitos trabalhadores qualificados tinham sido dispensados do alistamento militar, mantinha nas fábricas uma proporção comparativamente ampla de sua classe operária masculina pré-guerra. A despeito da detenção de bolcheviques pela polícia no início da guerra, e da subsequente prisão ou recrutamento militar de grandes contingentes de outros agitadores políticos nas fábricas, as principais unidades industriais metalúrgicas e de defesa de Petrogrado empregavam um número surpreendentemente grande de operários filiados ao Partido Bolchevique e a outros partidos revolucionários, e até mesmo revolucionários bolcheviques profissionais vindos da Ucrânia e de outras partes do império para a capital depois da eclosão da guerra. Outros operários revolucionários retornaram a suas fábricas depois da Revolução de Fevereiro, aumentando o potencial de agitação política.

A Revolução de Fevereiro deu origem a um formidável leque de organizações em todos os centros industriais da Rússia, mas especialmente em Petrogrado e Moscou. Sovietes de operários foram criados não somente no nível municipal, como o Soviete de Petrogrado, mas também no nível mais básico do distrito urbano, cuja liderança em geral vinha dos próprios operários, e não da *intelligentsia*, e o espírito costumava ser mais radical. Novos sindicatos foram instituídos; e, nas unidades de produção industrial, operários começaram a constituir comitês de fábrica (que não faziam parte da estrutura sindical, e às vezes coexistiam com seções sindicais locais) para lidar com a administração. Os comitês de fábrica, mais próximos à base, tendiam a ser as mais radicais de todas as organizações operárias. Nos comitês de fábrica de Petrogrado, os bolcheviques assumiram uma posição dominante no final de maio de 1917.

A função original do comitê de fábrica era exercer a vigilância operária sobre a administração da fábrica. O termo usado para essa função era "controle operário" (*rabótchii kontrol*), que significava mais supervisão do que controle no sentido gerencial. Na prática, os comitês de fábrica quase sempre iam mais longe e começavam a assumir funções diretivas. Às vezes isso se relacionava com disputas do controle de contratações e demissões, ou era resultado do tipo de hostilidade de classe que levava os operários de algumas fábricas a colocar contramestres e gerentes impopulares em carrinhos de mão e jogá-los no rio. Em outros exemplos, os comitês de fábrica assumiam a gestão para salvar os operários do desemprego, quando o proprietário ou o diretor abandonava a fábrica ou ameaçava fechá-la em razão de prejuízo. À medida que esses eventos se tornavam comuns, a definição de "controle operário" foi se aproximando de algo como autogestão operária.

Essa mudança ocorreu ao mesmo tempo que o ânimo político ficaria mais combativo e que os bolcheviques ganhavam influência nos comitês de fábrica. Militância significava hostilidade à burguesia e afirmação da primazia dos operários na revolução; assim como o sentido revisto de "controle operário" significava que os operários deviam ser os senhores de suas próprias fábricas, havia um entendimento crescente na classe operária de que o "poder soviético" significava que os operários deviam ser os únicos senhores no distrito, na cidade e talvez no país como um todo. Como teoria política, isso se aproximava mais do anarquismo ou do anarcossindicalismo que do bolchevismo, e os líderes bolcheviques na verdade não compartilhavam da noção de que a democracia direta operária por meio dos comitês de fábrica e dos sovietes fosse uma alternativa plausível ou desejável a seu próprio conceito de "ditadura do proletariado" comandada pelo partido. Não obstante, os bolcheviques eram realistas, e a realidade política em Petrogrado no verão de 1917 era de que seu partido tinha forte apoio nos comitês de fábrica, e que não desejava perdê-lo. Assim, os bolcheviques se posicionaram a favor do "controle operário", sem definir com muita precisão o que queria dizer com isso.

A ascensão da militância operária alarmou os empregadores: fábricas foram fechadas, e um destacado industrial expressou prudentemente a opinião de que "a esquelética mão da fome" talvez pudesse, em última instância, trazer os operários urbanos de volta à ordem. Mas na área rural, o alarme e o temor dos proprietários de terra diante dos camponeses eram muito maiores. As aldeias se mantiveram pacíficas em fevereiro, e muitos dos jovens camponeses estavam ausentes por causa do recrutamento militar. Mas em maio já estava claro que o interior resvalava para o tumulto, como ocorrera em 1905 em resposta à revolução urbana. Como em 1905-6, casas senhoriais foram saqueadas e incendiadas. Além disso, os camponeses estavam tomando terras particulares e estatais para seu próprio uso. Durante o verão, com o aumento dos distúrbios, muitos proprietários de terras abandonaram suas propriedades e fugiram do campo.

Embora Nicolau II tenha se aferrado, mesmo depois das revoltas de 1905-6, à ideia de que os camponeses russos amavam o tsar, a despeito de sua opinião quanto às autoridades locais e aos nobres donos de terras, muitos camponeses reagiram de modo bem diferente à notícia da queda da monarquia e da Revolução de Fevereiro. Parece ter se disseminado pela Rússia camponesa a noção de que a nova revolução significava – ou deveria significar – que o velho título ilegítimo de propriedade dos nobres sobre as terras fora revogado. A terra devia pertencer àqueles que a cultivavam, escreveram os camponeses em suas inúmeras petições ao Governo Provisório na primavera.[14] Isso parece ter significado para os camponeses, em termos concretos, que eles deviam obter as terras cultivadas como servos para os nobres, e que estes haviam conservado em suas mãos no arranjo da Emancipação. (Grande parte dessas terras estava arrendada pelos proprietários aos camponeses; em outros casos, os proprietários as cultivavam usando camponeses locais como mão de obra contratada.)

Se os camponeses ainda mantinham pretensões quanto à terra que remontavam ao tempo da servidão, mais de meio século antes, não é surpresa que as reformas agrárias implantadas por Stolípin nos anos anteriores à Primeira Guerra tiveram pouco impacto na consciência camponesa. Mesmo assim, a evidente vitalidade do *mir* camponês em 1917 foi um choque para muitas pessoas. Os marxistas vinham sustentando desde os anos 1880 que o *mir* tinha, em essência, se desintegrado internamente, sobrevivendo somente porque o Estado o julgava um instrumento útil. No papel, o efeito das reformas de Stolípin foi o de dissolver o *mir* em uma grande proporção das aldeias da Rússia europeia. A despeito de tudo isso, o *mir* era claramente um elemento fundamental no pensamento camponês sobre a terra em 1917. Em suas petições, os camponeses reivindicavam a redistribuição igualitária das terras de propriedade da nobreza, do Estado e da Igreja – isto é, a mesma distribuição equitativa entre famílias aldeãs que o *mir* havia tradicionalmente organizado nos campos da aldeia. Quando confiscos de terras não autorizados começaram a ocorrer em larga escala no verão de 1917, as apropriações eram conduzidas em favor de comunidades aldeãs, não de famílias camponesas individuais, e o padrão geral era de que o *mir* dividisse, em seguida, as novas terras entre os aldeões como costumava dividir as antigas. Além disso, o *mir* sempre reafirmou sua autoridade sobre antigos membros em 1917-8: os "separatistas" de Stolípin, que deixaram o *mir* para estabelecer-se como pequenos fazendeiros independentes nos anos pré-guerra, foram em muitos casos obrigados a retornar e incorporar suas propriedades às terras comuns da aldeia.

Apesar da gravidade do problema fundiário e dos relatos de confisco de terras a partir do início do verão de 1917, o Governo Provisório postergou a questão da reforma agrária. Os liberais não eram em princípio contra a expropriação de terras particulares, e pareciam considerar justas as demandas dos camponeses. Contudo, qualquer reforma agrária radical claramente suscitaria problemas tremendos. Em primeiro lugar, o governo teria que instaurar um complicado mecanismo oficial de expropriação e transferência de terras, o que estava quase certamente além de suas capacidades administrativas naquele momento. Em segundo lugar, ele não teria condições de pagar as grandes indenizações aos proprietários de terras que a maioria dos liberais considerava necessárias. A conclusão do Governo Provisório foi que seria melhor protelar os problemas até que eles pudessem ser resolvidos de modo adequado pela Assembleia Constituinte. Enquanto isso, ele advertia o campesinato (embora sem muito efeito) que não ousasse fazer justiça com as próprias mãos.

As crises políticas do verão

Em meados de junho, Kiérenski, então ministro da Guerra do Governo Provisório, incentivou o exército russo a empreender uma grande ofensiva no front da Galícia. Era a primeira ação militar séria desde a Revolução de Fevereiro, já que os alemães tinham se contentado em assistir à desintegração das forças russas sem avançar mais para o leste, e o Alto-Comando russo, temendo o desastre, tinha até então resistido à pressão dos Aliados em tomar a iniciativa. A ofensiva russa na Galícia, realizada em junho e início de julho, fracassou, com uma estimativa de 200 mil baixas. Foi um desastre em todos os sentidos. O moral nas forças armadas se desintegrou mais ainda, e os alemães começaram um bem-sucedido contra-ataque que continuou durante o verão e outono. As deserções russas, já em alta à medida que os soldados camponeses reagiam às notícias de confiscos de terras, atingiram proporções epidêmicas. A confiança no Governo Provisório foi corroída, e a tensão entre o governo e os líderes militares aumentou. No início de julho, uma crise governamental foi precipitada pela saída de todos os ministros *kadeti* e a renúncia do chefe do Governo Provisório, príncipe Lvov.

No meio da crise, entre 3 e 5 de julho, Petrogrado explodiu de novo em manifestações de massa, violência nas ruas e desordem popular, no que ficou conhecido como Jornadas de Julho.[15] A multidão, que testemunhas da época estimaram em meio milhão de pessoas, incluía grandes contingentes organizados de marinheiros de Kronstadt, soldados e operários das fábricas de Petrogrado. Para o Governo Provisório, parecia uma tentativa bolchevique de insurreição. Os marinheiros de Kronstadt, cuja chegada a Petrogrado desencadeou as desordens, tinham bolcheviques entre seus líderes, portavam faixas com o slogan bolchevique "Todo poder aos sovietes" e fizeram do quartel-general do Partido Bolchevique, no Palácio Kchessínskaia, sua primeira parada. No entanto, quando os manifestantes chegaram ao Palácio, a recepção por parte de Lênin foi contida, quase seca. Ele não os incentivou a adotar uma ação violenta contra o Governo Provisório ou contra o comando do Soviete de Petrogrado; e, embora a multidão tenha seguido rumo ao Soviete e o tenha cercado de modo ameaçador, nenhuma ação desse tipo foi empreendida. Confusos, desprovidos de liderança e de planos específicos, os manifestantes vagaram pela cidade, entregaram-se à bebida e aos saques e, por fim, se dispersaram.

Em certo sentido, as Jornadas de Julho foram uma reafirmação da postura intransigente de Lênin desde abril, pois indicavam um forte sentimento popular contra o Governo Provisório e o poder dual, impaciência com a coalizão socialista e avidez, da parte dos marinheiros de Kronstadt e outros, por um confronto violento e, provavelmente, insurreição. Em outro sentido as Jornadas de Julho foram um desastre para os bolcheviques. Obvimente, Lênin e o Comitê Central Bolchevique foram pegos desprevenidos. Eles falaram sobre insurreição, de uma maneira geral, mas não a haviam planejado. Os bolcheviques de Kronstadt, respondendo à disposição revolucionária dos marinheiros, tinham tomado uma iniciativa que, na prática, o Comitê Central Bolchevique rejeitara. O assunto como um todo causou danos ao ânimo bolchevique e à credibilidade de Lênin como líder revolucionário.

O dano foi ainda maior porque os bolcheviques, apesar da hesitante e duvidosa reação do líder, foram incriminados pelas Jornadas de Julho pelo Governo Provisório e pelos socialistas moderados do Soviete. O Governo Provisório decidiu endurecer, retirando a "imunidade parlamentar" que políticos de todos os partidos desfrutavam desde a Revolução de Fevereiro. Vários expoentes bolcheviques foram presos, junto com Trótski, que adotara uma posição próxima à de Lênin na extrema esquerda desde seu retorno à Rússia em maio, e estava para se tornar membro oficial do Partido Bolchevique em agosto. Foram emitidas ordens de prisão para Lênin e um de seus aliados mais próximos na liderança bolchevique, Grigóri Zinóviev. Durante as Jornadas de Julho, o Governo Provisório insinuara que tinha informações para confirmar os rumores de que Lênin era um agente alemão, e os bolcheviques foram bombardeados por uma onda de denúncias patrióticas na imprensa, o que erodiu temporariamente sua popularidade nas forças armadas e nas fábricas. O Comitê Central Bolchevique (e sem dúvida o próprio Lênin) temia pela vida de Lênin. Ele passou à clandestinidade e, no início de agosto, disfarçado de operário, atravessou a fronteira e se refugiou na Finlândia.

Se os bolcheviques estavam encrencados, isso também valia para o Governo Provisório, comandado desde o início de julho por Kiérenski. A coalizão liberal-socialista estava em constante turbulência, empurrando os socialistas para a esquerda pelo eleitorado do Soviete e com os liberais se movendo para a direita sob a pressão dos industriais, proprietários de terras e comandantes militares, todos cada vez mais alarmados com o colapso da autoridade e os distúrbios populares. Kiérenski, a despeito de um exaltado sentimento de missão para salvar a Rússia, era essencialmente um intermediário e negociador de compromissos políticos, não muito digno de confiança ou respeitado, e desprovido de base política em nenhum dos grandes partidos. Conforme lamentou: "Eu luto com os bolcheviques da esquerda e com os bolcheviques da direita, mas as pessoas demandam que eu me incline para um lado ou para o outro[...]. Quero tomar um caminho intermediário, mas ninguém me ajuda".[16]

Parecia cada vez mais provável que o Governo Provisório cairia de uma maneira ou de outra, e a pergunta era: de qual maneira? A ameaça da esquerda era um levante popular em Petrogrado e/ou um golpe bolchevique. Esse risco não se concretizou em julho, mas a atividade alemã nos fronts norte e oeste acirraria as tensões nas forças armadas ao redor de Petrogrado de modo funesto, e o afluxo de desertores ressentidos, armados e desempregados presumivelmente aumentava o perigo de violência nas ruas da própria cidade. A outra ameaça ao Governo Provisório era a possibilidade de um golpe da direita estabelecer uma ditadura policial. No verão, essa via estava sendo discutida em altos círculos militares e tinha apoio de alguns industriais. Havia sinais de que até mesmo os *kadeti*, que obviamente teriam se posicionado contra um movimento assim antes de sua ocorrência e em pronunciamentos públicos, talvez o aceitasse como fato consumado e com alívio.

Em agosto, hove a tentativa de golpe da direita pelo general Lavr Kornílov, que Kiérenski nomeara recentemente comandante-chefe com a missão de restaurar a ordem e a disciplina no exército russo. Ao que parece, Kornílov não agiu motivado por ambição pessoal, mas por sua noção do interesse nacional. Ele pôde, de fato, ter acreditado que Kiérenski receberia de bom grado uma intervenção militar para criar um governo forte e lidar com os agitadores de esquerda, pois Kiérenski, mais ou menos informado sobre as intenções de Kornílov, o tratava de modo peculiarmente evasivo. Os mal-entendidos entre os dois protagonistas tornavam a situação confusa, e a inesperada tomada de Riga pelos alemães às vésperas da ação de Kornílov intensificou o clima de pânico, desconfiança e desespero que se espalhava entre líderes civis e militares russos. Na última semana de agosto, perplexo, mas ao mesmo tempo determinado, o general Kornílov deslocou tropas do front para Petrogrado, ao que parece para reprimir as desordens na capital e salvar a república.

A tentativa de golpe fracassou em grande parte pela falta de confiança das tropas e das ações enérgicas dos operários de Petrogrado. Ferroviários desviaram e obstruíram trens militares; gráficos interromperam a publicação de jornais que apoiavam o movimento de Kornílov; metalúrgicos apressaram-se em abordar as tropas que se aproximavam para explicar aos soldados que Petrogrado estava calma e que eles tinham sido enganados por seus oficiais. Sob essa pressão, o moral das tropas se abateu, o golpe foi abortado nas cercanias de Petrogrado sem nenhum confronto militar sério e o general Krímov, oficial comandante que agia sob ordens de Kornílov, rendeu-se ao Governo Provisório e em seguida cometeu suicídio. O próprio Kornílov foi preso no quartel-general do exército, sem oferecer resistência e assumindo plena responsabilidade.

Em Petrogrado, políticos do centro e da direita se apressaram em reafirmar sua lealdade ao Governo Provisório, que Kiérenski continuava a comandar. Mas sua posição fora muito abalada pelo modo como lidou com o caso Kornílov, e o governo se enfraqueceu. O Comitê Executivo do Soviete de Petrogrado também saiu da crise com pouco prestígio, uma vez que a resistência a Kornílov foi organizada em grande parte ao nível dos sindicatos locais e das fábricas; isso contribuiu para uma rápida ascensão do apoio aos bolcheviques, que lhes permitiu desalojar quase imediatamente a velha liderança menchevique-SR do Soviete. O Alto-Comando do Exército foi o mais atingido, pois a prisão do comandante-chefe e o fracasso do golpe o deixara desmoralizado e confuso; como se não bastasse, o avanço alemão continuava, e Petrogrado era o objetivo evidente. Em meados de setembro, o general Alekseiev, sucessor de Kornílov, renunciou abruptamente ao posto de comandante-chefe, prefaciando seu pronunciamento com um tributo emocionado às altas motivações de Kornílov. Alekseiev sentia que não podia mais assumir a responsabilidade de um exército no qual a disciplina ruíra e cujos "oficiais são mártires".

Em termos práticos, nesta hora de terrível perigo, posso afirmar com horror que não temos exército algum (a estas palavras a voz do general tremeu e ele derramou algumas lágrimas), enquanto os alemães estão preparados para, a qualquer momento, desferir o golpe derradeiro e mais vigoroso contra nós.[17]

A esquerda foi quem mais saiu ganhando no caso Kornílov, já que este fomentou a noção, até então abstrata, de uma ameaça contrarrevolucionária de direita, mostrou a força da classe operária e, ao mesmo tempo, convenceu muitos operários de que somente a vigilância armada poderia salvar a revolução de seus inimigos. Os bolcheviques, com muitos líderes ainda encarcerados ou na clandestinidade, não desempenhavam nenhum papel especial na resistência real a Kornílov. Mas a nova inclinação da opinião popular em direção a eles, já discernível em agosto, aumentou enormemente depois do golpe abortado de Kornílov; na prática eles viriam a colher benefícios futuros da criação das unidades de milícia operária ou "Guardas Vermelhas" que começou em reação à ameaça de Kornílov. A força dos bolcheviques vinha do fato de serem o único partido não comprometido com associações à burguesia e ao regime de fevereiro, e o partido identificava-se mais firmemente com ideias de poder operário e levante armado.

A Revolução de Outubro

De abril a agosto, o slogan bolchevique "Todo poder aos sovietes" tinha sido essencialmente provocador – um escárnio dirigido aos moderados que controlavam o Soviete de Petrogrado e não queriam tomar o poder. Contudo a situação mudou depois do caso Kornílov, quando os moderados perderam o controle. Os bolcheviques conquistaram a maioria no Soviete de Petrogrado em 31 de agosto e no Soviete de Moscou em 5 de setembro. Se o II Congresso Nacional dos Sovietes, programado para outubro, seguisse a tendência política das capitais, o que isso significaria? Será que os bolcheviques desejavam uma transferência semilegal de poder aos sovietes, com base em uma decisão do Congresso de que o Governo Provisório não tinha mais autoridade para governar? Ou o velho slogan era um chamado à insurreição, ou uma afirmação de que os bolcheviques (à diferença dos outros) tinham a coragem de tomar o poder?

Em setembro, Lênin escreveu de seu esconderijo na Finlândia instando o partido bolchevique a se preparar para uma insurreição armada. O momento revolucionário havia chegado, dizia ele, e devia ser aproveitado antes que fosse tarde demais. A demora seria fatal. Os bolcheviques deviam agir *antes* da reunião do II Congresso dos Sovietes, antecipando-se a qualquer decisão que o Congresso viesse a tomar.

A defesa de Lênin por um levante armado imediato era apaixonada, mas não convenceu de todo seus colegas de liderança. Por que os bolcheviques deveriam fazer uma aposta desesperada, quando a maré estava fluindo tão claramente a seu favor? Além disso, o próprio Lênin não retornou para assumir o comando: teria agido dessa maneira se estivesse falando sério? Sem dúvida as acusações contra ele no verão o exauriram. Possivelmente, ele andara meditando sobre isso e sobre a hesitação do Comitê Central durante as Jornadas de Julho, convencendo-se de que uma chance rara de tomar o poder fora perdida. Em todo caso, Lênin era temperamental, como todos os grandes líderes. Esse estado de ânimo podia passar.

A conduta de Lênin naquele momento foi certamente contraditória. Por um lado, ele insistia em uma insurreição bolchevique. Por outro, permaneceu algumas semanas na Finlândia, apesar de o Governo Provisório ter libertado os políticos de esquerda presos em julho, de os bolcheviques agora controlarem o Soviete e de o período de maior perigo para Lênin ter passado. Quando ele retornou a Petrogrado, provavelmente no final da primeira semana de outubro, permaneceu escondido, isolado até mesmo dos bolcheviques, e comunicou-se com seu Comitê Central por meio de uma série de cartas raivosas e exortatórias.

Em 10 de outubro, o Comitê Central Bolchevique concordou que um levante era desejável, em princípio. Porém. estava claro que muitos dos bolcheviques se inclinavam a usar sua posição no Soviete para conquistar uma transferência semilegal, não violenta, de poder. De acordo com a rememoração posterior de um membro do Comitê Bolchevique de Petrogrado,

> Quase nenhum de nós concebia o início como uma tomada pelas armas de todas as instituições do governo em um momento específico [...]. Pensávamos no levante como a simples tomada de poder pelo Soviete de Petrogrado. O Soviete deixaria de sujeitar-se às ordens do Governo Provisório, declararia que ele próprio era o poder e eliminaria todos os que tentassem impedi-lo disso.[18]

Trótski, recém-libertado da prisão e admitido nas fileiras do Partido Bolchevique, era agora o líder da maioria bolchevique no Soviete de Petrogrado. Tinha sido também um dos líderes do Soviete em 1905. Embora não divergisse abertamente de Lênin (e tenha afirmado mais tarde que as visões dos dois eram idênticas), parece provável que ele também tinha dúvidas sobre a insurreição, e achava que o Soviete podia e devia lidar com o problema da remoção do Governo Provisório.[19]

Fortes objeções a uma insurreição liderada pelos bolcheviques vieram de dois velhos camaradas bolcheviques de Lênin:

Grigóri Zinóviev e Liev Kámenev. Eles julgavam irresponsável uma tomada bolchevique do poder por meio de um golpe, e irrealista que os bolcheviques pudessem exercer o poder sozinhos. Quando Zinóviev e Kámenev publicaram essas considerações sob seus próprios nomes em um jornal diário não bolchevique (o *Nóvaia Jizn* [Nova Vida], de Maksim Górki), a fúria e a frustração de Lênin atingiram um novo ápice. Era compreensível, já que não se tratava somente de um ato de desafio, mas também um anúncio público de que os bolcheviques estavam planejando secretamente uma insurreição.

Pode parecer estranho, nessas circunstâncias, que o golpe bolchevique de outubro tenha de fato ocorrido. Mas é provável que a publicidade antecipada tenha ajudado a causa de Lênin, em vez de dificultá-la. Ela pôs os bolcheviques em uma posição em que teria sido difícil *não* agir, a menos que eles fossem presos de antemão, ou recebido sinais claros de que os operários, soldados e marinheiros da região de Petrogrado repudiariam qualquer ação revolucionária. Kiérenski não tomou nenhuma contramedida decisiva para barrar os bolcheviques, e o controle do Comitê Militar-Revolucionário do Soviete de Petrogrado por eles tornaria relativamente fácil organizar um golpe. O propósito básico do Comitê Militar-Revolucionário era organizar a resistência dos operários à contrarrevolução ao estilo Kornílov, e Kiérenski claramente não estava em condições de interferir. A situação de guerra também era um fator importante: os alemães avançavam, e Petrogrado estava ameaçada. Os operários já haviam rejeitado a ordem do Governo Provisório de evacuar as principais fábricas da cidade: eles não confiavam nas intenções do governo em relação à revolução, aliás, não confiavam nem em seu propósito de combater os alemães. (Paradoxalmente, dada a aprovação dos operários ao slogan bolchevique da "paz", tanto eles como os bolcheviques reagiram de modo beligerante quando a ameaça alemã se tornou imediata e concreta: os velhos slogans pacifistas mal foram ouvidos no outono e no inverno de 1917, depois da queda de Riga.) Se Kiérenski tentasse desarmar os operários enquanto os alemães avançavam, na certa teria sido linchado como traidor e capitulador.

A insurreição começou em 24 de outubro, na véspera do encontro do II Congresso dos Sovietes, quando as forças do Comitê Militar-Revolucionário do Soviete começaram a ocupar instituições-chave do governo, tomando os postos de telégrafo e as estações ferroviárias, instalando bloqueios nas pontes da cidade e nas cercanias do Palácio de Inverno, onde o Governo Provisório estava reunido em sessão.

As forças não encontraram quase nenhuma resistência violenta. As ruas permaneceram calmas, e os cidadãos continuavam realizando suas atividades cotidianas. Na noite de 24 para 25 de outubro, Lênin saiu de seu esconderijo e juntou-se a seus camaradas no Instituto Smólni, uma antiga escola para moças que agora era o quartel-general do Soviete; ele também estava calmo, tendo aparentemente se recuperado de seu surto de ansiedade e nervosismo, e reassumiu sua velha posição de liderança como fato indiscutível.

Na tarde do dia 25, o golpe estava praticamente consumado – faltando somente a tomada do Palácio de Inverno, ainda sitiado, com os membros do Governo Provisório dentro. O palácio caiu à noite, em um ataque bastante confuso contra um contingente reduzido de defensores. Foi uma ocasião menos heroica do que sugerem narrativas soviéticas posteriores: o encouraçado *Aurora*, ancorado em frente ao palácio no rio Nievá, não disparou sequer um tiro de verdade, e as forças de ocupação deixaram Kiérenski escapar sorrateiramente por uma saída lateral e fugir da cidade de carro com sucesso. Foi também um evento levemente insatisfatório em termos de drama político, pois o Congresso dos Sovietes – tendo postergado por algumas horas sua primeira sessão, por insistência dos bolcheviques – finalmente deu início aos trabalhos antes da queda do palácio, frustrando o desejo dos bolcheviques de fazer ali um anúncio de abertura dramático. Ainda assim, permanecia o fato básico: o regime de fevereiro fora derrubado, e o poder passou para os vitoriosos de outubro.

Isso deixava uma pergunta sem resposta. Quem *eram* os vitoriosos de outubro? Ao instar os bolcheviques a tomar o poder antes do Congresso dos Sovietes, Lênin evidentemente desejara que esse título coubesse aos próprios bolcheviques. Os bolcheviques tinham na verdade organizado o levante por meio do Comitê Militar-Revolucionário do Soviete de Petrogrado; e, por acaso ou de propósito, o comitê procrastinara até a véspera da reunião do Congresso Nacional dos Sovietes. (Trótski mais tarde a descreveu como uma estratégia brilhante – com seu próprio jeito, uma vez que claramente não era de Lênin – de usar os sovietes para legitimar uma tomada bolchevique do poder).[20] Quando a notícia começou a se espalhar pelas províncias, a versão mais comum era de que os sovietes haviam tomado o poder.

A questão não foi totalmente esclarecida no Congresso dos Sovietes, que começou em Petrogrado no dia 25 de outubro. Como se revelou, uma maioria dos delegados ao Congresso viera de suas bases com a determinação de apoiar a transferência de todo o poder aos sovietes. Mas esse não era um grupo exclusivamente bolchevique (trezentos dos 670 delegados eram bolcheviques, o que dava ao partido uma posição proeminente, mas não a maioria), e a determinação não significava necessariamente aprovar a ação precoce dos bolcheviques. Essa ação foi criticada com violência na primeira sessão por um grande grupo de mencheviques e SRs, que abandonaram o Congresso. Foi questionada também, em um tom mais conciliatório, por um grupo menchevique liderado por Martov, velho amigo de

Lênin; e Trótski relegou tais críticos, em uma frase memorável, à "lata de lixo da história".

No Congresso, os bolcheviques clamaram pela transferência de poder para os sovietes de operários, soldados e camponeses de todo o país. No que se referia ao poder central, a conclusão lógica era que com certeza o lugar do antigo Governo Provisório seria ocupado pelo Comitê Central Executivo dos Sovietes então em exercício, eleito pelo Congresso dos Sovietes e incluindo representantes de vários partidos políticos. Mas não foi assim. Para surpresa de muitos delegados, foi anunciado que as funções governamentais centrais seriam assumidas por um novo Conselho de Comissários do Povo, cuja composição exclusivamente bolchevique foi lida no Congresso em 26 de outubro por um porta-voz do Partido Bolchevique. O chefe do novo governo era Lênin, e Trótski era o comissário do povo (ministro) de Assuntos Estrangeiros.

Alguns historiadores sugeriram que o governo de partido único dos bolcheviques surgiu como resultado de uma casualidade histórica, não de intenção[21] – isto é, que os bolcheviques não pretendiam tomar o poder para si. Se essa intenção fora de Lênin, o argumento parece duvidoso; e Lênin atropelou as objeções dos outros membros proeminentes do partido. Em setembro e outubro, Lênin pareceu claramente ter desejado que os bolcheviques tomassem o poder, não os sovietes pluripartidários. Ele não desejava usar os sovietes como camuflagem, mas teria preferido empreender um inequívoco golpe bolchevique. Nas províncias, com certeza, o resultado imediato da Revolução de Outubro foi a tomada de poder pelos sovietes; e os sovietes locais nem sempre eram dominados pelos bolcheviques. Embora a atitude dos bolcheviques em relação aos sovietes depois de outubro esteja aberta a diferentes interpretações, talvez seja lícito afirmar que eles não faziam objeção aos sovietes exercerem poder em um nível local, desde que eles fossem bolcheviques de confiança. Essa condição era difícil de ajustar com eleições democráticas contestadas por outros partidos políticos.

Certamente Lênin foi firme quanto à coalizão no novo governo central, o Conselho de Comissários do Povo. Em novembro de 1917, quando o Comitê Central Bolchevique discutiu a possibilidade de passar de um governo exclusivamente bolchevique para uma coalizão socialista mais ampla, Lênin se opôs com determinação, embora vários bolcheviques tenham se demitido do governo em protesto. Mais tarde, alguns "SRs de esquerda" (membros de um grupo dissidente do Partido SR que aceitara o golpe de outubro) foram admitidos no Conselho de Comissários do Povo, contudo, eram políticos sem base partidária sólida. Foram apeados do governo em meados de 1918, quando os SRs de esquerda empreenderam um levante em protesto contra o tratado de paz firmado pouco antes com a Alemanha. Os bolcheviques não fizeram mais esforços para formar um governo de coalizão com outros partidos.

Será que os bolcheviques dispunham de um mandato popular para governar sozinhos, ou só acreditavam nisso? Nas eleições para a Assembleia Constituinte (realizadas em novembro de 1917, como tinha sido programado antes do movimento de outubro), os bolcheviques conquistaram 25% da votação popular. Isso os deixava em segundo lugar, atrás dos SRs, que tiveram 40% dos votos (os SRs de esquerda, que apoiaram os bolcheviques na questão do golpe, não foram diferenciados nas listas eleitorais). Os bolcheviques haviam imaginado que se sairiam melhor, e talvez isso seja mais bem explicado quando se examina a votação em detalhes.[22] Os bolcheviques conquistaram Petrogrado e Moscou, e provavelmente venceram na Rússia urbana como um todo. Nas forças armadas, cujos 5 milhões de votos eram contados em separado, os bolcheviques obtiveram uma maioria absoluta nos exércitos dos fronts norte e oeste e na frota do Báltico – os eleitorados que eles conheciam melhor, e nos quais eram mais conhecidos. Nos fronts do sul e na frota do mar Negro, eles perderam para os SRs e para partidos ucranianos. A vitória dos SRs no conjunto foi o resultado da conquista do voto camponês nas aldeias. Entretando, havia certa ambiguidade nisso. Os camponeses eram provavelmente votantes de uma única questão, e os programas SR e bolchevique sobre a terra eram quase idênticos. Os SRs, porém, eram muito mais conhecidos pelos camponeses, seu eleitorado tradicional. Nos lugares onde os camponeses conheciam o programa bolchevique (em geral como resultado da proximidade de cidades, guarnições militares ou ferrovias, onde os bolcheviques tinham feito mais campanha), seus votos se dividiam entre os bolcheviques e os SRs.

Na política eleitoral democrática, seja como for, uma derrota é uma derrota. Os bolcheviques, porém, não levaram essa visão das eleições para a Assembleia Constituinte: não abdicaram por não terem vencido (e, quando a Assembleia se reuniu e se mostrou hostil, eles a dissolveram sem cerimônia). No entanto, em termos de mandato para governar, eles poderiam alegar, como de fato fizeram, que não era a população como um todo que eles tinham pretensão de representar. Haviam tomado o poder em nome da classe operária. A conclusão a ser tirada das eleições era que, em outubro e novembro de 1917, eles conquistaram mais votos da classe operária que qualquer outro partido.

E se, em um momento posterior, os operários viessem a retirar seu apoio? A presunção dos bolcheviques de representar a vontade do proletariado se baseava tanto na fé como na observação: era bem possível, em termos leninistas, que em algum momento no futuro a consciência proletária dos operários se mostrasse inferior à do Partido Bolchevique, sem necessariamente revogar o mandato do partido para governar. Talvez os bolcheviques não esperassem que isso fosse acontecer. Mas muitos de seus oponentes em 1917 esperavam, e supunham que o partido de Lênin não abriria mão do poder mesmo que perdesse o apoio da classe operária. Friedrich Engels alertara que um partido socialista que tomasse prematuramente o poder poderia ver-se isolado e forçado a uma ditadura repressiva. Era evidente que os líderes bolcheviques, e Lênin em particular, estavam dispostos a assumir esse risco.

3.
A Guerra Civil

A tomada do poder em outubro não foi o fim da revolução bolchevique, mas seu início. Os bolcheviques tinham assumido o controle em Petrogrado e, depois de uma semana de confrontos de rua, em Moscou. Mas os sovietes que brotaram na maioria dos centros provinciais ainda tinham que seguir o exemplo das capitais na derrubada da burguesia (com frequência, no nível local, isso significava desalojar um "Comitê de Segurança Pública" instaurado pela coletividade respeitável da cidade); e, se um soviete local era fraco demais para tomar o poder, era improvável que viesse logo um apoio das capitais.[1] Os bolcheviques nas províncias, assim como no centro, tinham que aperfeiçoar sua postura em relação a sovietes locais que afirmavam aceitar sua autoridade mas eram dominados por mencheviques e SRs. A Rússia rural, além disso, tinha se libertado em grande parte do jugo de autoridade imposto pelas cidades. As zonas remotas e não russas do antigo império estavam em níveis diversos de tumulto e confusão. Se os bolcheviques haviam tomado o poder com a intenção de governar o país em um sentido convencional, tinham pela frente algumas longas e difíceis batalhas contra tendências anárquicas, descentralizadoras e separatistas.

Na verdade, a futura forma de governo da Rússia permanecia uma questão em aberto. A julgar pelo golpe de outubro em Petrogrado, os bolcheviques tinham reservas quanto a seu próprio slogan, "Todo poder aos sovietes". Por outro lado, o slogan parecia ajustar-se ao ânimo das províncias no verão de 1917-8 – talvez seja outro modo de dizer que a autoridade do governo central havia desmoronado temporariamente. Ainda restava ver o que os bolcheviques queriam mesmo dizer com seu outro slogan, "Ditadura do proletariado". Se, como Lênin tinha sugerido com veemência em seus escritos recentes, isso significasse o esmagamento dos esforços contrarrevolucionários das velhas classes proprietárias, a nova ditadura teria que instaurar órgãos coercitivos comparáveis, em suas funções, à polícia secreta tsarista; caso significasse uma ditadura do Partido Bolchevique, como muitos dos adversários políticos de Lênin suspeitavam, a existência de outros partidos políticos suscitava grandes problemas. No entanto, poderia o novo regime se permitir ser tão repressivo quanto a velha autocracia tsarista, e ainda conseguir manter o apoio popular agindo assim? Uma ditadura do proletariado, além de tudo, parecia significar amplos poderes e independência para todas as instituições proletárias, incluindo sindicatos e comitês de fábrica. O que aconteceria se sindicatos e comitês de fábrica tivessem concepções diferentes dos interesses dos operários? Se "controle operário" nas fábricas significasse autogestão pelos operários, isso era compatível com o planejamento centralizado do desenvolvimento econômico que os bolcheviques viam como um objetivo socialista básico?

O regime revolucionário russo precisava também levar em conta sua posição no mundo como um todo. Os bolcheviques se consideravam parte do movimento revolucionário proletário internacional, e esperavam que seu êxito na Rússia estimulasse revoluções similares por toda a Europa; eles não pensavam originalmente na nova República Soviética como um Estado nacional que mantivesse apenas relações diplomáticas convencionais com outros estados. Quando Trótski foi nomeado comissário de Assuntos Estrangeiros, sua expectativa era emitir algumas proclamações revolucionárias e depois "fechar a lojinha"; como representante soviético nas negociações de paz de Brest-Litovsk com a Alemanha no início de 1918, ele tentou (sem sucesso) subverter todo o processo diplomático falando dos representantes oficiais da Alemanha ao povo alemão, em especial aos soldados alemães do front oriental. O reconhecimento da necessidade da diplomacia convencional foi postergado nos primeiros anos pela crença profunda dos líderes bolcheviques de que a Revolução na Rússia não poderia sobreviver muito tempo sem o apoio das revoluções operárias nos países capitalistas mais avançados da Europa. Somente quando o isolamento da Rússia revolucionária ficou gradualmente claro eles começaram a repensar sua posição em relação ao mundo exterior, e àquela altura o hábito de combinar apelos revolucionários com contatos mais convencionais de Estado a Estado estava firmemente arraigado.

As fronteiras territoriais da nova República Soviética e sua política referente a nacionalidades não russas constituíam outro problema. Embora para os marxistas o nacionalismo fosse uma forma de falsa consciência, Lênin havia precavidamente defendido um princípio de autodeterminação nacional antes da guerra. Uma percepção pragmática de que o nacionalismo precisava ser absorvido para não se tornar uma ameaça. A política adotada em 1923, quando decidiu-se a forma da futura União Soviética, era desarmar o nacionalismo "garantindo as formas da nacionalidade": repúblicas nacionais separadas, proteção das minorias nacionais e fomento às línguas e culturas nacionais; e à formação de elites nacionais.[2]

Havia limites à autodeterminação nacional, como ficou evidente no que dizia respeito à incorporação de territórios do antigo Império Russo à nova república soviética. Era tão natural para os bolcheviques em Petrogrado torcer por uma vitória revolucionária do poder soviético no Azerbaijão como torcer por ela na Hungria – ainda que os azerbaijanos, como antigos súditos da Petersburgo imperial, não gostassem nada disso. Era também natural para os bolcheviques apoiar sovietes operários na Ucrânia e opor-se aos nacionalistas "burgueses" ucranianos, malgrado o fato de que os sovietes (refletindo a composição étnica da classe operária da Ucrânia) tendessem a ser dominados por russos, judeus e poloneses, os quais eram "estrangeiros" não somente para os nacionalistas, mas também para o campesinato ucraniano. O dilema dos bolcheviques – ilustrado do modo dramático quando o Exército Vermelho marchou Polônia adentro em 1920 e os operários de Varsóvia resistiram à "invasão russa" – era de que a política externa do internacionalismo proletário tinha, na prática, uma semelhança desconcertante com a política externa do velho imperialismo russo.[3]

A conduta e as políticas dos bolcheviques depois da Revolução de Outubro não se formaram no vácuo, e o fator da guerra civil é quase sempre crucial para explicá-las. A Guerra Civil eclodiu em meados de 1918, apenas alguns meses depois da conclusão formal da paz de Brest-Litovsk entre a Rússia e a Alemanha e da retirada definitiva da Rússia da guerra europeia. Era combatida em muitos fronts contra uma série de Exércitos Brancos (isto é, antibolcheviques), os quais contavam com o apoio de diversas potências estrangeiras, incluindo antigos Aliados da Rússia na guerra europeia. Os bolcheviques a viam como uma guerra de classes, tanto em âmbito doméstico como internacional: o proletariado russo contra a burguesia russa; a revolução internacional (exemplificada pela República Soviética) contra o capitalismo internacional. A vitória dos Vermelhos (bolcheviques) em 1920 foi, portanto, um triunfo proletário, mas a dureza do combate tinha mostrado a força e a determinação dos inimigos de classe. Embora as potências capitalistas intervencionistas tivessem recuado, os bolcheviques não acreditavam que esse recuo fosse permanente. Previam que, em um momento mais oportuno, as forças do capitalismo internacional voltariam à carga e tentariam esmagar a revolução operária internacional em suas origens.

A Guerra Civil sem dúvida teve um enorme impacto sobre os bolcheviques e a jovem República Soviética. Ela polarizou a sociedade, causando ressentimentos e cicatrizes duradouros; e a intervenção estrangeira criou um permanente temor soviético de um "cerco capitalista" com elementos de paranoia e xenofobia. A Guerra Civil devastou a economia, levando a indústria quase à paralisação e esvaziando as cidades. Isso teve consequências tanto econômicas como sociais, pois significou uma desintegração e uma dispersão ao menos temporárias do proletariado industrial – a classe em cujo nome os bolcheviques tomaram o poder.

Foi no contexto de guerra civil que os bolcheviques tiveram sua primeira experiência de governo, e isso sem dúvida moldou o desenvolvimento subsequente do partido em muitos aspectos importantes.[4] Mais de meio milhão de comunistas serviram o Exército Vermelho em algum momento durante a Guerra Civil (e, desse grupo, mais ou menos a metade se alistou no Exército Vermelho antes de se filiar ao Partido Bolchevique). De todos os membros do Partido em 1927, 33% se filiaram nos anos 1917-20, enquanto apenas 1% se filiara antes de 1917.[5] Assim, a vida clandestina do partido pré-revolucionário – a experiência de formação dos líderes bolcheviques da "velha guarda" – era conhecida da maioria dos membros do partido em 1920 apenas por boatos. Para o contingente que se filiou durante a Guerra Civil, o partido era uma irmandade guerreira no sentido mais literal. Os comunistas que serviram o Exército Vermelho levaram o jargão militar para a linguagem da política partidária, e fizeram das túnicas e botas do exército – vestidas e calçadas mesmo pelos que permaneceram em postos civis ou jovens demais para combater – quase um uniforme para membros do partido nos anos 1920 e início dos anos 1930.

Na avaliação de um historiador, a experiência da Guerra Civil "militarizou a cultura política revolucionária do movimento bolchevique", deixando uma herança que incluía "prontidão para recorrer à coerção, governo por decreto administrativo (*administrírovanie*), administração centralizada [e] justiça sumária".[6] Essa visão das origens do autoritarismo soviético (e stalinista) é, em muitos aspectos, mais satisfatória que a interpretação ocidental tradicional, que enfatiza a herança pré-revolucionária do partido e a defesa de Lênin da organização partidária centralizada e da disciplina estrita. Não obstante, outros fatores de reforço das tendências autoritárias do partido devem ser levados em conta. Em primeiro lugar, uma ditadura de minoria estava quase fadada a ser autoritária, e os que serviam como seus executores tinham grande probabilidade de desenvolver os hábitos de controle e intimidação que Lênin criticou com frequência nos anos posteriores a 1917. Em segundo lugar, o Partido Bolchevique devia seu sucesso em 1917 ao apoio dos operários, soldados e marinheiros russos; e essas pessoas estavam muito menos inclinadas que os velhos intelectuais bolcheviques a ter pruridos em esmagar adversários ou em impor sua autoridade mais pela força do que pela persuasão diplomática.

Por fim, quando se considera a conexão entre a Guerra Civil e o regime autoritário, deve-se lembrar que havia uma relação de mão dupla entre os bolcheviques e o ambiente político de 1918-20. A Guerra Civil não foi uma catástrofe natural imprevisível pela qual os bolcheviques não tiveram responsabilidade alguma. Pelo contrário, os bolcheviques se envolveram em confronto armado e violência entre fevereiro e outubro de 1917; e, como os líderes bolcheviques sabiam muito bem antes do acontecimento, seu golpe de outubro foi visto por muitos como uma franca incitação à guerra civil. A Guerra Civil com certeza deu ao novo regime um batismo de fogo, e influenciou seu desenvolvimento futuro. Entretanto foi o tipo de batismo que os bolcheviques se arriscaram a ter, e que talvez tenham mesmo buscado.[7]

A Guerra Civil, o Exército Vermelho e a Tcheka

Imediatamente depois do golpe bolchevique de outubro, jornais *kadeti* emitiram um chamado às armas pela salvação da revolução, tropas legalistas do general Krasnov enfrentaram sem sucesso forças bolcheviques e Guardas Vermelhas na batalha das colinas de Púlkovo, nos arredores de Petrogrado, e houve combates encarniçados em Moscou. Nesse round preliminar, os bolcheviques saíram vitoriosos. Mas era quase certo que haveria novos confrontos. Nos amplos exércitos russos nos fronts sul da guerra contra a Alemanha e a Áustria-Hungria, os bolcheviques eram menos populares que no norte e no oeste. A Alemanha permanecia em guerra com a Rússia e, apesar das vantagens que a paz em seu front oriental pudesse proporcionar à Alemanha, o novo regime da Rússia não podia contar com a benevolência alemã nem com a solidariedade das potências aliadas. O comandante das forças alemãs no front oriental escreveu em seu diário no início de fevereiro de 1918, às vésperas de uma renovada ofensiva alemã depois do rompimento das negociações de paz em Brest-Litovsk,

Nenhuma outra saída é possível, caso contrário esses brutos [os bolcheviques] varrerão os ucranianos, os finlandeses e os bálticos, e depois, como quem não quer nada, arregimentarão um novo exército revolucionário e transformarão a Europa toda em um chiqueiro [...]. A Rússia como um todo não passa de um monte de vermes – uma massa imunda, fervilhante.[8]

Durante as negociações de paz em Brest em janeiro, Trótski recusara os termos oferecidos pela Alemanha e tentara uma estratégia de "Nem guerra, nem paz", querendo dizer que os russos não prosseguiriam com a guerra nem assinariam uma paz em condições inaceitáveis. Era pura bravata, uma vez que o exército russo no front estava se desintegrando, e o exército alemão, apesar dos apelos bolcheviques à fraternidade proletária, não estava. Os alemães pagaram para ver e avançaram, ocupando amplas áreas da Ucrânia.

Lênin considerava imperativo concluir um acordo de paz. Era lógico, dado o estado das forças de combate russas e a probabilidade de os bolcheviques logo enfrentrem uma guerra civil; para completar, os bolcheviques declararam repetidas vezes, antes da Revolução de Outubro, que a Rússia deveria se retirar imediatamente da guerra imperialista europeia. No entanto, seria enganoso ver os bolcheviques como um "partido da paz", em qualquer sentido razoável, em outubro. Os operários de Petrogrado que se prontificaram a lutar pelos bolcheviques contra Kiérenski em outubro também se prontificaram a lutar por Petrogrado contra os alemães. Essa disposição beligerante refletia-se fortemente no Partido Bolchevique nos primeiros meses de 1918, e viria a ser, em seguida, um grande trunfo para o novo regime no enfrentamento da Guerra Civil. Na época das negociações de Brest, Lênin teve muita dificuldade em convencer até mesmo o Comitê Central Bolchevique da necessidade de assinar um acordo de paz com a Alemanha. Os "comunistas de esquerda" do partido – um grupo que incluía o jovem Nikolai Bukhárin, que mais tarde ganharia um lugar na história como último oponente importante de Stálin no comando – defendiam uma guerra revolucionária de guerrilha para resistir aos invasores alemães; e os SRs de esquerda, que mantinham então aliança com os bolcheviques, adotaram uma posição semelhante. Lênin por fim impôs sua decisão ao Comitê Central Bolchevique com a ameaça de sua renúncia, mas foi uma batalha renhida. Os termos que os alemães impuseram depois de sua ofensiva bem-sucedida eram consideravelmente mais severos que os oferecidos em janeiro. (Os bolcheviques tiveram sorte: a Alemanha logo depois perdeu a guerra europeia e, como resultado, perdeu suas conquistas no leste.)

A Paz de Brest-Litovsk proporcionou uma breve pausa da ameaça militar. Oficiais do velho exército russo estavam arregimentando forças no sul, no território cossaco do Don e do Kuban, enquanto o almirante Koltchak instaurava um governo antibolchevique na Sibéria. Os britânicos desembarcaram tropas em dois portos do norte da Rússia, Arkhánguelsk e Múrmansk, com a justificativa de lutar contra os alemães, mas também com a intenção de apoiar a oposição local ao novo regime soviético.

Por um estranho capricho da guerra, havia até tropas não russas atravessando território russo – a Legião Tcheka, com cerca de 30 mil homens, esperava chegar ao front oeste antes que a guerra europeia terminasse, de modo a poder reafirmar sua pretensão de independência nacional lutando ao lado dos Aliados contra seus antigos senhores austríacos. Impossibilitados de atravessar as linhas de batalha a partir do lado russo, os tchecos fizeram uma improvável jornada para o leste pela ferrovia Transiberiana, planejando chegar a Vladivostok e voltar à Europa de navio. Os bolcheviques haviam autorizado a viagem, mas isso não impediu sovietes locais de reagir com hostilidade à chegada de contingentes de estrangeiros armados às estações de trem ao longo do caminho. Em maio de 1918, os tchecos tiveram seu primeiro confronto com um soviete dominado pelos bolcheviques na cidade de Tcheliábinsk, nos Urais. Outras unidades tchekas apoiaram SRs russos em Samara quando estes se insurgiram contra os bolcheviques para instaurar uma fugaz República do Volga. Os tchecos acabaram de um jeito ou de outro combatendo durante todo seu trajeto para fora da Rússia, e só depois de muitos meses foram todos evacuados de Vladivostok e embarcados de volta para a Europa.

A Guerra Civil propriamente dita – "Vermelhos" bolcheviques contra "Brancos" antibolcheviques – começou no verão de 1918. Na época, os bolcheviques transferiram sua capital para Moscou, uma vez que Petrogrado, depois de escapar da ameaça de captura pelos alemães, ficou sob ataque de um Exército Branco comandado pelo general Iudiénitch. Mas extensas áreas do país não estavam efetivamente sob o controle de Moscou (o que incluía a Sibéria, o sul da Rússia, o Cáucaso, a Ucrânia e mesmo boa parte dos Urais e da região do Volga, onde bolcheviques locais dominavam de forma intermitente muitos dos sovietes urbanos), e Exércitos Brancos ameaçavam a República Soviética a partir do leste, do noroeste e do sul. Entre as Potências Aliadas, a Grã-Bretanha e a França eram extremamente hostis ao novo regime na Rússia e apoiavam os Brancos, embora seu envolvimento militar direto fosse em escala bastante pequena. Tanto os Estados Unidos como o Japão enviaram tropas à Sibéria – os japoneses na esperança de obter ganhos territoriais, os americanos num esforço confuso de refrear os japoneses, policiar a ferrovia Transiberiana e, quem sabe, apoiar o governo siberiano de Koltchak se ele se ajustasse aos padrões democráticos norte-americanos.

Embora a situação dos bolcheviques parecesse desesperadora em 1919, quando o território sob seu controle era, em linhas gerais, o da Rússia moscovita do século XVI, seus adversários também tinham enormes problemas. Em primeiro lugar, os Exércitos Brancos atuavam em grande parte de modo independente uns dos outros, sem uma direção ou coordenação central. Em segundo, o controle dos Brancos sobre suas bases territoriais era ainda mais frágil que o dos bolcheviques. Onde eles instalavam governos regionais, a máquina administrativa precisava ser criada quase a partir do zero, e os resultados eram extremamente insatisfatórios. Os sistemas de transportes e comunicações da Rússia, historicamente muito centralizados em Moscou e São Petersburgo, não facilitavam as operações dos Brancos na periferia do país. As forças Brancas eram fustigadas não somente pelos Vermelhos, mas também pelos chamados "Exércitos Verdes" – bandos de camponeses e cossacos que não se sujeitavam a nenhum dos lados, mas que eram ativos nas áreas remotas onde os Brancos estavam localizados. Os Exércitos Brancos, bem supridos de oficiais do velho exército tsarista, tinham dificuldade em manter um bom número de recrutas e alistados sob seu comando.

A força de combate dos bolcheviques era o Exército Vermelho, organizado sob a direção de Trótski, que se tornou comissário para a Guerra na primavera de 1918. O Exército Vermelho precisou ser constituído a partir do zero, já que o desmantelamento do velho exército russo tinha ido longe demais para ser interrompido (os bolcheviques anunciaram sua total desmobilização logo depois de tomar o poder). O núcleo do Exército Vermelho, formado no início de 1918, era composto de Guardas Vermelhas das fábricas e de unidades pró-bolcheviques dos antigos exército e frota. Isso foi ampliado por alistamento voluntário e, a partir do verão de 1918, por convocação seletiva. Operários e comunistas foram os primeiros recrutados e, ao longo da Guerra Civil, forneceram uma grande proporção de soldados combatentes. Ao final da Guerra Civil o

Exército Vermelho era uma instituição colossal, com mais de 5 milhões de alistados, em sua maioria recrutas camponeses. Cerca de um décimo destes eram soldados de combate (as forças mobilizadas tanto pelos Vermelhos como pelos Brancos em uma determinada frente raramente excedia 100 mil homens), enquanto os demais estavam ocupados com abastecimento, transporte ou trabalho administrativo. Numa medida considerável, o Exército Vermelho precisava suprir a lacuna deixada pelo desmantelamento do serviço público: era a maior e mais eficiente burocracia de que o regime soviético dispunha nos primeiros anos, com prioridade em relação a todos os recursos disponíveis.

Embora muitos bolcheviques tivessem uma preferência ideológica por unidades de tipo miliciano como as Guardas Vermelhas, o Exército Vermelho foi organizado desde o início nos moldes militares convencionais, com soldados submetidos a disciplina militar e oficiais nomeados, não eleitos. Por causa da escassez de profissionais militares treinados, Trótski e Lênin insistiam em usar oficiais do velho exército tsarista, ainda que essa diretriz fosse muito criticada no Partido Bolchevique, e que a facção da Oposição Militar tentasse reverter isso em dois congressos sucessivos do partido. Ao final da Guerra Civil, o Exército Vermelho tinha mais de 50 mil antigos oficiais tsaristas, em sua maioria alistados; a grande maioria de seus comandantes militares superiores vinha desse grupo. Para garantir que os velhos oficiais permanecessem leais, eles foram emparelhados aos comissários políticos, em geral comunistas, que precisavam referendar todas as ordens e compartilhar a responsabilidade final com os comandantes militares.

Além de suas forças militares, o regime soviético rapidamente criou uma força de segurança – a Comissão Extraordinária de Toda a Rússia para o Combate à Contrarrevolução, à Sabotagem e à Especulação, conhecida como Tcheka. Quando essa instituição foi fundada, em dezembro de 1917, sua tarefa imediata era controlar o surto de banditismo, pilhagens e invasões de lojas de bebidas que se seguiu à tomada do poder em outubro. Mas ela logo assumiu funções mais amplas de uma polícia política, lidando com conspirações contra o regime e mantendo a vigilância sobre grupos cuja lealdade era duvidosa, incluindo "inimigos de classe" burgueses, autoridades do antigo regime e do Governo Provisório e membros dos partidos políticos de oposição. Depois da eclosão da Guerra Civil, a Tcheka tornou-se um órgão de terror, ministrando justiça sumária, inclusive execuções, realizando prisões em massa e tomando reféns ao acaso em áreas sob controle dos Brancos ou suspeitas de se inclinar em favor deles. De acordo com dados bolcheviques relativos a vinte províncias da Rússia europeia em 1918 e na primeira metade de 1919, pelo menos 8 389 pessoas foram fuziladas sem julgamento pela Tcheka, e 87 mil foram presas.[9]

O terror Vermelho dos bolcheviques teve seu equivalente no terror Branco praticado pelas forças antibolcheviques nas áreas sob seu controle, e o mesmo tipo de atrocidade era atribuído mutuamente. No entanto, os bolcheviques eram francos quanto a seu uso do terror (que envolvia não somente justiça sumária, mas também punição aleatória, não relacionada com culpa individual, cujo propósito é a intimidação de um grupo específico ou da população em geral); e eles se orgulhavam de ser resolutos e pragmáticos quanto à violência, evitando a hipocrisia melíflua da burguesia e admitindo que o mando de qualquer classe, incluindo o proletariado, envolve a coerção de outras classes. Lênin e Trótski expressavam desprezo por socialistas incapazes de compreender a necessidade do terror. "Se não estamos dispostos a fuzilar um sabotador e guarda Branco, que tipo de revolução é essa?", Lênin advertia seus colegas no novo governo.[10]

Quando os bolcheviques queriam paralelos históricos para as atividades da Tcheka, costumavam se referir ao terror revolucionário em 1794 na França. Não viam paralelo nenhum com a polícia secreta tsarista, embora historiadores ocidentais frequentemente o tracem. A Tcheka, na verdade, atuava de modo muito mais aberto e violento que a velha polícia; seu estilo tinha mais em comum com a "vingança de classe" de marinheiros bálticos lidando com seus oficiais em 1917, por um lado, ou com a pacificação armada da área rural por Stolípin em 1906-7, por outro. O paralelo com a polícia secreta tsarista tornou-se mais apropriado depois da Guerra Civil, quando a Tcheka foi substituída pela GPU (Direção Política Estatal) – uma mudança associada ao abandono do terror e à ampliação da legalidade – e os órgãos de segurança tornaram-se mais rotineiros, burocráticos e discretos em seus métodos de atuação. Nessa perspectiva mais ampla, havia claramente fortes elementos de continuidade (embora não de continuidade de pessoal, ao que parece) entre a polícia secreta tsarista e a soviética; e quanto mais claros eles se tornavam, mais evasivas e hipócritas ficavam as discussões soviéticas sobre as funções de segurança.

Tanto o Exército Vermelho como a Tcheka fizeram contribuições importantes para a vitória bolchevique na Guerra Civil. No entanto, seria inadequado explicar a vitória simplesmente em termos de força e terror militares, sobretudo porque até então ninguém descobriu um meio de avaliar o equilíbrio de forças entre os Vermelhos e os Brancos. O apoio ativo e a aceitação passiva por parte da sociedade também devem ser levados em conta, e provavelmente tais fatores foram mesmo cruciais. Os Vermelhos contavam com o apoio ativo da classe operária urbana, e o Partido Bolchevique fornecia um núcleo organizacional. Os Brancos tinham o apoio ativo das velhas classes média e abastada, e parte do velho corpo de oficiais tsaristas servia de principal agente organizador. Contudo, era o campesinato, constituindo a grande maioria da população, que servia de fiel da balança.

Tanto o Exército Vermelho como o Branco recrutavam camponeses nos territórios que controlavam, e ambos tinham uma alta taxa de deserção. À medida que a Guerra Civil progredia, porém, as dificuldades dos Brancos com os recrutas camponeses tornaram-se notadamente maiores que as dos Vermelhos. Os camponeses se ressentiam da política bolchevique da confiscação de grãos (ver adiante p. 122), todavia, os Brancos não eram diferentes a esse respeito. Os camponeses também não tinham grande entusiasmo em servir qualquer exército, como a experiência do exército russo em 1917 demonstrou amplamente. No entanto, as deserções em massa dos camponeses em 1917 estiveram estreitamente relacionadas com as expropriações de terras e sua redistribuição pelas aldeias. Esse processo estava em grande parte completo no final de 1918 (o que reduziu muito a objeção dos camponeses ao serviço militar), e os bolcheviques o aprovaram. Os Brancos, por sua vez, não aprovavam as expropriações de terras e apoiavam as demandas dos antigos proprietários. Desse modo, na questão crucial da terra, os bolcheviques eram o mal menor.[11]

Comunismo de guerra

Os bolcheviques assumiram uma economia de guerra num estado de quase colapso, e seu primeiro e avassalador problema era mantê-la funcionando.[12] Esse era o contexto pragmático das políticas econômicas da Guerra Civil que posteriormente foram rotuladas de "comunismo de guerra". Mas havia também um contexto ideológico. No longo prazo, os bolcheviques almejavam abolir a propriedade privada e o livre mercado, e distribuir a produção de acordo com as necessidades, e a curto prazo, esperava-se que eles escolhessem políticas que aproximassem esses ideais de sua concretização. O equilíbrio entre pragmatismo e ideologia no comunismo de guerra tem sido há muito tempo objeto de debate,[13] e o problema é que políticas como nacionalização e distribuição estatal podem ser plausivelmente explicadas de duas maneiras: como resposta pragmática às exigências da guerra e como imperativo ideológico do comunismo. É um debate no qual pesquisadores dos dois lados podem citar pronunciamentos de Lênin e outros bolcheviques proeminentes, uma vez que os próprios bolcheviques não tinham certeza da resposta. De uma perspectiva bolchevique de 1921, quando o Comunismo de Guerra foi descartado em favor da Nova Política Econômica, a interpretação pragmática era claramente preferível: já que o Comunismo de Guerra fracassara, quanto menos se falasse a respeito de seus alicerces ideológicos, melhor. Entretanto, de uma perspectiva bolchevique anterior – por exemplo, a de Bukhárin e Preobrajénski em seu clássico *ABC do comunismo* (1919) – o contrário era verdadeiro. Enquanto as políticas do comunismo de guerra estavam em vigor, era natural que os bolcheviques lhes dessem uma justificativa ideológica – para asseverar que o partido, armado com a ideologia científica do marxismo, tinha total controle dos fatos, em vez de simplesmente se esforçar para acompanhá-los.

A questão subjacente ao debate é a rapidez com que os bolcheviques julgavam poder avançar rumo ao comunismo; e a resposta depende se o assunto for 1918 ou 1920. Os primeiros passos dos bolcheviques foram cautelosos, e assim também eram seus pronunciamentos sobre o futuro. No entanto, a partir da eclosão da Guerra Civil em meados de 1918, a precaução anterior dos bolcheviques começou a desaparecer. Para enfrentar uma situação grave, eles se voltaram para uma política mais radical e, no processo, tentaram estender a esfera do controle governamental centralizado para muito mais longe e mais depressa do que pretendido originalmente. Em 1920, à medida que os bolcheviques se encaminhavam para a vitória na Guerra Civil e para o desastre na economia, um clima de euforia e alvoroço se instaurou. Com o velho mundo desaparecendo nas chamas da Revolução e da Guerra Civil, parecia a muitos bolcheviques que um novo mundo estava prestes a surgir, assim como a Fênix, das cinzas. Talvez essa esperança se devesse mais à ideologia anarquista que ao marxismo, mas, de todo modo, era expressa em termos marxistas: com o triunfo da revolução proletária, a transição para o comunismo era iminente, talvez em questão de semanas ou meses.

Essa sequência é claramente ilustrada em uma das áreas-chave da política econômica: a nacionalização ou estatização. Como bons marxistas, os bolcheviques nacionalizaram a atividade bancária e o crédito bem depressa depois da Revolução de Outubro. Entretanto *não* se aventuraram de imediato na estatização indiscriminada da indústria: os primeiros decretos de nacionalização incluíam apenas grandes empresas individuais, como a Usina Putílov, que já estavam intimamente envolvidas com o Estado por conta da produção de armamentos e de contratos governamentais.

Uma série de circunstâncias, porém, acabaria por estender o alcance da nacionalização para além das intenções originais de curto prazo dos bolcheviques. Sovietes locais expropriavam fábricas com base em sua própria autoridade. Algumas fábricas foram abandonadas por seus donos e administradores; outras eram nacionalizadas a pedido de seus operários, que haviam desalojado a velha direção, ou mesmo a pedido de administradores que queriam proteção contra operários indisciplinados. No verão de 1918, o governo emitiu um decreto nacionalizando toda a indústria de larga escala, e no outono de 1919 já se estimava que 80% dessas empresas tinham sido de fato estatizadas. Isso excedia em muito a capacidade organizacional do novo Conselho Econômico Supremo: na prática, quando os próprios operários não conseguiam manter as fábricas funcionando mediante a organização da obtenção de matérias-primas e da distribuição dos produtos finais, as fábricas muitas vezes simplesmente fechavam. No entanto, tendo ido tão longe, os bolcheviques sentiam-se impelidos a avançar. Em 1920, o governo nacionalizou até a indústria de pequena escala, pelo menos no papel. Na prática, evidentemente, os bolcheviques tinham dificuldade de nomear e identificar suas novas aquisições, quanto mais administrá-las. Mas na teoria toda a esfera da produção estava agora nas mãos do poder soviético, e até mesmo oficinas de artesãos e moinhos de vento faziam parte de uma economia dirigida centralmente.

Uma sequência semelhante conduziu os bolcheviques a uma quase completa proibição do livre comércio e uma economia praticamente desmonetarizada no final da Guerra Civil. De seus predecessores eles herdaram o racionamento nas cidades (introduzido em 1916) e um monopólio estatal sobre os grãos que teoricamente exigia que os camponeses entregassem todo o seu excedente (introduzido na primavera de 1917 pelo Governo Provisório). Porém, as cidades ainda sofriam escassez de pão e outros gêneros alimentícios porque os camponeses não estavam dispostos a vendê-los quando praticamente não havia bens manufaturados no mercado para comprar. Pouco depois da Revolução de Outubro, os bolcheviques tentaram aumentar o fornecimento de grãos oferecendo aos camponeses, em troca, bens manufaturados no lugar de dinheiro. Eles também estatizaram o comércio de atacado e, depois da irrupção da Guerra Civil, proibiram o livre comércio varejista dos produtos alimentícios e manufaturados mais básicos e tentaram converter as cooperativas de consumidores em uma rede estatal de distribuição.[14] Eram medidas de emergência para enfrentar a crise alimentar nas cidades e os problemas de suprimento do exército. E obviamente os bolcheviques podiam – e de fato o fizeram – justificá-las em termos ideológicos.

À medida que a crise alimentar nas cidades se agravava, o escambo tornou-se uma forma básica de troca, e o dinheiro perdeu seu valor. Em 1920, salários e remunerações eram pagos parcialmente em mercadorias (alimentos e produtos) e houve até uma tentativa de arquitetar um orçamento com base em commodities e não em dinheiro. Serviços urbanos, até onde ainda funcionavam nas cidades em ruínas, já não precisavam mais ser pagos pelo usuário individual. Alguns bolcheviques exaltavam isso como um triunfo ideológico – o "enfraquecimento do dinheiro", indicando o quanto a sociedade já estava perto do comunismo. Para observadores menos otimistas, porém, parecia uma inflação fora de controle.

Para azar dos bolcheviques, ideologia e imperativos práticos nem sempre convergem de modo tão evidente. As divergências (com algumas incertezas bolcheviques quanto ao que sua ideologia significava em termos concretos) eram particularmente evidentes em políticas que afetavam a classe operária. No que diz respeito aos salários, por exemplo, os bolcheviques tinham instintos igualitários, em vez de uma política concreta estritamente igualitária. No interesse de maximizar a produção, eles tentavam manter pagamentos por produtividade, embora os operários vissem essa base de remuneração como essencialmente não igualitária e injusta. Parece que a escassez e o racionamento tenderam a reduzir as desigualdades urbanas durante o período da Guerra Civil, mas isso dificilmente pode ser considerado uma conquista bolchevique. Na verdade, o sistema de racionamento sob o comunismo de guerra favorecia certas categorias da população, incluindo os membros do Exército Vermelho, operários especializados das indústrias-chave, administradores comunistas e alguns grupos da *intelligentsia*.

A organização fabril era outra questão delicada. As fábricas deviam ser dirigidas pelos próprios operários (como o apoio dos bolcheviques ao "controle operário" em 1917 parecia sugerir), ou por administradores indicados pelo Estado, seguindo as diretrizes de planejamento centralizado e agências coordenadoras? Os bolcheviques prefeririam a segunda opção, mas o resultado prático durante o comunismo de guerra foi uma solução de compromisso, com uma variação considerável de um lugar para outro. Algumas fábricas continuaram a ser geridas por comitês de operários eleitos. Outras eram administradas por um diretor indicado, quase sempre um comunista, mas às vezes o antigo administrador, engenheiro-chefe ou mesmo o proprietário da fábrica. Em outros casos ainda, um operário ou grupo de operários do comitê de fábrica ou do sindicato local eram indicados para dirigir a fábrica, e esse arranjo de transição – a meio caminho entre o controle operário e a direção indicada – costumava ser o mais bem-sucedido.

Ao lidar com o campesinato, o primeiro problema dos bolcheviques era prático: conseguir comida. A obtenção de grãos pelo Estado não melhorou nem declarando ilegal o comércio privado de grãos nem pela oferta de bens manufaturados em vez de dinheiro como pagamento: o Estado ainda tinha poucas mercadorias a oferecer, e os camponeses permaneceram relutantes em entregar sua produção. Dada a necessidade urgente de alimentar as cidades e o Exército Vermelho, o Estado não tinha muita escolha senão tomar a produção dos camponeses por meio de persuasão, astúcia, ameaça ou força. Os bolcheviques adotaram uma política de confisco de grãos, enviando brigadas de operários e soldados – em geral armadas e, quando possível, providas de algumas mercadorias para permutar – e tirar dos celeiros dos camponeses os grãos estocados.[15] Obviamente, isso abalou as relações entre o regime soviético e o campesinato. E os Brancos faziam o mesmo, como sempre fizeram os exércitos de ocupação em todas as épocas. A necessidade dos bolcheviques de viver às custas da terra talvez tenha surpreendido mais a eles próprios do que aos camponeses.

Havia outros aspectos da política bolchevique que surpreendiam e alarmavam o campesinato. Em primeiro lugar, eles tentavam facilitar o confisco de grãos dividindo a aldeia em grupos oponentes. Acreditando que o crescimento do capitalismo rural já produzira uma significativa divisão de classe entre os camponeses, os bolcheviques esperavam receber apoio instintivo dos camponeses pobres e sem terra, e uma oposição instintiva dos mais ricos. Por conta disso começaram a organizar Comitês dos Pobres nas aldeias, e encorajá-los a cooperar com as autoridades soviéticas no confisco de grãos dos celeiros dos mais ricos. A tentativa se mostrou um triste fracasso, em parte porque muitos camponeses anteriormente pobres e sem terra tinham melhorado sua situação como resultado das expropriações e redistribuições de terras de 1917-8. Pior que isso: ela demonstrou aos camponeses que o entendimento que os bolcheviques tinham da revolução no campo em tudo diferia do deles próprios.

Para os bolcheviques, ainda pensando em termos do velho debate com os populistas, o *mir* era uma instituição decadente, corrompida pelo Estado tsarista e minada pelo capitalismo rural emergente, carecendo de qualquer potencial para o desenvolvimento socialista. Além disso, acreditavam os bolcheviques, a "primeira revolução" no campo – expropriações de terras e redistribuição igualitária – já era seguida por uma "segunda revolução", uma guerra de classes entre camponeses pobres e camponeses ricos, que estava destruindo a unidade da comunidade aldeã e acabaria em última instância destruindo a autoridade do *mir*.[16] Para os camponeses, por outro lado, o *mir* era percebido como uma verdadeira instituição camponesa, maltratada e explorada pelo Estado ao longo da história, que tinha finalmente rechaçado a autoridade estatal e realizado uma revolução camponesa.

Embora os bolcheviques tivessem deixado os camponeses seguir seus próprios caminhos em 1917-8, seus planos de longo prazo para o campo eram tão destrutivos quanto tinham sido os de Stolípin. Eles rejeitavam quase todos os aspectos da ordem rural tradicional, do *mir* e do sistema de divisão da terra em faixas à família patriarcal (o *ABC do comunismo* chegou a antever um tempo em que as famílias camponesas abandonariam o costume "bárbaro" e esbanjador de jantar em casa, e se uniriam aos vizinhos em um refeitório comunal da aldeia).[17] Eram intrusos em assuntos de aldeia, como Stolípin; e embora não pudessem em princípio compartilhar o entusiasmo pela pequena burguesia agrária, tinham ainda uma arraigada aversão ao atraso camponês, suficiente para que dessem prosseguimento à política de Stolípin de fundir as faixas de terra dispersas das famílias em sólidos terrenos propícios para a moderna agricultura em pequena escala.[18]

Mas o verdadeiro interesse dos bolcheviques era agricultura de larga escala, e só o imperativo político de conquistar a simpatia do campesinato os levara a permitir a fragmentação de grandes propriedades que ocorreu em 1917-8. Em algumas das terras estatais remanescentes, eles instalaram fazendas estatais (*sovkhózi*) – na prática, o equivalente socialista da agricultura capitalista de larga escala, com administradores nomeados supervisionando a labuta de trabalhadores que trabalhavam por salários. Os bolcheviques também acreditavam que fazendas coletivas (*kolkhózi*) eram preferíveis, em termos políticos, à agricultura tradicional ou individual da pequena propriedade camponesa; algumas fazendas coletivas foram implantadas no período da Guerra Civil, em geral por soldados desmobilizados ou operários que fugiam da fome nas cidades. As fazendas coletivas não dividiam suas terras em faixas, como a tradicional aldeia camponesa, mas cultivavam a terra e comercializavam a produção coletivamente. Com frequência, os primeiros fazendeiros coletivos tinham uma ideologia semelhante à dos fundadores de comunidades agrícolas utópicas nos Estados Unidos e em outros lugares, coletivizando todos os recursos e posses; e, assim como os utópicos, eles raramente tiveram sucesso como fazendeiros ou sequer sobreviveram por muito tempo como comunidades harmoniosas. Os camponeses encaravam tanto as fazendas estatais como as coletivas com desconfiança. Elas eram pouco numerosas e muito frágeis para constituir uma ameaça séria à agricultura camponesa tradicional. Mas sua própria existência lembrava aos camponeses que os bolcheviques tinham ideias estranhas e que não se podia confiar muito neles.

Visões do novo mundo

Havia um traço desvairadamente irrealista e utópico em grande parte do pensamento bolchevique durante a Guerra Civil.[19] Sem dúvida, todas as revoluções bem-sucedidas têm essa característica: os revolucionários precisam ser impulsionados pelo entusiasmo e pela esperança irracional, já que do contrário eles fariam a ponderação sensata de que os riscos e custos da revolução sobrepujavam os possíveis benefícios. Os bolcheviques pensavam ser imunes ao pensamento utópico porque seu socialismo era científico. Certos ou não quanto à natureza inerentemente científica do marxismo, até a ciência precisa de intérpretes humanos, que fazem julgamentos subjetivos e têm suas próprias inclinações emocionais. Os bolcheviques eram entusiastas revolucionários, não assistentes de laboratório.

Era uma avaliação subjetiva dizer que a Rússia estava pronta para a revolução proletária em 1917, ainda que os bolcheviques citassem a teoria marxista da ciência social para ampará-la. Era mais uma questão de fé do que de previsão científica sustentar que a revolução mundial era iminente (em termos marxistas, afinal de contas, os bolcheviques talvez tivessem cometido um erro e tomado o poder cedo demais). A crença, subjacente às políticas econômicas posteriores do comunismo de guerra, de que a Rússia estava à beira da transição definitiva para o comunismo tinha escassa justificação na teoria marxista. Em 1920, a percepção do mundo real pelos bolcheviques se tornara quase comicamente distorcida em muitos aspectos. Eles mandaram o Exército Vermelho avançar sobre Varsóvia porque, para muitos bolcheviques, parecia óbvio que os poloneses reconheceriam os soldados como irmãos proletários e não como agressores russos. No âmbito doméstico, eles confundiam inflação desenfreada e desvalorização da moeda com o definhamento do dinheiro sob o comunismo. Quando a guerra e a fome produziram bandos de crianças desabrigadas durante a Guerra Civil, alguns bolcheviques encaravam até isso como uma bênção disfarçada, uma vez que o Estado poderia dar àquelas crianças uma verdadeira formação coletivista (em orfanatos) e elas não ficariam expostas à influência burguesa da velha família.

O mesmo espírito era perceptível na abordagem inicial, pelos bolcheviques, das tarefas de governo e administração. Os textos utópicos eram a máxima de Marx e Engels de que sob o comunismo o Estado desapareceria e as passagens de *O Estado e a revolução* (1917), de Lênin, sugerindo que a administração enfim deixaria de ser uma atividade de profissionais em tempo integral e se tornaria um dever exercido em revezamento por todos os cidadãos. Na prática, porém, Lênin sempre manteve um obstinado realismo quanto ao governo: ele não estava entre os bolcheviques que, ao ver o desmoronamento da velha máquina administrativa nos anos 1917-20, concluíram que o Estado estava definhando à medida que a Rússia se aproximava do comunismo.

Mas os autores bolcheviques de *ABC do comunismo* (1919), Bukhárin e Preobrajénski, deixaram-se levar muito mais pelo entusiasmo. Eles tinham o tipo de visão de um mundo despersonalizado, regulado cientificamente, que o escritor russo seu contemporâneo Ievguêni Zamiátin satirizou em *Nós* (escrito em 1920) e George Orwell descreveu mais tarde em *1984*. Esse mundo era a antítese de qualquer Rússia real, passada, presente ou futura; e no caos da Guerra Civil isso deve tê-lo tornado particularmente atraente. Ao explicar como seria possível gerir uma economia planejada centralmente depois do desaparecimento do Estado, Bukhárin e Preobrajénski escreveram:

A direção principal será confiada a vários tipos de departamentos de contabilidade ou agências de estatística. Ali, a cada dia, será feito o cômputo da produção e de todas as suas necessidades; também será decidido para onde devem ser mandados trabalhadores, de onde eles devem ser retirados e quanto trabalho há para ser feito. E visto que, desde a infância, todos estarão acostumados ao trabalho social, e já que todos compreenderão que tal trabalho é necessário e que a vida se desenvolve mais facilmente quando tudo é feito de acordo com um plano preestabelecido, e quando a ordem social é como uma máquina bem ajustada, tudo funcionará de acordo com as indicações da agência de estatística. Não haverá necessidade de ministros de Estado específicos, de polícia ou prisões, nem de leis e decretos – nada desse tipo. Assim como numa orquestra todos os músicos observam a batuta do regente e agem de acordo com ela, aqui todos consultarão os dados estatísticos e orientarão seus esforços de acordo com eles.[20]

Hoje, isso pode ter ressonâncias sinistras para nós, graças ao *1984* de George Orwell, mas nos termos da época era um pensamento ousado, revolucionário, tão empolgante e moderno (e distante da realidade) quanto a arte futurista. A Guerra Civil foi um tempo de experimentação intelectual e cultural, e uma atitude iconoclasta diante do passado era obrigatória entre jovens intelectuais radicais. Máquinas – incluindo a "máquina bem ajustada" da sociedade futura – fascinavam artistas e intelectuais. Sentimentos, espiritualidade, drama humano e interesse indevido pela psicologia individual estavam fora de moda, denunciados frequentemente como "pequeno-burgueses". Artistas de vanguarda como o poeta Vladímir Maiakóvski e o diretor de teatro Vsiévolod Meyerhold viam a arte revolucionária e a política como parte do mesmo protesto contra o velho mundo burguês. Estavam entre os primeiros membros da *intelligentsia* a aceitar a Revolução de Outubro e oferecer seus serviços ao novo governo soviético, produzindo cartazes de propaganda em estilo cubista ou futurista, pintando slogans revolucionários nos muros de palácios antigos, encenando nas ruas representações populares de vitórias revolucionárias, levando acrobacias ao lado de mensagens políticas relevantes ao teatro convencional e dedicando monumentos não figurativos a heróis revolucionários do passado. Se os artistas de vanguarda tivessem imposto sua visão, a arte burguesa tradicional teria sido liquidada mais depressa que os partidos políticos burgueses. Os líderes bolcheviques, porém, não estavam plenamente convencidos de que o futurismo artístico e o bolchevismo eram aliados naturais inseparáveis, e adotaram uma posição mais cautelosa quanto aos clássicos.

O éthos da libertação revolucionária era aceito mais sinceramente pelos bolcheviques (ou ao menos pelos intelectuais bolcheviques) no que dizia respeito às mulheres e à família. Os bolcheviques apoiavam a emancipação das mulheres, como a maior parte da *intelligentsia* radical russa já vinha fazendo desde os anos 1860. Como Friedrich Engels, que escrevera que na família moderna o marido é o "burguês" e a esposa, o "proletário", eles viam as mulheres como um grupo explorado. Ao final da Guerra Civil, foram decretadas leis que tornavam o divórcio facilmente acessível, aboliam o estigma formal dos filhos ilegítimos, permitiam o aborto e determinavam direitos e salários iguais para homens e mulheres.

Embora apenas os pensadores bolcheviques mais radicais falassem em destruir a família, havia uma impressão geral de que mulheres e crianças eram vítimas potenciais de opressão no seio da família, e de que esta tendia a inculcar valores burgueses. O Partido Bolchevique instaurou departamentos femininos especiais (*jenotdiéli*) para organizar e educar mulheres, proteger seus interesses e ajudá-las a desempenhar um papel independente. Jovens comunistas tinham suas próprias organizações separadas – o Komsomol para adolescentes e jovens adultos e o Jovens Pioneiros (criado alguns anos depois) para o grupo de dez a catorze anos – que incentivavam seus membros a estarem alerta a tendências burguesas em casa e na escola, e a tentar reeducar pais e professores que olhassem com nostalgia para os velhos tempos, antipatizassem com os bolcheviques e a revolução ou se aferrassem a "superstições religiosas". Se um slogan expresso durante a Guerra Civil, "Abaixo a tirania capitalista dos pais!", parecia um tanto excessivo aos bolcheviques mais velhos, o espírito da rebeldia juvenil era comumente valorizado e respeitado pelo partido nos primeiros anos.

A liberação sexual, porém, era uma causa dos jovens comunistas que, ao contrário, desconcertava a liderança bolchevique.

Devido à posição do partido quanto ao aborto e ao divórcio, presumia-se que os bolcheviques defendessem o "amor livre", querendo dizer sexo promíscuo. Lênin certamente não o defendia: sua geração era contra o moralismo filisteu da burguesia, mas enfatizava relações de companheirismo entre os sexos e achava que a promiscuidade mostrava uma natureza frívola. Até mesmo Aleksandra Kollontai, a líder bolchevique que mais escreveu sobre questões sexuais e era uma espécie de feminista, acreditava mais no amor que na teoria do sexo "natural como tomar um copo d'água" que se costuma atribuir a ela.

Mas a concepção do copo d'água era popular entre jovens comunistas, especialmente entre os homens que tinham aprendido sua ideologia no Exército Vermelho e encaravam o sexo casual quase como um rito comunista de passagem. Sua atitude refletia um relaxamento da moral em tempos de guerra e de pós-guerra mais acentuado na Rússia do que em outros países europeus. Os comunistas mais velhos tinham que tolerar isso – admitiam que o sexo era assunto privado e, afinal de contas, eram revolucionários e não filisteus burgueses – assim como tinham que tolerar os cubistas, os defensores do esperanto e os nudistas que, como ato de afirmação ideológica, ocasionalmente subiam nus nos bondes lotados de Moscou. Embora eles sentissem que essas coisas desgastavam a seriedade da revolução.

Os bolcheviques no poder

Tendo tomado o poder, os bolcheviques precisavam aprender a governar. Quase nenhum deles tinha experiência administrativa: em matéria de ocupações anteriores, eram em sua maioria revolucionários profissionais, operários ou jornalistas autônomos (Lênin registrava sua própria profissão como "homem de letras" [*literátor*]). Eles desdenhavam da burocracia e praticamente desconheciam seu funcionamento. Não sabiam coisa alguma sobre orçamentos. Como escreveu Anatóli Lunatchárski, chefe do Comissariado do Povo para a Educação, a respeito de seu funcionário principal de finanças:

> O rosto [dele] quando apresentava uma expressão do mais profundo espanto sempre que ele nos trazia dinheiro do banco. Ainda lhe parecia que a Revolução e a organização do novo poder eram uma espécie de truque de mágica, e que em um truque de mágica é impossível receber dinheiro de verdade.[21]

Durante a Guerra Civil, a maioria dos talentos com organização dos bolcheviques foi para o Exército Vermelho, o Comissariado da Alimentação e a Tcheka. Organizadores competentes dos comitês partidários e sovietes locais eram continuamente convocados para o Exército Vermelho ou enviados em missões de resolução de problemas em outras partes. Os velhos ministérios do governo central (agora Comissariados do Povo) eram dirigidos por um pequeno grupo de bolcheviques, predominantemente intelectuais, e seus quadros de funcionários eram formados em grande parte por servidores que tinham trabalhado para os governos tsarista e provisório. A autoridade central estava confusamente dividida entre o governo (o Conselho de Comissários do Povo), o Comitê Executivo Central dos Sovietes e o Comitê Central do Partido Bolchevique, com seu secretariado e departamentos de assuntos organizacionais (Orgburo) e políticos (Politburo).

Os bolcheviques descreviam seu regime como uma "ditadura do proletariado", conceito que, em termos operacionais, tinha muito em comum com uma ditadura do Partido Bolchevique. Ficou claro desde o início que isso deixava pouco espaço para outros partidos políticos: aqueles que não foram tornados ilegais por ter apoiado os Brancos ou (no caso dos SRs de esquerda) por ter armado uma revolta foram fustigados e intimidados por detenções durante a Guerra Civil e obrigados a uma autodissolução no início dos anos 1920. Porém era muito menos claro o que a ditadura significava em termos da forma de governo. Os bolcheviques não pensavam inicialmente em sua própria organização partidária como um potencial instrumento de governo. Eles pareciam supor que a organização partidária permaneceria separada do governo e livre de funções administrativas, exatamente como teria acontecido se os bolcheviques tivessem se tornado o partido governista em um sistema político pluripartidário.

Os bolcheviques também descreviam seu regime como "poder soviético". Acontece que essa nunca foi uma descrição muito precisa, em primeiro lugar porque a Revolução de Outubro foi em essência um movimento de partido, não de soviete, e em segundo porque o novo governo central (escolhido pelo Comitê Central Bolchevique) não tinha nada a ver com os sovietes. O novo governo tomou o controle de várias burocracias ministeriais do Governo Provisório, que por sua vez as tinha herdado do Conselho de Ministros do tsar. Mas os sovietes de fato assumiram um papel no âmbito local, no qual a velha máquina administrativa ruíra totalmente. Eles (isto é, seus comitês executivos) se tornaram os órgãos locais do governo central, criando seus próprios departamentos burocráticos de finanças, educação, agricultura e assim por diante. Essa função administrativa dava sentido à existência dos sovietes, mesmo depois de as eleições para os sovietes se tornarem pouco mais que uma formalidade.

De início, o governo central (o Conselho de Comissários do Povo) parecia ser o núcleo do novo sistema político. Mas ao final da Guerra Civil já havia sinais de que o Comitê Central e o Politburo tendiam a usurpar os poderes do governo, enquanto no âmbito local os comitês partidários estavam se tornando preponderantes sobre os sovietes. Essa primazia do partido sobre órgãos do Estado se converteria num traço permanente do sistema soviético. Já se argumentou, porém, que Lênin (que ficou gravemente enfermo em 1921 e morreu em 1924) teria resistido a essa tendência se não tivesse saído de cena por conta de sua saúde, e que pretendia que o governo, e não o partido, desempenhasse o papel preponderante.[22]

Por certo, para um revolucionário e criador de um partido revolucionário, Lênin tinha um traço estranhamente conservador no que se referia às instituições. Ele queria um governo de verdade, não um tipo de junta improvisada, assim como queria um exército de verdade, leis de verdade e talvez até, em última análise, um império russo de verdade. No entanto, é preciso lembrar que os membros daquele governo eram sempre, na prática, escolhidos pelo Comitê Central Bolchevique e seu Politburo. Lênin encabeçava o governo, mas era também o chefe de fato do Comitê Central e do Politburo; e eram esses órgãos partidários, mais que o governo, que lidavam com as questões militares e de política externa cruciais durante a Guerra Civil. Do ponto de vista de Lênin, a grande vantagem do lado governamental do sistema era provavelmente o fato de sua burocracia incluir muitos técnicos (especialistas em finanças, engenharia, direito, saúde pública e outros) cujas habilidades Lênin considerava de utilidade essencial. O Partido Bolchevique estava desenvolvendo uma burocracia própria, que não empregava gente de fora e não pertencente ao partido. No partido, e sobretudo entre seus membros operários, havia grande desconfiança em relação a "especialistas burgueses". Isso já havia sido claramente demonstrado na forte oposição bolchevique em 1918-9 ao aproveitamento pelo exército de militares profissionais (os antigos oficiais tsaristas).

A natureza do sistema político surgido depois que os bolcheviques tomaram o poder pode ser explicada não somente em termos de arranjos institucionais, mas também da natureza do Partido Bolchevique. Era um partido com tendências autoritárias, que sempre tivera um líder forte – e mesmo ditatorial, de acordo com os adversários de Lênin. A disciplina e a unidade partidárias sempre foram enfatizadas. Antes de 1917, bolcheviques que discordavam de Lênin em algum assunto importante geralmente deixavam o partido. No período 1917-20 Lênin precisou lidar com o dissenso e com facções dissidentes organizadas no seio do partido, mas parece ter encarado isso como uma situação anormal e irritante, e por fim tomou atitudes decisivas para mudá-la (ver adiante pp. 150-1). Quanto à oposição ou crítica vinda de fora do partido, os bolcheviques não tinham tolerância com ela tanto antes quanto depois da revolução. Como comentou com admiração muitos anos depois Viatcheslav Mólotov, um jovem camarada de Lênin e Stálin, Lênin era ainda mais obstinado que Stálin no início dos anos 1920 e "não teria tolerado oposição alguma, se tivesse existido essa opção".[23]

Outra característica-chave do Partido Bolchevique era ser da classe operária – por sua própria autoimagem, pela natureza de seu apoio na sociedade e, em uma medida substancial, em termos de filiação partidária. Na sabedoria popular do partido, os operários bolcheviques eram "durões", enquanto os bolcheviques da *intelligentsia* tendiam a ser "moles". É provável que existia alguma verdade nisso, embora Lênin e Trótski, ambos intelectuais, fossem exceções notáveis. Os traços autoritários, intolerantes, brutos e repressivos do partido podem muito bem ter sido reforçados pelo influxo de membros operários e camponeses em 1917 e nos anos da Guerra Civil.

O pensamento político dos bolcheviques girava em torno de classe social. Eles acreditavam que a sociedade estava dividida em classes antagônicas, que a luta política era um reflexo da luta social, e que pessoas do proletariado urbano e de outras classes exploradas anteriormente eram aliados naturais da revolução.

Pelo mesmo critério, pessoas das velhas classes privilegiadas e exploradoras eram vistas pelos bolcheviques como inimigos naturais.[24] Se os laços dos bolcheviques com o proletariado eram parte importante de sua constituição emocional, o ódio e a desconfiança em relação aos "inimigos de classe" – antigos nobres, membros da burguesia capitalista, *kulaki* (camponeses prósperos) e outros – eram igualmente profundos, e talvez mais significativos em longo prazo. No que se referia aos bolcheviques, as velhas classes privilegiadas não eram apenas contrarrevolucionárias por definição; sua própria existência constituía uma conspiração contrarrevolucionária. Essa conspiração interna era mais ameaçadora porque, conforme demonstravam tanto a teoria como a realidade da intervenção estrangeira, ela era apoiada pelas forças do capitalismo internacional.

Para consolidar a vitória proletária na Rússia, acreditavam os bolcheviques, era necessário não apenas eliminar os velhos padrões de exploração de classe, mas também revertê-los. E um modo de revertê-los seria por meio da aplicação dos princípios de "justiça de classe":

> Nos velhos tribunais de justiça, a classe minoritária de exploradores julgava a maioria trabalhadora. Os tribunais de justiça da ditadura do proletariado são locais onde a maioria trabalhadora julga a minoria exploradora. São instituídos acima de tudo com esse propósito. Os juízes são eleitos apenas pelos trabalhadores. São escolhidos unicamente entre os trabalhadores. Para os exploradores, o único direito que se mantém é o direito de serem julgados.[25]

Esses princípios obviamente não eram igualitários. Mas os bolcheviques nunca alegaram igualdade no período da revolução e da transição ao socialismo. Do ponto de vista bolchevique, era impossível encarar todos os cidadãos como iguais quando alguns eram inimigos de classe do regime. Assim, a Constituição da República Russa de 1918 concedia o voto a todos os "trabalhadores" (sem discriminação de sexo ou nacionalidade), mas o negava aos membros das classes exploradoras e de outros inimigos identificáveis do poder soviético – empregadores de trabalho avulso, pessoas que viviam de renda ou de aluguéis, *kulaki*, padres, ex-policiais e algumas outras categorias de funcionários tsaristas, além de oficiais dos Exércitos Brancos.

A pergunta "Quem governa?" pode ser formulada em termos abstratos, mas ela também tem o significado concreto de "Que pessoas ocupam os cargos?". O poder político tinha mudado de mãos, e (como expediente temporário, pensavam os bolcheviques) novos chefes deveriam ser encontrados para substituir os antigos. Dada a mentalidade bolchevique, a classe era inevitavelmente um critério de seleção. Alguns intelectuais bolcheviques, incluindo Lênin, talvez argumentassem que a educação era tão importante quanto a classe, enquanto outros temiam que operários, afastando-se da fábrica por longos períodos, perdessem sua identidade proletária. Porém, no partido como um todo, o firme consenso era de que as únicas pessoas a quem o novo regime podia realmente delegar poder eram proletários que tinham sido vítimas de exploração sob o regime anterior.[26]

Quando a Guerra Civil terminou, dezenas de milhares de operários, soldados e marinheiros – no começo bolcheviques e os que lutaram ao lado deles em 1917, porém mais tarde aqueles que se haviam destacado no Exército Vermelho ou nos comitês de fábrica, os jovens e comparativamente instruídos, ou simplesmente os que mostravam uma ambição de subir na vida – tinham se tornado "quadros", isto é, pessoas detentoras de cargos responsáveis, geralmente administrativos. (O mesmo ocorreu com muitos apoiadores não proletários, incluindo judeus para quem a revolução significou libertação das restrições tsaristas e abertura de novas oportunidades).[27] Eles estavam no comando do Exército Vermelho, na Tcheka, na administração dos alimentos e na burocracia do partido e dos sovietes. Muitos eram nomeados diretores de fábrica, em geral depois de trabalhar no comitê de fábrica ou no sindicato local. Em 1920-1, não estava completamente claro para os líderes do partido se e como esse processo de "promoção operária" poderia continuar em larga escala, uma vez que o reservatório original de membros operários fora exaurido, e o colapso industrial e as crises de escassez urbana de comida durante a Guerra Civil dispersaram e debilitaram a classe operária industrial de 1917. Mesmo assim, os bolcheviques tinham descoberto pela experiência o que queriam dizer com "ditadura do proletariado". Não era uma ditadura coletiva de classe exercida por operários que permaneciam em seus velhos trabalhos na linha de produção. Era uma ditadura exercida por "quadros" ou chefes de tempo integral, na qual o maior número possível de chefes eram antigos proletários.

4.
A NEP e o futuro da Revolução

A vitória dos bolcheviques na Guerra Civil colocou-os frente a frente com os problemas domésticos de caos administrativo e devastação econômica. As cidades estavam famintas e esvaziadas. A produção de carvão despencara catastroficamente, as ferrovias estavam em ruínas e a indústria, quase estagnada. Os camponeses estavam sediciosamente ressentidos com os confiscos de alimentos. As colheitas tinham encolhido, e dois anos consecutivos de seca levaram o Volga e outras regiões agrícolas ao limiar da fome. As mortes por inanição e epidemias em 1921-2 ultrapassaram o total de baixas da Primeira Guerra Mundial somadas às da Guerra Civil. A emigração de cerca de 2 milhões de pessoas durante os anos de revolução e guerra tirara do país boa parte de sua elite instruída. Um movimento demográfico positivo era a migração de centenas de milhares de judeus para fora do Pale,* grande parte dos quais se instalou nas capitais.[1]

Havia mais de 5 milhões de homens no Exército Vermelho, e o final da Guerra Civil significou que a maioria deveria ser desmobilizada. Era uma operação muito mais difícil do que os bolcheviques tinham previsto: significava desmantelar grande parte do que o novo regime conseguira construir desde a Revolução

---

* Pale, ou Zona de Assentamento Judeu, foi uma região do império russo à qual os judeus estavam circunscritos. Localizada na Rússia Ocidental, vigorou entre 1791 e 1917, e incluía partes do que hoje são a Lituânia, a Belarus, a Polônia, a Moldávia e a Ucrânia. (N.T.)

de Outubro. O Exército Vermelho havia sido a espinha dorsal da administração bolchevique durante a Guerra Civil e da economia do comunismo de guerra. Além disso, os soldados do Exército Vermelho constituíam o maior contingente de "proletários" do país. O proletariado era a base de sustentação social escolhida pelos bolcheviques, e desde 1917 eles definiram o proletariado, para todos os efeitos, como os operários, soldados, marinheiros e camponeses pobres da Rússia. Agora, grande parte do grupo de soldados e marinheiros estava prestes a desaparecer; e, o que era pior, os soldados desmobilizados – desempregados, famintos, armados, frequentemente apartados de casa pelo colapso dos transportes – estavam causando tumultos. Com mais de 2 milhões de desmobilizados nos primeiros meses de 1921, os bolcheviques descoberiam que combatentes da revolução podiam se converter em bandidos da noite para o dia.

O destino do núcleo proletário de operários industriais era igualmente alarmante. Fechamentos de fábricas, convocação para o exército, promoção para cargos administrativos e, acima de tudo, êxodo das cidades por causa da fome tinham reduzido o número de operários industriais de 3,6 milhões, em 1917, para 1,5 milhão em 1920. Uma proporção substancial desses operários retornara às aldeias, onde ainda tinham família, e recebiam lotes de terras como membros das comunidades aldeãs. Os bolcheviques não sabiam quantos operários estavam nas aldeias, nem quanto tempo permaneceriam lá. Talvez eles tivessem sido reabsorvidos no campesinato e nunca mais retornassem às cidades. Mas, quaisquer que fossem as perspectivas de longo prazo, a situação imediata era evidente: mais de metade da "classe ditatorial" da Rússia havia desaparecido.[2]

Os bolcheviques contaram inicialmente com o apoio à Revolução Russa por parte do proletariado europeu, que parecia à beira da revolução no final da Primeira Guerra Mundial. Mas a onda revolucionária do pós-guerra na Europa refluiu, deixando o regime soviético sem congêneres na Europa que pudessem ser vistos como aliados permanentes. Lênin concluiu que a falta de apoio externo tornava imperativo para os bolcheviques obter apoio do campesinato russo. No entanto, os confiscos e o colapso do mercado sob o comunismo de guerra os camponeses indispuseram, e, em algumas regiões, eles se encontravam em franca rebelião. Na Ucrânia, um exército camponês comandado por Néstor Makhnó estava combatendo os bolcheviques. Em Tambov, uma região agrícola importante da Rússia central, uma revolta camponesa só foi subjugada com o envio de 50 mil soldados do Exército Vermelho.[3]

O pior golpe para o novo regime veio em março de 1921, quando, depois de uma onda de greves operárias em Petrogrado, os marinheiros na base naval da vizinha Kronstadt se rebelaram.[4] Os kronstadtenses, heróis das Jornadas de Julho de 1917 e apoiadores dos bolcheviques na Revolução de Outubro, tornaram-se figuras quase lendárias na mitologia bolchevique. Agora, eles estavam repudiando a revolução bolchevique, denunciando "os desmandos arbitrários dos comissários" e clamando por uma verdadeira república soviética de operários e camponeses. A revolta de Kronstadt ocorreu quando o X Congresso do Partido estava reunido, e muitos delegados precisaram abandonar abruptamente a sessão para juntar-se às unidades de elite do Exército Vermelho e da Tcheka enviadas às pressas para combater os rebeldes. A ocasião não poderia ser mais dramática, ou mais calculada, para ficar impressa na consciência bolchevique. A imprensa soviética, no que parece ter sido seu primeiro grande esforço para esconder verdades desagradáveis, alegou que a revolta era inspirada por emigrados e comandada por um misterioso general Branco. Mas os rumores que circulavam no X Congresso do Partido diziam outra coisa.

A revolta de Kronstadt soou como uma cisão simbólica de caminhos entre a classe operária e o Partido Bolchevique. Foi uma tragédia, tanto para aqueles que julgavam que os operários tinham sido traídos, como para os que julgavam que o partido tinha sido traído pelos operários. O regime soviético, pela primeira vez, voltara suas armas contra o proletariado revolucionário. Para piorar, o trauma do Kronstadt ocorreu simultaneamente a outro desastre para a revolução. Comunistas alemães, incentivados pelos líderes do Comintern em Moscou, tentaram um levante revolucionário que se mostrou um fracasso total. Sua derrota fez até mesmo o mais otimista dos bolcheviques perder a esperança de que a revolução europeia estivesse próxima. A Revolução Russa teria que sobreviver sem ajuda, com suas próprias forças.

As revoltas de Kronstadt e Tambov, ambas impulsionadas por insatisfações econômicas e políticas, escancarou a necessidade de uma nova política econômica para substituir o programa do comunismo de guerra. O primeiro passo, adotado na primavera de 1921, foi acabar com o confisco da produção camponesa e introduzir um imposto in natura. Significava, na prática, que o Estado tomava apenas uma cota fixa em vez de tudo aquilo de que pudesse se apropriar (mais tarde, depois da reestabilização da moeda na primeira metade dos anos 1920, o imposto in natura converteu-se num imposto mais convencional em dinheiro).

Já que o imposto in natura presumivelmente deixava o camponês com um excedente comercializável, o próximo passo lógico era permitir um renascimento do comércio privado legal e tentar fechar o emergente mercado negro. Na primavera de 1921, Lênin ainda se opunha fortemente à legalização do comércio, encarando-a como uma negação dos princípios comunistas, mas em pouco tempo o renascimento espontâneo do comércio privado (com frequência sancionado por autoridades locais) presenteou a liderança bolchevique com um fato consumado, que ela aceitou. Esses passos foram o início da Nova Política Econômica, conhecida pelo acrônimo NEP.[5] Era uma resposta improvisada a circunstâncias econômicas extremas, adotada inicialmente com muito pouca discussão ou debate (e pouca dissidência aparente) no partido e na liderança. O impacto benéfico na economia foi rápido e drástico.

Seguiram-se outras mudanças econômicas, chegando a um abandono generalizado do sistema que, em retrospecto, passou a ser chamado de "comunismo de guerra". Na indústria, o impulso para a nacionalização completa foi abandonado e o setor privado foi autorizado a se reconstituir, embora o Estado mantivesse o controle do "alto-comando" da economia, incluindo a indústria de larga escala e a atividade bancária. Investidores estrangeiros foram convidados a assumir concessões para empreendimentos industriais e de mineração, além de projetos de desenvolvimento. O Comissariado de Finanças e do Banco Estatal começou a ouvir os conselhos dos velhos especialistas financeiros "burgueses", esforçando-se por uma estabilização da moeda e por restrições dos gastos governamentais e públicos. O orçamento do governo central foi drasticamente cortado e foram empreendidos esforços para aumentar a receita estatal por meio de impostos. Serviços como escolas e atendimento médico, até então gratuitos, agora deveriam ser pagos pelo usuário individual; o acesso a pensões para idosos, auxílio-saúde e auxílio-desemprego se restringiu, passando a ser feito mediante contribuição regular.

Do ponto de vista comunista, a NEP era um recuo, e uma admissão parcial de fracasso. Muitos comunistas sentiram-se profundamente desiludidos: parecia que a revolução tinha mudado tão pouca coisa. Moscou, a capital soviética desde 1918 e quartel-general do Comintern, tornou-se de novo uma cidade efervescente nos primeiros anos da NEP, embora para todos os efeitos externos, ainda parecesse a Moscou de 1913, com camponesas vendendo batatas nos mercados, sinos de igreja e padres barbudos chamando os fiéis, prostitutas, mendigos e batedores de carteira trabalhando nas ruas e nas estações de trem, canções ciganas nas casas noturnas, porteiros uniformizados erguendo seus quepes para saudar grã-finos e espectadoras de teatro vestidas de peles e meias de seda. Nessa Moscou, o comunista de jaqueta de couro parecia um forasteiro sombrio, e o veterano do Exército Vermelho tinha grande probabilidade de ser encontrado na fila do Departamento de Empregos. Os líderes revolucionários, aquartelados de modo incongruente no Krêmlin ou no Hotel Luxe, contemplavam o futuro com desconfiança.

A disciplina do recuo

O recuo estratégico da NEP, afirmou Lênin, era imposto aos bolcheviques por circunstâncias econômicas muito graves, e pela necessidade de consolidar as vitórias que a revolução já conquistara. Seu propósito era restaurar a economia esfacelada e acalmar os temores da população não proletária. A NEP significou concessões ao campesinato, à *intelligentsia* e à pequena burguesia urbana; o relaxamento dos controles sobre a vida econômica, social e cultural; e a substituição da coerção pela conciliação no trato dos comunistas com a sociedade como um todo. Porém, Lênin deixou muito claro que o relaxamento não deveria se estender à esfera política. No seio do Partido Comunista, "a mais leve violação da disciplina deve ser punida de modo severo, duro, impiedoso":

> Quando um exército está recuando, exige-se cem vezes mais disciplina do que quando está avançando, porque

durante os avanços todo mundo empurra para a frente. Se todos começassem a correr para trás agora, isso causaria um desastre imediato e inevitável [...]. Quando um verdadeiro exército recua, metralhadoras são mantidas de prontidão, e quando um recuo organizado degenera em desordem, o comando para disparar é dado, e com toda a razão.

Quanto a outros partidos políticos, a liberdade de expressar publicamente suas concepções devia ser cerceada de modo ainda mais rigoroso do que durante a Guerra Civil, especialmente se tentassem reivindicar como suas as novas posições moderadas dos bolcheviques.

Quando um menchevique diz: "Vocês agora estão recuando; venho defendendo o recuo há muito tempo; concordo com vocês, estou do seu lado, vamos recuar juntos", dizemos em resposta: "Para manifestações públicas de menchevismo nossos tribunais revolucionários devem determinar a pena de morte, caso contrário não serão nossos tribunais, mas sabe Deus o quê".[6]

A introdução da NEP foi acompanhada pela prisão de aproximadamente 2 mil mencheviques, incluindo todos os membros do Comitê Central Menchevique. Em 1922, um grupo de SRs de direita foi submetido a julgamento público por crimes contra o Estado: alguns foram condenados à morte, embora as execuções aparentemente não tenham sido efetivadas. Em 1922 e 1923, algumas centenas de destacados *kadeti* e mencheviques foram deportados à força da República Soviética. Todos os partidos políticos que não o governante Partido Comunista (como o Partido Bolchevique era chamado agora) foram, na prática, declarados fora da lei a partir daquele momento.

A ânsia de Lênin em esmagar a oposição real ou potencial foi demonstrada de modo espantoso em uma carta secreta ao Politburo de 19 de março de 1922, na qual ele instava os colegas a aproveitar a oportunidade oferecida pela escassez de alimentos para destruir o poder da Igreja Ortodoxa. "É precisamente agora e só agora, quando nas regiões famélicas as pessoas estão comendo carne humana, e centenas, se não milhares, de cadáveres estão espalhados pelas estradas, que podemos (e, portanto, devemos) empreender o confisco de bens da Igreja com a mais selvagem e impiedosa energia." Em Chuia, onde a campanha para tomar propriedades da Igreja para ajudar no combate à fome provocou manifestações violentas, Lênin aconselhava que "um número bem grande" de clérigos e burgueses locais fossem presos e submetidos a julgamento. O julgamento não deveria terminar

> de outro modo que não fosse com a execução por pelotão de fuzilamento de um número bem grande dos mais influentes e perigosos dos Cem Negros* em Chuia e, na medida do possível, não apenas naquela cidade, mas também em Moscou e em vários outros centros clericais [...] quanto maior o número de representantes do clero reacionário e da burguesia reacionária conseguirmos executar por esse motivo, melhor. Devemos dar uma lição a essas pessoas agora mesmo, de modo que elas não ousem sequer pensar em qualquer resistência por várias décadas.[7]

Ao mesmo tempo, a questão da disciplina no *interior* do Partido Comunista estava sendo reexaminada. Os bolcheviques,

---

* Cem Negros: movimento de defesa do absolutismo tsarista surgido na Rússia em 1905, com tendência ultranacionalista, anticomunista e antissemita. (N.T.)

evidentemente, sempre atribuiram uma forte ênfase teórica na disciplina partidária desde o panfleto de 1902 de Lênin, *Que fazer?*. Todos os bolcheviques aceitavam o princípio do centralismo democrático, o que significava que os membros do partido podiam debater livremente os assuntos antes de se chegar a uma decisão programática, mas deviam acatar a decisão logo que fosse votada em um congresso do partido ou no Comitê Central. O princípio do centralismo democrático em si não determinava as convenções do partido no tocante ao debate interno – quanto de discussão era aceitável, com que contundência os líderes partidários podiam ser criticados, se os críticos podiam ou não organizar "facções" ou grupos de pressão em torno de questões específicas, e assim por diante.

Antes de 1917, o debate partidário interno significava, para todos os efeitos práticos, debate no seio da comunidade de intelectuais bolcheviques emigrados. Por causa da posição dominante de Lênin, os emigrados bolcheviques eram um grupo mais unificado e homogêneo que seus correlatos menchevique e SR, que tendiam a se agrupar em vários pequenos círculos, cada um com seu líder individual e sua identidade política. Lênin resistia tenazmente a esse tipo de desenvolvimento entre os bolcheviques. Quando outra personalidade bolchevique poderosa, Aleksandr Bogdánov, começou a formar um grupo de discípulos que compartilhavam sua abordagem filosófica e cultural na emigração pós-1905, Lênin obrigou Bogdánov e seu grupo a deixar o Partido Bolchevique, embora eles não constituíssem de fato uma facção política ou uma oposição partidária interna.

A situação mudou radicalmente depois da Revolução de Fevereiro, com a fusão dos contingentes bolcheviques de emigrados e clandestinos em uma liderança partidária maior e mais diversa, e o enorme crescimento da filiação partidária total. Em 1917, os bolcheviques estavam mais preocupados em surfar na onda da revolução popular do que com a disciplina partidária. Muitos indivíduos e grupos no seio do partido discordavam de Lênin em questões políticas importantes, tanto antes como depois da Revolução de Outubro, e a opinião de Lênin nem sempre prevalecia. Alguns grupos se solidificaram em facções semipermanentes, mesmo depois de suas plataformas terem sido rejeitadas pela maioria do Comitê Central ou em um congresso do partido. As facções minoritárias (formadas amplamente por velhos intelectuais bolcheviques) em geral não deixavam o partido, como teriam feito antes de 1917. Seu partido estava agora no poder em um Estado quase unipartidário; e deixá-lo, portanto, significava abandonar por completo a vida política.

Apesar dessas mudanças, as velhas premissas teóricas de Lênin sobre disciplina e organização do partido ainda faziam parte da ideologia bolchevique ao final da Guerra Civil, como ficou claro no modo como os bolcheviques conduziam a nova organização comunista internacional sediada em Moscou, o Comintern. Em 1920, quando o II Congresso do Comintern discutiu os pré-requisitos para admissão no órgão, os líderes bolcheviques insistiram em impor condições claramente baseadas no modelo do Partido Bolchevique pré-1917 na Rússia, muito embora isso significasse excluir o amplo e popular Partido Socialista Italiano (que desejava se filiar ao Comintern sem antes expurgar-se de seus grupos de direita e de centro) e enfraquecer o Comintern como concorrente da renascida Internacional Socialista na Europa. As "21 Condições" para admissão adotadas pelo Comintern exigiam, na prática, que os partidos membros deviam ser minorias de extrema esquerda, recrutando apenas revolucionários muito engajados e, de preferência, formados por uma cisão (comparável à cisão entre bolcheviques e mencheviques em 1903) na qual a esquerda partidária tivesse comprovadamente se separado do centro "reformista" e da direita. Unidade, disciplina, intransigência e profissionalismo revolucionário eram as qualidades essenciais de qualquer partido comunista atuando num ambiente hostil.

As mesmas regras, é claro, não se aplicavam necessariamente aos próprios bolcheviques, uma vez que eles já haviam tomado o poder. Podiam alegar que um partido governante num Estado unipartidário precisava, em primeiro lugar, tornar-se um partido de massas e, em segundo lugar, acomodar e até mesmo institucionalizar a diversidade de opiniões. Era isso, de fato, que vinha ocorrendo no Partido Bolchevique desde 1917. Facções haviam se formado no seio da liderança quanto a questões específicas e (numa violação do princípio do centralismo democrático) tendiam a permanecer existindo mesmo depois de derrotadas na votação final. Em 1920, as facções que participavam do debate em andamento sobre o status dos sindicatos tinham se convertido em grupos bem organizados que não apenas ofereciam plataformas políticas concorrentes, mas também tramavam apoio nos comitês partidários locais durante as discussões e eleições de delegados que precederam o X Congresso do Partido. O Partido Bolchevique, em outras palavras, estava desenvolvendo sua própria versão da política "parlamentarista", e as facções desempenhavam o papel de partidos políticos em um sistema pluripartidário.

Do ponto de vista de historiadores ocidentais posteriores – e decerto de qualquer observador externo com valores liberal-democráticos –, obviamente tratava-se de uma evolução admirável e uma mudança para melhor. Mas os bolcheviques não eram democratas liberais; e havia uma inquietação considerável nas fileiras bolcheviques com a percepção de que o partido estava ficando fragmentado, perdendo sua unidade resoluta e seu senso de direção anteriores. Lênin certamente não aprovava o novo estilo de política partidária. Em primeiro lugar, o debate sobre os sindicatos – bem periférico em relação aos problemas urgentes e imediatos que os bolcheviques enfrentavam em consequência da Guerra Civil – estava consumindo enorme quantidade de tempo e energia dos líderes. Em segundo, as facções estavam implicitamente desafiando a liderança pessoal de Lênin no partido. Uma facção no debate dos sindicatos era liderada por Trótski, o homem mais forte do partido depois de Lênin apesar de sua admissão relativamente recente como membro. Outra facção, a "Oposição Operária", liderada por Aleksandr Chliápnikov, ostentava uma relação especial com os operários membros do partido potencialmente danosa ao velho núcleo da liderança de intelectuais emigrados encabeçada por Lênin.

Lênin, por conta disso, pôs-se a exterminar as facções e a fragmentação no seio do Partido Bolchevique. Para isso, usou táticas não apenas faccionárias, mas inequivocadamente conspiratórias. Tanto Mólotov como Anastás Mikoian, um jovem armênio membro do grupo de Lênin, descreveram mais tarde o prazer e a obstinação com que ele deu início à operação no X Congresso do Partido, no começo de 1921, realizando reuniões secretas com seus apoiadores, fragmentando as grandes delegações provinciais ligadas a facções de oposição e elaborando listas de oposicionistas a serem derrotados nas eleições para o Comitê Central. Lênin queria convocar "um velho camarada comunista da época da clandestinidade que tem tipografia e impressora manual" para imprimir panfletos e realizar uma distribuição secreta – sugestão à qual Stálin se opôs, com o argumento de que poderia ser interpretada como divisionismo.[8] (Essa não foi a única vez, nos primeiros anos soviéticos, que Lênin retomou hábitos conspiratórios do passado. Em um momento sombrio da Guerra Civil, conforme relembrou Mólotov, Lênin convocou os líderes e lhes disse que a queda do regime soviético era iminente. Documentos de identidade falsos e endereços secretos tinham sido preparados para eles: "O partido passará para a clandestinidade".)[9]

Lênin derrotou a facção de Trótski e a Oposição Operária no X Congresso, assegurando uma maioria leninista no novo Comitê Central e substituindo dois membros trotskistas do Secretariado do Comitê Central por um leninista, Mólotov. Mas isso não foi tudo, de maneira alguma. Num gesto que espantou os líderes de facções, o grupo de Lênin apresentou, e o X Congresso do Partido aprovou, uma resolução "Sobre a unidade do partido", que determinava a dissolução das facções existentes e proibia toda atividade faccionária no interior do partido.

Lênin descrevia a proibição de facções como temporária. Isso pode muito bem ter sido sincero, porém é mais provável que ele estivesse simplesmente concedendo a si mesmo margem para voltar atrás caso a proibição se revelasse inaceitável à opinião partidária. Não foi esse o caso: o partido como um todo parecia bem preparado para sacrificar as facções em prol da unidade, provavelmente porque as facções não tinham fincado raízes profundas nas bases partidárias e eram vistas por muitos como uma prerrogativa de intelectuais encrenqueiros.

A resolução "Sobre a unidade do partido" continha uma cláusula secreta que permitia ao partido expulsar faccionalistas persistentes e ao Comitê Central afastar qualquer de seus membros eleitos que fossem julgados culpados de atividade faccionária. Havia fortes reservas quanto a essa cláusula no Politburo, e ela não foi invocada formalmente durante a vida de Lênin. No outono de 1921, porém, foi empreendido por iniciativa de Lênin um expurgo em larga escala do partido. Isso significou que, para manter sua filiação ao partido, cada comunista tinha que se apresentar diante de uma comissão de expurgo, justificar suas credenciais revolucionárias e, se necessário, defender-se de críticas. Os principais propósitos alegados para o expurgo partidário de 1921 eram extirpar "carreiristas" e "inimigos de classe"; eles não foram dirigidos formalmente contra apoiadores das facções derrotadas. Não obstante, Lênin enfatizou que "todos os membros do Partido Comunista Russo que sejam, ainda que no mínimo grau, suspeitos ou não confiáveis [...] devem ser afastados" (isto é, expulsos do partido); e, conforme comenta T. H. Rigby, é difícil acreditar que nenhum oposicionista estivesse entre os quase 25% dos membros do partido julgados então indignos.[10]

Embora nenhum oposicionista proeminente tenha sido expulso do partido no expurgo, nem todos os membros das facções de oposição de 1920-1 escaparam de punição. O Secretariado do Comitê Central, agora encabeçado apenas por homens de Lênin, tinha a atribuição de nomear e distribuir as funções ao pessoal do partido; e começou a enviar vários membros da Oposição Operária a missões que os mantinham longe de Moscou, excluindo-os assim de uma participação ativa no comando político. A prática de usar tais "métodos administrativos" para reforçar a unidade no comando foi mais tarde muito desenvolvida por Stálin, quando este se tornou secretário-geral do partido (isto é, chefe do Secretariado do Comitê Central) em 1922; e os estudiosos têm frequentemente considerado isso o verdadeiro réquiem para a democracia interna no Partido Comunista Soviético. Foi uma prática originada com Lênin e retirada dos conflitos no XX Congresso do Partido, quando Lênin ainda era o estrategista--mor e Stálin e Mólotov, seus fiéis sequazes.

O problema da burocracia

Na condição de revolucionários, todos os bolcheviques eram contra a "burocracia". Eles podiam prazerosamente se ver como líderes partidários ou comandantes militares, mas que revolucionário de verdade poderia admitir ter se tornado um burocrata, um *tchinóvnik* do novo regime? Quando discutiam funções administrativas, sua linguagem ficava cheia de eufemismos: funcionários comunistas eram "quadros" e burocracias comunistas eram "aparelhos" e "órgãos do poder soviético". A palavra "burocracia" era sempre pejorativa: "métodos burocráticos" e "soluções burocráticas" deviam ser evitados a todo custo, e a revolução precisava ser protegida da "degeneração burocrática".

Mas nada disso deveria obscurecer o fato de que os bolcheviques tinham instituído uma ditadura com a intenção de governar a sociedade e também de transformá-la. Eles não poderiam alcançar esses objetivos sem uma máquina administrativa, já que rejeitaram, desde o início, a ideia de que a sociedade era capaz de autogoverno ou de transformação espontânea. Desse modo, a pergunta era: que tipo de máquina administrativa era necessária? Tinham herdado uma grande burocracia governamental central cujas raízes nas províncias haviam se esfacelado. Tinham sovietes, que haviam assumido parcialmente as funções dos governos locais em 1917. Por fim, tinham o Partido Bolchevique em si – uma instituição cuja função prévia de preparar e realizar uma revolução era claramente inadequada para a situação depois de Outubro.

A velha burocracia governamental, agora sob controle soviético, ainda empregava muitos funcionários e técnicos herdados do regime tsarista, e os bolcheviques temiam sua capacidade de minar e sabotar as políticas revolucionárias do partido. Lênin escreveu em 1922 que a "nação conquistada" da velha Rússia já estava em processo de impor seus valores aos "conquistadores" comunistas:

Se pensarmos em Moscou, com seus 4700 comunistas em posições de responsabilidade, e se pensarmos na imensa máquina burocrática, nesse trambolho gigantesco, devemos perguntar: quem está dirigindo quem? Duvido muito que se possa afirmar verdadeiramente que os comunistas estão dirigindo esse trambolho. A bem da verdade, eles não estão dirigindo, estão sendo dirigidos[...] [A] cultura [da velha burocracia] é desprezível, insignificante, mas ainda está em um nível mais elevado que a nossa. Por mais desprezível e baixa que seja, é mais elevada que a dos nossos administradores comunistas responsáveis, pois estes carecem de capacidade administrativa.[11]

Embora Lênin enxergasse o perigo dos valores comunistas tragados pela velha burocracia, ele acreditava que os comunistas não tinham alternativa senão trabalhar com ela. Eles precisavam da expertise técnica da velha burocracia – não apenas da expertise administrativa, mas também do conhecimento especializado em campos como as finanças governamentais, a administração das ferrovias, o dos pesos e medidas, ou dos levantamentos geológicos que os comunistas não podiam ter esperança de suprir. Na visão de Lênin, qualquer membro do partido que não reconhecesse a necessidade que o novo regime tinha de "especialistas burgueses" – incluindo aqueles que haviam trabalhado como funcionários ou consultores para o velho regime – era culpado de "presunção comunista", isto é, uma crença ignorante e infantil de que os comunistas podiam resolver todos os problemas por conta própria. Demoraria um bom tempo até que o partido pudesse ter a esperança de treinar um número suficiente de especialistas comunistas. Até então, eles teriam que aprender a trabalhar com os técnicos burgueses e, ao mesmo tempo, mantê-los sob firme controle.

As concepções de Lênin quanto aos técnicos costumavam ser aceitas por outros líderes do partido, mas eram menos populares junto aos comunistas da base. A maioria dos comunistas teve pouca consideração pelo tipo de expertise exigida nos níveis mais elevados do governo. Mas tinham uma ideia clara do que significava num nível local quando modestos funcionários do antigo regime conseguiam abrir caminho até empregos similares junto ao soviete, ou quando acontecia de um chefe de contabilidade desaprovar as atividades dos comunistas locais em sua fábrica, ou mesmo quando o professor primário da aldeia era um religioso que criava problemas para o Komsomol e ensinava catecismo na escola.

Para a maioria dos comunistas parecia óbvio que, se algo importante tinha que ser feito, era melhor fazê-lo por meio do partido. Claro que o aparelho central do partido não podia competir com a imensa burocracia num nível administrativo cotidiano, pois era pequeno demais para isso. Mas num âmbito local, onde os comitês do partido e os sovietes estavam começando do zero, a situação era diferente. O comitê partidário começou a emergir como autoridade local hegemônica depois da Guerra Civil, e o soviete estava rebaixado a um papel secundário não muito diferente daquele do antigo *zemstvo*. As diretrizes transmitidas por meio da cadeia de comando partidária (do Politburo, do Orgburo ou do Comitê Central até os comitês locais do partido) tinham uma chance maior de ser implantadas do que a massa de decretos e instruções que vinham do governo central para os pouco cooperativos e frequentemente caóticos sovietes. O governo não tinha poder de contratar e demitir o pessoal dos sovietes, e tampouco detinha muito controle orçamentário efetivo. Os comitês partidários, por sua vez, estavam ocupados por comunistas que eram obrigados, por disciplina partidária, a obedecer a instruções vindas de órgãos partidários superiores. Os secretários do partido que chefiavam os comitês, embora formalmente eleitos pelas organizações partidárias locais, podiam na prática ser afastados e substituídos pelo Secretariado do Comitê Central.

Contudo, havia um problema. O aparelho partidário – uma hierarquia de comitês e quadros (realmente funcionários nomeados), coroada pelo Secretariado do Comitê Central – era, para todos os efeitos e propósitos, uma burocracia; e burocracia era algo com que os comunistas antipatizavam por princípio. Na batalha de sucessão de meados dos anos 1920 (ver adiante pp. 159-61), Trótski tentou desacreditar Stálin, o secretário-geral do partido, ao denunciar que ele havia construído uma burocracia partidária e a estava manipulando para seus próprios objetivos políticos. No entanto, essas críticas pareceram ter pouco impacto sobre o partido como um todo. Um motivo era que a indicação (em vez de eleição) de secretários do partido se afastava bem menos da tradição bolchevique do que Trótski alegava: nos velhos tempos do partido clandestino pré-1917, os comitês sempre dependeram fortemente da liderança de revolucionários profissionais enviados pelo Centro Bolchevique; e mesmo quando os comitês saíram da clandestinidade em 1917, era mais comum que fizessem pedidos urgentes de "quadros do Centro" do que insistissem em seu direito democrático de escolher a própria liderança local.

Em termos mais gerais, porém, parece que a maioria dos comunistas simplesmente não encarava o aparelho partidário como uma burocracia no sentido pejorativo. Para eles (como para Max Weber), uma burocracia operava mediante a aplicação de um corpo claramente definido de legislação e jurisprudência, e se caracterizava também por um alto grau de especialização e respeito pela expertise profissional. Acontece que o aparelho partidário dos anos 1920 não era especializado em grau significativo algum, e (exceto em questões militares e de segurança) não respeitava especialistas profissionais. Seus funcionários não eram incentivados a "seguir o manual e as leis": nos primeiros anos, não houve compilações de decretos partidários aos quais se pudesse recorrer, e mais tarde qualquer secretário que cumprisse ao pé da letra uma instrução anterior do Comitê Central, em vez de responder ao espírito da linha partidária então em vigor, seria provavelmente acusado de "tendências burocráticas".

Quando comunistas afirmavam que não queriam uma burocracia, isso significava que eles não queriam uma estrutura administrativa que não respondesse ou não pudesse responder a comandos revolucionários. Justamente por isso, queriam muito dispor de uma estrutura administrativa que *respondesse* a comandos revolucionários – uma burocracia cujos funcionários estivessem dispostos a aceitar ordens dos líderes da revolução e ávidos por implementar políticas de mudança social radical. Essa era a função revolucionária que o aparelho partidário (ou burocracia) podia desempenhar, e a maioria dos comunistas reconhecia isso instintivamente.

A maioria dos comunistas também acreditava que os órgãos da "ditadura do proletariado" deveriam ser proletários, querendo dizer com isso que antigos operários deveriam deter os cargos administrativos de confiança. Podia não ser exatamente o que Marx quis dizer com ditadura do proletariado, e também não era exatamente o que Lênin pretendia. (Os operários "gostariam de constituir um aparelho melhor para nós", escreveu Lênin em 1923, "mas não sabem como. Eles não podem constituí-lo. Não desenvolveram ainda a cultura necessária para isso; e o que se requer é cultura".[12] Não obstante, era ponto pacífico em todos os debates no partido que a saúde política de uma instituição, seu fervor revolucionário e sua imunidade à "degeneração burocrática" estavam diretamente relacionados com a porcentagem de seus quadros que provinha da classe operária. O critério de classe era aplicado a todas as burocracias, incluindo o aparelho partidário. Era também aplicado ao recrutamento de membros do próprio partido, o que afetaria necessariamente a composição da elite administrativa soviética no futuro.

Em 1921, a classe operária industrial estava em frangalhos e seu relacionamento com o regime passava por um momento de crise. Mas em 1924 o renascimento econômico havia aliviado parte das dificuldades, e a classe operária começava a se recuperar e crescer. Foi naquele ano que o partido reafirmou seu compromisso com uma identidade proletária anunciando o Recrutamento Lênin, uma campanha para recrutar centenas de milhares de operários como membros do partido. Implícito nessa decisão estava um compromisso de continuar criando uma "ditadura do proletariado" por meio do incentivo à ocupação de cargos administrativos por operários.

Em 1927, após três anos de intenso recrutamento junto à classe operária, o Partido Comunista tinha um total de mais de 1 milhão de membros efetivos e candidatos, dos quais 39% estavam empregados como operários e 56% eram operários quando se filiaram ao partido.[13] A diferença entre essas duas porcentagens indica o tamanho aproximado do grupo de comunistas operários que tinham passado a ocupar cargos administrativos e outros empregos burocráticos. Para operários que ingressaram no partido na primeira década do poder soviético, a probabilidade de uma promoção subsequente a funções administrativas (mesmo excluindo promoções posteriores a 1927) era de pelo menos 50%.

O aparelho partidário era um destino mais popular para comunistas operários ascendentes do que a burocracia governamental, em parte porque os operários se sentiam mais à vontade em um ambiente partidário e em parte porque deficiências educacionais eram um problema menor para um secretário local do partido do que, digamos, para um chefe de departamento no Comissariado de Finanças do governo. Em 1927, 49% dos comunistas em posições de confiança no aparelho partidário eram ex-operários, ao passo que a proporção destes entre os comunistas na burocracia governamental ou dos sovietes era de 35%. A discrepância era ainda mais marcada nos níveis mais elevados da hierarquia administrativa. Muito poucos comunistas dos cargos governamentais de primeiro escalão eram da classe operária, enquanto quase metade dos secretários regionais do partido (chefes das divisões administrativas *óblast, gubérniia* e *krai*) era de ex-operários.[14]

A luta pelo comando

Enquanto Lênin viveu, os bolcheviques o reconheciam como o líder do partido. Não obstante, o partido não tinha formalmente um líder, e melindrava os comunistas pensar que precisavam de um. Em momentos de turbulência política, não era raro que camaradas do partido censurassem Lênin por se fiar demais em sua autoridade pessoal; e, embora Lênin geralmente insistisse em impor suas visões, ele não exigia adulação ou manifestações especiais de respeito. Os bolcheviques tinham desprezo por Mussolini e seus fascistas italianos, encarando-os como primitivos políticos por se vestirem em uniformes de ópera-bufa e jurarem lealdade ao *Duce*. Além disso, eles tinham aprendido lições da história, e não pretendiam deixar a Revolução Russa degenerar como a Revolução Francesa quando Napoleão Bonaparte se declarou imperador. O bonapartismo – a transformação de um comandante de guerra revolucionário num ditador – era um perigo frequentemente discutido no Partido Bolchevique, em geral com referência implícita a Trótski, o criador do Exército Vermelho e herói da juventude comunista durante a Guerra Civil. Presumia-se que qualquer potencial Bonaparte seria uma figura carismática, capaz de oratória inflamada e concepções grandiosas, provavelmente vestindo uniforme militar.

Lênin morreu em janeiro de 1924. Sua saúde vinha se deteriorando seriamente desde meados de 1921, e a partir de então ele só se manteve ativo de modo intermitente na vida política. Um derrame em maio de 1922 o deixou parcialmente paralisado, e um segundo derrame em março de 1923 resultou em mais paralisia e perda da fala. Sua morte política, portanto, foi um processo gradual, e o próprio Lênin foi capaz de observar seus primeiros resultados. Suas responsabilidades como chefe do governo foram assumidas por três comissários, dos quais o mais importante era Aleksei Ríkov, que se tornou sucessor de Lênin como presidente do Conselho de Comissários do Povo em 1924. Mas estava claro que o principal centro de poder não estava no governo, e sim no Politburo do partido, que contava com sete membros efetivos, incluindo Lênin. Os outros membros do Politburo eram Trótski (comissário da Guerra), Stálin (secretário-geral do partido), Zinóviev (chefe da organização do partido em Leningrado e também chefe do Comintern), Kámenev (chefe da organização do partido em Moscou), Ríkov (primeiro vice-presidente do Conselho de Comissários do Povo) e Mikhail Tómski (chefe do Conselho Central de Sindicatos).

Durante a enfermidade de Lênin – e certamente depois da sua morte – o Politburo comprometeu-se a agir como liderança coletiva, e todos os seus membros negavam com veemência que um deles pudesse substituir Lênin ou aspirar a uma posição de autoridade similar. Não obstante, uma feroz, ainda que bastante furtiva, luta pela sucessão estava em curso em 1923, com o triunvirato de Zinóviev, Kámenev e Stálin posicionado contra Trótski. Trótski – o elemento estranho na liderança, tanto por sua entrada tardia no Partido Bolchevique como por seu desempenho espetacular desde então – era percebido como um competidor ambicioso pela posição máxima, embora o negasse com firmeza. No *Novo curso*, escrito no final de 1923, Trótski revidou com o alerta de que a velha guarda do Partido Bolchevique estava perdendo seu espírito revolucionário, sucumbindo ao "faccionalismo burocrático-conservador" e comportando-se cada vez mais como uma pequena elite dirigente cuja única preocupação era permanecer no poder.

Lênin, afastado do comando ativo por causa da saúde mas ainda capaz de observar as manobras dos aspirantes à sucessão, estava desenvolvendo uma visão similarmente ressentida do Politburo, que ele começou a descrever como uma "oligarquia". No chamado "Testamento" de dezembro de 1922, Lênin examinou as qualidades de vários líderes partidários – incluindo os dois que ele identificava como excepcionais, Stálin e Trótski – e, na prática, desaprovou todos com um louvor fingido. Em seu comentário sobre Stálin, disse que ele acumulara poderes enormes como secretário-geral do partido, mas talvez não usasse sempre esses poderes com cautela suficiente. Uma semana mais tarde, depois de um entrevero entre Stálin e a mulher de Lênin, Nadejda Krúpskaia, acerca do governo do enfermo Lênin, este acrescentou um pós-escrito ao Testamento dizendo que Stálin era "rude demais" e devia ser afastado de sua posição como secretário-geral.[15]

Ao mesmo tempo, muitos bolcheviques teriam ficado surpresos ao ver Stálin classificado como equivalente a Trótski em estatura política. Stálin não tinha nenhum dos atributos que os bolcheviques normalmente associavam a uma liderança extraordinária. Não era uma figura carismática, nem um orador hábil, nem um teórico marxista notável como Lênin ou Trótski. Não era um herói de guerra, um filho virtuoso da classe operária e nem mesmo um indivíduo muito intelectualizado. Era um "borrão cinza", nas palavras de Nikolai Sukhánov – um bom político de bastidores, um especialista no funcionamento interno do partido, mas um homem sem distinção pessoal. A suposição generalizada era de que Zinóviev, e não Stálin, era o membro predominante do triunvirato do Politburo. Lênin, porém, estava em uma posição melhor que a da maioria para avaliar as capacidades de Stálin, pois fora sido seu braço direito na luta interna do partido em 1920-1.

A batalha do triunvirato contra Trótski chegou ao ápice no inverno de 1923-4. A despeito da existência de uma proibição formal de facções partidárias, a situação era em muitos aspectos comparável à de 1920-1, e Stálin adotou uma estratégia parecida com a de Lênin na época. Nas discussões partidárias e na eleição de delegados para a XIII Conferência do Partido, os apoiadores de Trótski fizeram campanha como oposição, enquanto o aparelho partidário era mobilizado em apoio à "maioria do Comitê Central", isto é, ao triunvirato. A "maioria do Comitê Central" venceu, embora houvesse bolsões de apoio a Trótski nas células partidárias da burocracia do governo central, nas universidades e no Exército Vermelho.[16] Depois da votação inicial, um ataque intensivo contra as células pró-Trótski induziu muitas delas a bandear--se para o lado da maioria. Poucos meses depois, quando os delegados foram eleitos, na primavera de 1924, para o então iminente Congresso Partidário, o apoio a Trótski pareceu ter evaporado quase por completo.

Foi essencialmente uma vitória da máquina partidária – isto é, uma vitória de Stálin, o secretário-geral. Ele estava em uma posição que lhe permitia manipular o que um estudioso rotulou de "fluxo circular de poder".[17] O Secretariado indicava os secretários que comandavam as organizações partidárias locais, e podia também afastá-los caso manifestassem tendências faccionárias indesejáveis. As organizações partidárias locais elegiam delegados às conferências e congressos nacionais do partido, e era cada vez mais comum que os secretários fossem eleitos no topo da lista local de delegados. Os congressos nacionais do partido, por sua vez, elegiam os membros do Comitê Central, do Politburo e do Orgburo – e, evidentemente, do Secretariado. Em resumo, o secretário-geral podia não somente punir adversários políticos, mas também encher os congressos com quem confirmaria seu mandato no cargo. Superada a batalha crucial de 1923-4, Stálin passou a consolidar sistematicamente sua vantagem. Em 1925, ele rompeu com Zinóviev e Kámenev, obrigando-os a uma oposição defensiva na qual eles pareciam agressores. Mais tarde, Zinóviev e Kámenev juntaram-se a Trótski numa oposição unificada, que Stálin derrotou com facilidade, com a ajuda de um grupo leal e determinado – incluindo os futuros líderes do governo e da indústria Viatcheslav Mólotov e Sergó Ordjonikidze – agora reunido ao seu redor.[18] Muitos oposicionistas foram enviados a cargos em províncias distantes; e, embora os líderes da oposição ainda pudessem tomar a palavra nos congressos partidários, havia tão poucos delegados oposicionistas que os líderes pareciam encrenqueiros irresponsáveis que tinham perdido por completo o contato com o ânimo do partido. Em 1927, os líderes da oposição e muitos de seus apoiadores foram finalmente expulsos do partido por romper a regra contra o faccionalismo. Trótski e uma porção de outros oposicionistas foram mandados para o exílio administrativo em províncias distantes.

No conflito entre Stálin e Trótski várias questões vieram à tona, particularmente em relação à estratégia de industrialização e à política voltada para os camponeses. Mas Stálin e Trótski não estavam profundamente divididos quanto a essas questões essenciais (ver adiante pp. 167-71): ambos eram industrializadores sem nenhuma sensibilidade em relação ao campesinato, embora a posição pública de Stálin em meados dos anos 1920 fosse mais moderada que a de Trótski; alguns anos depois Stálin seria acusado de roubar diretrizes de Trótski no impulso para a rápida industrialização contido no Primeiro Plano Quinquenal. Para os membros da base do partido, as desavenças entre os competidores em torno dos problemas eram percebidos com muito menos clareza que algumas de suas características pessoais. Trótski era conhecido amplamente (embora nem sempre em tom favorável) como um intelectual judeu que mostrara inclemência e um estilo flamejante e carismático de liderança durante a Guerra Civil; Stálin, uma figura mais neutra e obscura, era conhecido como nada carismático, nem intelectual, nem judeu.

Em certo sentido, a verdadeira questão num conflito entre uma máquina partidária e seus contestadores é a própria máquina. Assim, independentemente de suas desavenças com a facção hegemônica, todas as oposições dos anos 1920 terminavam com a mesma queixa central: o partido havia se tornado "burocratizado" e Stálin matara a tradição de democracia partidária interna.[19] Esse ponto de vista "oposicionista" chegou a ser atribuído a Lênin em seus últimos anos[20] – e talvez com alguma justiça, uma vez que Lênin também tinha sido afastado do círculo fechado de líderes, embora em seu caso a causa fosse a saúde e não uma derrota política. Seria difícil ver Lênin, o mentor de Stálin em tantos aspectos, como um verdadeiro convertido à causa da democracia partidária contra a máquina do partido. No passado, não tinha sido a concentração de poder em si que preocupara Lênin, mas saber em que mãos o poder ficaria concentrado. Na mesma linha, no Testamento de dezembro de 1922, Lênin não propôs reduzir os poderes do Secretariado do partido. Ele simplesmente disse que outra pessoa, que não Stálin, deveria ser indicada secretário-geral.

Ainda assim, a despeito dos elementos de continuidade entre Lênin e o Stálin dos anos 1920, a morte de Lênin e a luta pela sucessão constituíram um ponto de inflexão. Ao buscar o poder, Stálin usou métodos leninistas contra seus adversários, e os utilizou com uma eficácia e uma inclemência que Lênin – cuja autoridade pessoal no partido estava estabelecida havia muito tempo – nunca adotou. Quando chegou ao poder, Stálin começou a assumir o velho papel de Lênin: primeiramente entre seus pares no Politburo. E Lênin, enquanto isso, fora transformado, em razão de sua morte, no Líder, dotado de qualidades quase divinas, isento de erro ou mácula, com o corpo embalsamado e exibido com reverência no Mausoléu de Lênin para a inspiração do povo.[21] O culto póstumo a Lênin tinha destruído o velho mito bolchevique de um partido sem líder. Se o novo líder desejava tornar-se mais do que o primeiro entre iguais, já contava com um alicerce sobre o qual edificar.

Construindo o socialismo num só país

Os bolcheviques resumiam seus objetivos no poder como "a construção do socialismo". Por mais vago que fosse seu conceito de socialismo, eles tinham uma ideia clara de que a chave para "construir o socialismo" era o desenvolvimento econômico e a modernização. Como pré-requisitos para o socialismo, a Rússia precisava de mais fábricas, ferrovias, maquinário e tecnologia. Precisava também de urbanização, de um deslocamento populacional do campo para as cidades e de uma classe operária muito maior e permanente. Precisava de um índice maior de alfabetização, de mais escolas, de mais trabalhadores qualificados e engenheiros. Construir o socialismo significava transformar a Rússia em uma sociedade industrial moderna.

Os bolcheviques tinham uma imagem clara dessa transformação porque era a transformação empreendida pelo capitalismo nos países mais avançados do Ocidente. Mas os bolcheviques haviam tomado o poder "prematuramente" – isto é, haviam se incumbido de fazer na Rússia o trabalho dos capitalistas. Os mencheviques consideravam isso arriscado na prática e muito duvidoso na teoria. Os próprios bolcheviques não sabiam muito bem como isso seria levado a cabo. Nos primeiros anos depois da Revolução de Outubro, eles frequentemente sugeriam que a Rússia precisaria da ajuda da Europa Ocidental industrializada (assim que a Europa tivesse seguido o exemplo revolucionário da Rússia) para avançar rumo ao socialismo. Todavia, o movimento revolucionário na Europa ruiu, deixando os bolcheviques ainda sem saber como proceder, mas determinados a construir de algum modo seu caminho. Em 1923, rememorando a velha discussão sobre a revolução prematura, Lênin continuava a julgar as objeções dos mencheviques como "infinitamente banais". Em uma situação revolucionária, como afirmou Napoleão a respeito da guerra, *"on s'engage et puis on voit"* [a gente entra e depois vê]. Os bolcheviques tinham assumido o risco e, concluía Lênin, não poderia agora – seis anos depois – haver dúvida de que "no conjunto" eles tinham sido bem-sucedidos.[22]

Talvez fosse um jeito de dourar a pílula, pois mesmo os bolcheviques mais otimistas ficaram abalados com a situação econômica que precisaram encarar no final da Guerra Civil. Era como se, zombando de todas as aspirações bolcheviques, a Rússia tivesse descartado o século XX e regredido, de um atraso relativo, a um atraso total. As cidades definharam, o maquinário enferrujava em fábricas abandonadas, minas estavam inundadas e metade da classe operária industrial fora aparentemente reabsorvida pelo campesinato. Conforme revelaria o censo de 1926, a Rússia europeia estava na verdade *menos* urbanizada nos anos imediatamente posteriores à Guerra Civil do que estivera em 1897. Os camponeses tinham retrocedido à agricultura tradicional de subsistência, tudo indica, com a intenção de recuperar a era dourada do passado, antes do advento da servidão.

A introdução da NEP em 1921 foi uma admissão de que os bolcheviques talvez pudessem fazer o serviço dos grandes capitalistas, mas por enquanto não podiam sobreviver sem os pequenos. Nas cidades, o comércio privado e a pequena indústria privada tiveram permissão para renascer. No campo, os bolcheviques já tinham deixado os camponeses levarem as coisas a seu modo quanto às terras, e agora estavam ansiosos por garantir que eles desempenhassem seu papel de produtores "pequenos-burgueses" confiáveis para o mercado urbano, bem como de consumidores de produtos manufaturados urbanos. A política de ajudar camponeses a consolidar suas propriedades (iniciada sob Stolípin) foi levada adiante pelas autoridades soviéticas nos anos 1920, sem nenhum ataque frontal à autoridade do *mir*. Do ponto de vista dos bolcheviques, a agricultura camponesa de pequena propriedade era preferível ao cultivo tradicional comunal e de quase subsistência da aldeia, e eles fizeram o possível para incentivá-la.

Mas a atitude dos bolcheviques em relação ao setor privado durante a NEP sempre foi ambivalente. Eles precisavam do setor para recuperar a economia esfacelada depois da Guerra Civil, e supunham que precisariam dele nos primeiros estágios do desenvolvimento econômico subsequente. No entanto, mesmo um renascimento parcial do capitalismo era ofensivo e apavorante para a maioria dos membros do partido. Quando "concessões" para a manufatura e a mineração foram dadas a empresas estrangeiras, autoridades soviéticas ficaram ansiosas e aturdidas, esperando o momento em que a o empreendimento parecesse sólido o bastante para que pudessem retirar a concessão e comprar a saída da empresa estrangeira. Empreendedores privados locais (*"Nepmen"*) eram tratados com grande desconfiança, e as restrições às suas atividades se tornaram tão onerosas na segunda metade dos anos 1920 que muitos negócios foram liquidados, e os *Nepmen* remanescentes adquiriram o aspecto sombrio de aproveitadores que atuavam nas franjas da lei.

A atuação dos bolcheviques quanto ao campesinato durante a NEP foi ainda mais contraditória. A agricultura coletiva e de grande escala era seu objetivo de longo prazo, mas o bom senso convencional de meados dos anos 1920 dizia que essa era uma perspectiva apenas para o futuro distante. Até lá, o campesinato devia ser acalmado e autorizado a seguir seu próprio caminho pequeno-burguês; e era do interesse econômico do Estado incentivar os camponeses a melhorar seus métodos agrícolas e aumentar a produção. Isso significava que o regime devia tolerar e até aprovar os camponeses que trabalhavam arduamente e tinham êxito com sua agricultura individual.

Na prática, porém, os bolcheviques eram extremamente desconfiados dos camponeses que se tornavam mais prósperos que seus vizinhos. Eles encaravam esses camponeses como potenciais exploradores e capitalistas rurais, classificando-os com frequência de *kulaki*, o que significava que eles sofriam várias formas de discriminação, incluindo a perda de direitos eleitorais. Apesar de seu discurso para forjar uma aliança com o camponês "médio" (a categoria entre "próspero" e "pobre", na qual caía a grande maioria de todos os camponeses), os bolcheviques estavam continuamente alerta a sinais de diferenciação de classe no seio do campesinato, esperando por uma chance de atirar-se a um confronto de classes e apoiar os camponeses pobres contra os mais ricos.

Mas era a cidade, não a aldeia, que os bolcheviques viam como a chave para o desenvolvimento econômico. Quando falavam em construir o socialismo, o principal processo que tinham em mente era a industrialização, que, em última instância, transformaria não somente a economia urbana, mas também a rural. Logo após a Guerra Civil, a recuperação da produção industrial aos níveis de 1913 já parecia uma tarefa gigantesca: o plano de eletrificação de Lênin foi praticamente o único projeto de desenvolvimento de longo alcance da primeira metade dos anos 1920, e, considerando toda a publicidade que lhe foi dada, as metas originais eram bem modestas.

Porém, em 1924-5, uma inesperada e rápida recuperação econômica, industrial e geral provocou uma onda de otimismo entre os líderes bolcheviques, e uma reavaliação das possibilidades de um grande desenvolvimento industrial no futuro próximo. Feliks Dzerjínski, chefe da Tcheka durante a Guerra Civil e um dos melhores organizadores do partido, assumiu a presidência do Conselho Econômico Supremo (Vesenkha) em 1924 e começou a moldá-lo como um poderoso ministério da indústria que, como seus predecessores tsaristas, concentrava amplamente o foco no desenvolvimento de indústrias metalúrgicas, siderúrgicas e de máquinas. O novo otimismo quanto a um rápido desenvolvimento industrial se refletiu na declaração confiante de Dzerjínski no final de 1925:

> Essas novas tarefas [de industrialização] não são apenas tarefas do tipo que considerávamos em termos abstratos há dez, quinze ou mesmo vinte anos, quando afirmávamos ser impossível construir o socialismo sem estabelecer uma via para a industrialização do país. Agora não estamos colocando a questão em um plano teórico geral, mas como um objetivo definido, concreto, de toda nossa atividade econômica atual.[23]

Não havia uma divergência real entre os líderes do partido quanto à conveniência de uma industrialização rápida, embora, inevitavelmente, o tema tenha sido discutido nas lutas de facções de meados dos anos 1920. Trótski, um dos poucos bolcheviques que apoiava ativamente o planejamento econômico estatal mesmo nos lúgubres primeiros anos da NEP, teria ficado contente em defender a causa da industrialização contra seus adversários políticos. Contudo, em 1925 Stálin deixou evidente que a industrialização agora era problema *seu* e uma de suas mais altas prioridades. No oitavo aniversário da

Revolução de Outubro, Stálin comparou a então recente decisão do partido de levar adiante a industrialização por meio de um Plano Quinquenal com a grandiosa decisão de Lênin de tomar o poder político em 1917.[24] Era uma comparação ousada, sugerindo não apenas a estatura que Stálin conferia a si mesmo mas também a importância que atribuía à política de industrialização. Ao que parecia, ele estava reservando seu lugar na história como sucessor de Lênin: seria Stálin, o Industrializador.

A nova orientação do partido foi expressa no slogan de Stálin "Socialismo num só país". Isso significava que a Rússia estava se preparando para industrializar-se, para tornar-se forte e poderosa, e para criar com seus próprios esforços, sem ajuda externa, as precondições do socialismo. Modernização nacional, e não revolução internacional, era o objetivo primordial do Partido Comunista Soviético. Os bolcheviques não precisavam de revoluções na Europa como amparo à sua própria revolução proletária. Não precisavam da boa vontade de estrangeiros – fossem eles revolucionários ou capitalistas – para construir o poder soviético. Suas próprias forças seriam suficientes, como tinham sido em outubro de 1917, para vencer a luta.

Levando em conta o fato inegável do isolamento soviético no mundo e a intenção de Stálin de industrializar a todo custo, "Socialismo num só país" era uma frase de ordem útil e uma boa estratégia política. Só que era o tipo de estratégia que os velhos bolcheviques, formados numa escola rigorosa de teoria marxista, se sentiam frequentemente obrigados a contestar, mesmo quando não tinham nenhuma objeção prática importante. Havia, afinal de contas, problemas *teóricos* a serem aplainados, sugestões implícitas perturbadoras de chauvinismo nacional, como se o partido quisesse adular as massas atrasadas da população soviética. Primeiro Zinóviev (chefe do Comintern até 1926) e depois Trótski morderam a isca, levantando objeções ao "Socialismo num só país" que eram ideologicamente impecáveis e politicamente desastrosas. Essas objeções possibilitaram a Stálin difamar seus adversários, ao mesmo tempo que salientaram a vantagem política de Stálin por ter assumido uma defesa da construção da nação e do vigor nacional russo.[25]

Quando Trótski, um intelectual judeu, lembrou que os bolcheviques sempre foram internacionalistas, os defensores de Stálin o retrataram como um cosmopolita que se importava menos com a Rússia do que com a Europa. Quando Trótski asseverou corretamente que não era menos industrializador que Stálin, os homens de Stálin recordaram que ele, Trótski, defendera o recrutamento militar de trabalhadores em 1920 e assim, à diferença de Stálin, era provavelmente um industrializador disposto a sacrificar os interesses da classe operária. Para piorar, quando a questão do financiamento da industrialização veio à tona, e Trótski argumentou que o comércio e o crédito exteriores eram essenciais para que a população russa não fosse arrochada de modo insuportável, isso serviu como mais uma prova do "internacionalismo" de Trótski – sem mencionar sua falta de realismo, já que parecia cada vez mais improvável conseguir acesso ao comércio e ao crédito estrangeiros de larga escala. Stálin, por sua vez, ocupava a posição simultaneamente patriótica e pragmática: a União Soviética não precisava e não desejava implorar favores ao Ocidente capitalista.

No entanto, o financiamento do impulso de industrialização era um problema sério, que não podia ser descartado por floreios retóricos. Os bolcheviques sabiam que a acumulação de capital fora um pré-requisito para a revolução industrial burguesa, e que, como Marx descrevera vividamente, esse processo significara sofrimento para a população. O regime soviético também precisava acumular capital para se industrializar. A velha burguesia russa já havia sido expropriada, e a nova burguesia dos *Nepmen* e *kulaki* não tivera tempo ou oportunidade de acumular muito. Se politicamente isolada como resultado da revolução, a Rússia não podia mais seguir o exemplo de Witte e obter capital do Ocidente, o regime devia explorar seus próprios recursos e os da população, ainda de predominância camponesa. É possível que com isso a industrialização significasse "arrochar o campesinato"? Caso a resposta fosse positiva, conseguiria o regime sobreviver ao confronto político que provavelmente se seguiria?

Em meados dos anos 1920 essa questão foi objeto de um debate entre Preobrajénski, oposicionista, e Bukhárin, então stalinista. Esses dois, que haviam escrito juntos o *ABC do comunismo*, eram ambos ilustres teóricos marxistas, especializados, respectivamente, em teoria econômica e política. Em seu debate, Preobrajénski – argumentando como um economista – afirmava que seria necessário cobrar "tributo" do campesinato para pagar a industrialização, em grande medida voltando os termos de troca contra o setor rural. Bukhárin considerava isso inaceitável em termos políticos, objetando que algo assim provavelmente indisporia os camponeses, e que o regime não podia correr o risco de romper a aliança operário-camponesa que Lênin descrevera como a base política da NEP. O resultado do debate foi inconclusivo, uma vez que Bukhárin concordava que era necessário industrializar e portanto acumular capital de algum modo, e Preobrajénski concordava que a coerção e a confronto violento com o campesinato eram inaceitáveis.[26]

Stálin não participou do debate, o que levou muita gente a supor que ele compartilhava a posição de seu aliado Bukhárin. No entanto, havia algumas indicações de que a atitude de Stálin quanto ao campesinato era menos conciliatória que a de Bukhárin: ele adotara uma linha mais dura em relação ao perigo *kulak*, e em 1925 se descolou explicitamente da alegre exortação de Bukhárin para que os camponeses "enriquecessem" com as bênçãos do regime. Além disso, Stálin se comprometera firmemente com um impulso de industrialização; e a conclusão a ser extraída do debate Preobrajénski-Bukhárin era de que a Rússia deveria adiar sua industrialização ou arriscar um grande confronto com o campesinato. Stálin não era homem de anunciar de antemão políticas impopulares, mas com a perspectiva fornecida pelo tempo, não é difícil adivinhar qual das conclusões ele preferia. Conforme ele anotou em 1927, a recuperação econômica da NEP, que elevara a produção industrial e o tamanho do proletariado industrial quase a níveis pré-guerra, tinha alterado o equilíbrio de poder entre a cidade e o campo em favor da cidade. Stálin pretendia industrializar, e se isso significasse um confronto político com o campo, ele achava que "a cidade" – isto é, o proletariado urbano e o regime soviético – venceria.

Ao apresentar a NEP em 1921, Lênin a descreveu como um recuo estratégico, um tempo para os bolcheviques juntarem forças e recuperarem energia antes de retomar a investida revolucionária. Menos de uma década depois, Stálin abandonou a maior parte das diretrizes da NEP e iniciou uma nova fase de mudança revolucionária com o impulso de industrialização do Primeiro Plano Quinquenal e a coletivização da agricultura camponesa. Stálin afirmava, e sem dúvida acreditava, que esse era o verdadeiro rumo leninista, o caminho que o próprio Lênin teria seguido se estivesse vivo. Outros líderes partidários, incluindo Bukhárin e Ríkov, discordavam, como será discutido no próximo capítulo, lembrando que Lênin afirmava que as diretrizes moderadas e conciliatórias da NEP deveriam ser seguidas "seriamente e por um longo tempo" antes que o regime pudesse ter esperança de dar novos passos decisivos rumo ao socialismo.

Os historiadores se dividem quanto ao legado político de Lênin. Alguns aceitam Stálin como seu verdadeiro herdeiro, para o bem ou para o mal, enquanto outros veem Stálin essencialmente como um traidor da revolução de Lênin. Trótski, é evidente, assumia a segunda posição e via a si próprio como o herdeiro rival, mas não tinha em princípio nenhuma discordância real quanto ao abandono da NEP por Stálin, ou quanto a seu ímpeto de transformação econômica e social durante o Primeiro Plano Quinquenal. Nos anos 1970, e depois brevemente na era da Perestroika de Gorbatchóv na União Soviética, era a "alternativa Bukhárin" que atraía pesquisadores que viam uma divergência fundamental entre o leninismo (ou "bolchevismo original") e o stalinismo.[27] A alternativa Bukhárin era, na prática, uma continuação da NEP pelo futuro previsível, acarretando pelo menos a possibilidade de que, tendo conquistado o poder, os bolcheviques pudessem alcançar suas metas econômicas e sociais por meios evolutivos.

Saber se Lênin teria abandonado a NEP no final dos anos 1920 caso estivesse vivo é uma das questões de conjectura histórica que nunca terão uma resposta definitiva. Em seus últimos anos, 1921-3, ele estava pessimista quanto às perspectivas de mudança radical – assim como todos os líderes bolcheviques naquela época – e ansioso por desestimular qualquer lamento persistente no partido pelas diretrizes do comunismo de guerra que acabavam de ser descartadas. Mas ele era um pensador e político excepcionalmente volúvel, cujo estado de espírito – como o de outros líderes bolcheviques – talvez tivesse mudado de modo abrupto em resposta à inesperada e rápida recuperação econômica de 1924-5. Em janeiro de 1917, afinal de contas, Lênin julgara possível que "as batalhas decisivas desta revolução" não acontecessem durante sua vida, mas em setembro do mesmo ano ele estava insistindo na absoluta necessidade de tomar o poder em nome do proletariado. Lênin em geral não gostava de ser uma vítima passiva das circunstâncias, essencialmente como os bolcheviques viam sua posição sob a NEP. Ele era um revolucionário por temperamento, e a NEP não era de modo algum a realização de seus objetivos revolucionários em termos econômicos e sociais.

Para além do debate sobre Lênin, existe a questão mais ampla de saber se o Partido Bolchevique como um todo estava disposto a aceitar a NEP como o desfecho e resultado da Revolução de Outubro. Depois da denúncia por Khruschóv dos desmandos da era Stálin no XX Congresso do Partido, em 1956, muitos intelectuais soviéticos da velha geração escreveram memórias de sua juventude nos anos 1920 nas quais a NEP aparecia como uma época de ouro; e historiadores ocidentais muitas vezes adotam a mesma visão. Mas as virtudes da NEP em retrospecto – distensão e diversidade relativas no seio da sociedade, uma atitude comparativamente liberal por parte do regime – não eram qualidades muito apreciadas pelos revolucionários comunistas na época. Os comunistas dos anos 1920 temiam os inimigos de classe, não toleravam o pluralismo cultural, e se inquietavam com a falta de unidade no comando partidário e com a perda de senso de direção e propósito. Queriam que sua revolução transformasse o mundo, mas ficou evidente durante a NEP o quanto do velho mundo tinha sobrevivido.

Para os comunistas, a NEP tinha um ar de Termidor, o período de degeneração da grande Revolução Francesa. Em 1926-7, a luta entre o comando do partido e a oposição atingiu novos patamares de virulência. Cada um dos lados acusava o outro de conspirar e trair a revolução. Analogias com a Revolução Francesa eram citadas com frequência, às vezes em relação à ameaça de "degeneração termidoriana", às vezes – de modo agourento – em referência aos efeitos salutares da guilhotina. (No passado, intelectuais bolcheviques se orgulhavam do conhecimento da história revolucionária que lhes ensinara que a ruína das revoluções acontecia quando elas começavam a devorar seus próprios filhos.)[28]

Havia sinais, também, de que a sensação de mal-estar não se limitava à elite do partido. Muitos comunistas e simpatizantes de base, especialmente entre os jovens, estavam desiludidos, inclinados a acreditar que a revolução chegara a um impasse. Operários (incluindo operários comunistas) se ressentiam dos privilégios dos "técnicos burgueses" e autoridades soviéticas, dos lucros de *Nepmen* impiedosos, do alto índice de desemprego e da perpetuação da desigualdade de oportunidades e de padrões de vida. Agitadores e propagandistas do partido tinham sempre que responder a pergunta raivosa: "Lutamos tanto para quê?". O estado de ânimo no partido não era de satisfação pela jovem República Soviética ter finalmente encontrado um porto seguro. Era um estado de inquietação, insatisfação, de beligerância mal reprimida e, sobretudo entre a juventude do partido, de nostalgia pelos dias velhos e heroicos da Guerra Civil.[29]

Para o Partido Comunista — um partido jovem nos anos 1920, moldado pelas experiências da revolução e da Guerra Civil, e que ainda se enxergava como (na frase de Lênin de 1917) "a classe trabalhadora armada" — a paz talvez tenha vindo cedo demais.

5.
A revolução de Stálin

O esforço de industrialização do Primeiro Plano Quinquenal (1929-32) e a coletivização forçada da agricultura que o acompanhou têm sido descritos como uma "revolução de cima para baixo". Mas as imagens bélicas eram igualmente impróprias, e na época – "no calor da batalha", como comentadores soviéticos gostavam de afirmar – as metáforas de guerra eram ainda mais comuns que as revolucionárias. Comunistas eram "combatentes"; as forças soviéticas deveriam ser "mobilizadas" para os "fronts" de industrialização e coletivização; eram esperados "contra-ataques" e "emboscadas" dos inimigos de classe burgueses e *kulaki*. Era uma guerra contra o atraso russo, e ao mesmo tempo uma guerra contra os inimigos de classe do proletariado dentro e fora do país. Na visão de alguns historiadores posteriores, aquele foi, de fato, o período da "guerra de Stálin contra a nação".[1]

As imagens bélicas tinham claramente o objetivo de simbolizar um retorno ao espírito da Guerra Civil e do comunismo de guerra, e um repúdio aos compromissos nada heroicos da NEP. Stálin não estava simplesmente jogando com símbolos, pois em muitos aspectos a União Soviética, durante o Primeiro Plano Quinquenal, parecia de fato um país em guerra. A oposição política e a resistência aos programas de governo eram denunciadas como traições e frequentemente punidas com uma severidade quase de tempos de guerra. A necessidade de vigilância contra espiões e sabotadores tornou-se um tema constante na imprensa soviética. A população era exortada à solidariedade patriótica e precisaria fazer muitos sacrifícios pelo "esforço de guerra" da industrialização: como uma reedição suplementar (ainda que não intencional) das condições dos tempos de guerra, o racionamento foi reintroduzido nas cidades.

Embora a atmosfera de crise de tempos de guerra às vezes seja vista somente como resposta às tensões de uma drástica industrialização e coletivização, o fato é que ela ocorrera antes. O estado psicológico de emergência começou com o grande pânico de guerra de 1927, quando, no partido e no país como um todo, havia a crença bastante disseminada de que era iminente uma intervenção militar renovada das potências capitalistas. A União Soviética sofrera pouco tempo antes uma série de reveses em sua política externa e do Comintern: uma ofensiva britânica contra a missão comercial soviética (ARCOS) em Londres, o ataque do nacionalista Kuomintang contra seus aliados comunistas na China e o assassinato de um plenipotenciário diplomático soviético na Polônia. Trótski e outros oposicionistas culpavam Stálin pelos desastres da política externa, sobretudo na China. Vários líderes soviéticos e do Comintern interpretavam publicamente esses malogros como sinal de uma ativa conspiração antissoviética, comandada pela Grã-Bretanha, que desembocaria num violento ataque conjunto à União Soviética. A tensão doméstica se intensificou quando a GPU (sucessora da Tcheka) começou a deter supostos inimigos do regime, e a imprensa noticiou incidentes de terrorismo antissoviético e a descoberta de conspirações internas contra o regime. Na expectativa de uma guerra, camponeses começaram a estocar grãos em vez de comercializá-los; e houve uma corrida frenética para comprar bens de consumo básicos tanto por parte da população urbana como da rural.

A maior parte dos historiadores ocidentais conclui que não havia perigo real e imediato de intervenção; esta também era a opinião do Comissariado Soviético de Assuntos Estrangeiros e, quase com certeza, de membros do Politburo, como Aleksei Ríkov, que não tinham obsessões conspiratórias. Porém, outros no comando partidário eram mais facilmente alarmáveis. Estes incluíam o excitável Bukhárin, na época chefe do Comintern, onde os rumores alarmistas proliferavam e informações concretas sobre as intenções dos governos estrangeiros eram escassas.

A atitude de Stálin é mais difícil de aferir. Ele permaneceu em silêncio durante meses de discussões aflitas sobre o perigo de guerra. Então, em meados de 1927, virou com muita habilidade a questão contra a oposição. Negando que a guerra fosse uma ameaça imediata, ele mesmo expôs Trótski à execração pública por sua declaração de que, como Clemenceau durante a Primeira Guerra Mundial, ele continuaria fazendo oposição ativa à liderança do país mesmo com o inimigo às portas da capital. Para comunistas leais e soviéticos patriotas, isso soava quase como traição; e foi provavelmente decisivo para habilitar Stálin a desferir o golpe final contra a oposição um mês depois, quando Trótski e outros líderes oposicionistas foram expulsos do partido.

O conflito de Stálin com Trótski, em 1927, suscitou uma funesta elevação da temperatura política. Rompendo um tabu anterior no Partido Bolchevique, o comando sancionou a prisão e o exílio administrativo de adversários políticos e outras formas de punição à oposição pela GPU. (O próprio Trótski foi mandado para o exílio em Almá-Atá depois de ter sido expulso do partido; em janeiro de 1929 ele foi deportado da União Soviética por ordem do Politburo.) No final de 1927, em resposta a relatórios da GPU sobre o perigo de um golpe oposicionista, Stálin apresentou ao Politburo um conjunto de propostas comparáveis unicamente à famigerada Lei dos Suspeitos na Revolução Francesa.[2] Suas propostas, aceitas mas não tornadas públicas, eram de que

> pessoas propagando opiniões oposicionistas sejam encaradas como perigosos cúmplices dos inimigos externos e internos da União Soviética, e que essas pessoas sejam sentenciadas como "espiãs" por decreto administrativo da GPU; que uma rede amplamente ramificada de agentes seja organizada pela GPU com a tarefa de procurar e identificar elementos hostis no aparelho governamental, até em sua cúpula, e no seio do partido, incluindo suas lideranças.

A conclusão de Stálin era de que "todos os que despertarem a mais leve suspeita devem ser afastados".[3]

A atmosfera de crise gerada pelo confronto com a oposição e pelo pânico de guerra foi exacerbada nos primeiros meses de 1928 com a deflagração de um conflito com o campesinato (ver adiante pp. 183-5) e acusações de deslealdade dirigidas contra a velha *intelligentsia* "burguesa". Em março de 1928, o Procurador-Geral do Estado anunciou que um grupo de engenheiros de Chákhti, na região do Donbás, seria julgado por sabotagem deliberada da indústria de mineração e conspiração com potências estrangeiras.[4] Foi o primeiro de uma série de processos encenados de técnicos e especialistas burgueses, nos quais a acusação ligava a ameaça interna de inimigos de classe à ameaça de intervenção de potências capitalistas estrangeiras, e os acusados confessavam sua culpa e forneciam relatos detalhados de suas atividades conspiratórias.

Os julgamentos, boa parte dos quais era transcrita e publicada nos jornais diários, transmitiam a mensagem evidente de que, apesar de suas juras de lealdade ao poder soviético, a *intelligentsia* burguesa permanecia um inimigo de classe, não confiável por definição. Menos ostensiva, mas bem audível pelos gerentes e administradores comunistas que trabalhavam com técnicos burgueses, era a mensagem de que também os quadros partidários estavam em xeque – culpados de estupidez ou credulidade, se não de coisa pior, por terem sido tapeados pelos especialistas.[5]

A nova orientação se servia dos sentimentos de desconfiança e hostilidade aos técnicos e especialistas das velhas classes privilegiadas que eram endêmicos na classe operária russa e entre os comunistas da base. Era em parte, sem dúvida, uma reação ao ceticismo de muitos técnicos e engenheiros quanto à possibilidade de serem alcançadas as altas metas estabelecidas pelo Primeiro Plano Quinquenal. No entanto, era uma política que tinha enormes custos para um regime que se preparava para embarcar num programa radical de industrialização, assim como a campanha de 1928-9 contra inimigos *kulaki* teve enormes custos na esfera agrícola. O país carecia de especialistas de todos os tipos, sobretudo engenheiros, cujos conhecimentos eram cruciais para o impulso de industrialização (a grande maioria dos engenheiros qualificados russos, em 1928, era de "burgueses" e não comunistas).

As motivações de Stálin para desencadear a campanha antiespecialistas têm desconcertado os historiadores. Pelo fato de as acusações de conspiração e sabotagem serem tão implausíveis, e as confissões dos acusados serem coagidas e fraudulentas, em geral se conclui que Stálin e seus colegas não tinham como acreditar nelas. À medida que surgem novos dados dos arquivos, porém, cada vez mais parece que Stálin (embora não necessariamente seus colegas no Politburo) acreditava naquelas conspirações – ou pelo menos acreditava parcialmente, percebendo ao mesmo tempo que essa crença podia ser convertida em vantagem política.

Quando Viatcheslav Menjínski, chefe da OGPU (anteriormente GPU), mandou a Stálin material do interrogatório de técnicos acusados de filiação ao "Partido Industrial", cujos líderes teriam planejado um golpe apoiado por capitalistas exilados e articulado com planos para uma intervenção militar estrangeira, Stálin respondeu em termos que sugerem que ele não somente aceitava textualmente as confissões, como também levava muito a sério o perigo de uma guerra iminente. A prova mais interessante, disse Stálin a Menjínski, dizia respeito ao cronograma da intervenção militar planejada:

> Verificou-se que eles tinham planejado a intervenção para 1930, mas depois a adiaram para 1931, ou mesmo 1932. Isso é muito provável e importante. É ainda mais importante porque essa informação veio de uma fonte primária, isto é, do grupo de Riabuchínski, Gukássov, Deníssov e Nobel [capitalistas com importantes negócios na Rússia pré-revolucionária], que representa o grupo socioeconômico mais poderoso de todos os existentes na União Soviética e no exílio, o mais poderoso em termos de capital e de suas conexões com os governos da França e da Inglaterra.

Agora, com essa prova em mãos, concluía Stálin, o regime soviético seria capaz de lhe dar intensa divulgação no país e no exterior, "e assim paralisar e deter todas as tentativas de intervenção por um ano ou dois, o que é de absoluta importância para nós".[6]

Quer Stálin e outros líderes acreditassem ou não, e de que maneira, em complôs antissoviéticos e ameaças militares imediatas, o fato é que essas ideias se disseminaram amplamente na União Soviética. Não apenas graças aos esforços de propaganda do regime, mas também porque essas noções, reforçando preconceitos e temores já existentes, pareciam verossímeis a vastos segmentos da população soviética. A partir do final dos anos 1920, conspirações internas e externas eram regularmente invocadas para explicar problemas econômicos como carestia de alimentos e panes na indústria, nos transportes e na energia. O perigo de guerra incrustou-se da mesma forma na mentalidade soviética daquele período, com recorrentes ondas de pânico de guerra ocupando repetidamente a atenção do Politburo e do público leitor de jornais até a eclosão verdadeira da guerra em 1941.

Stálin contra a direita

No inverno de 1927-8, o comando partidário se viu dividido quanto à política para o campesinato, com Stálin de um lado e um grupo mais tarde conhecido como a Oposição de Direita do outro. O problema imediato era o aprovisionamento de grãos. A despeito de uma boa colheita no outono de 1927, a comercialização pelos camponeses e a obtenção de grãos pelo Estado ficaram muito abaixo das expectativas. O pânico de guerra teve influência, mas também pesou o preço baixo que o Estado estava oferecendo pelos grãos. Com o impulso de industrialização em vista, a questão era se o regime devia correr o risco político de arrochar mais os camponeses ou assumir as consequências econômicas de comprar seu apoio.

Nos tempos da NEP, era parte da filosofia econômica do regime promover a acumulação de capital pelo Estado pagando preços relativamente baixos pela produção agrícola dos camponeses, ao mesmo tempo que pagava preços relativamente altos pelos bens manufaturados produzidos pela indústria estatizada. Na prática isso sempre fora mitigado pela existência de um mercado livre de grãos, que mantinha os preços estatais próximos do nível de mercado. O Estado não havia desejado um confronto com o campesinato, e por isso fizera concessões sempre que, como aconteceu na "crise das tesouras" de 1923-4, a discrepância entre os preços agrícolas e industriais se tornava grande demais.

Em 1927, porém, o iminente esforço de industrialização mudou a equação de várias maneiras. Aquisições não confiáveis de grãos puseram em risco os planos de exportação em grande escala para contrabalançar a importação de máquinas estrangeiras. Preços mais altos de grãos reduziriam os fundos disponíveis para a expansão industrial, e talvez tornassem impossível cumprir as metas do Primeiro Plano Quinquenal. Para piorar, já que se conjecturava que uma grande proporção de todos os grãos comercializados vinha apenas de uma pequena proporção de agricultores da Rússia, parecia provável que o lucro proveniente de preços mais altos dos grãos iria para *kulaki* – os inimigos do regime – e não para o campesinato como um todo.

No XV Congresso do Partido, realizado em dezembro de 1927, os principais tópicos da agenda pública eram o Primeiro Plano Quinquenal e a excomunhão da Oposição de Esquerda (trotskista-zinovievista). Mas, nos bastidores, a questão do aprovisionamento de grãos estava muito mais presente na mente dos líderes, e discussões nervosas eram travadas com delegados das principais regiões produtoras do país. Logo depois do congresso, vários membros do Politburo e do Comitê Central partiram em missões investigativas urgentes para essas regiões. O próprio Stálin, em uma de suas poucas viagens às províncias desde a Guerra Civil, foi investigar a situação na Sibéria. O comitê partidário siberiano, comandado por uma das estrelas ascendentes do partido, o qualificado e eficiente Serguei Sirtsov, vinha tentando evitar o confronto com os camponeses quanto ao aprovisionamento, e recentemente recebera de Ríkov (chefe do governo soviético e membro do Politburo) a garantia de que era essa a linha correta a seguir. Stálin, porém, pensava de outra maneira. Em seu retorno da Sibéria no início de 1928, fez o Politburo e o Comitê Central tomarem conhecimento de suas opiniões.[7]

O problema básico, concluía Stálin, era que os *kulaki* estavam estocando grãos e tentando chantagear o Estado soviético. Medidas conciliatórias, como elevar os preços dos grãos ou aumentar o fornecimento de bens manufaturados para o campo, eram sem sentido, já que as demandas dos *kulaki* só fariam crescer cada vez mais. Em todo caso, o Estado não tinha condições de atender suas demandas, porque a prioridade era o investimento industrial. A solução de curto prazo (referida às vezes como o "método uralossiberiano" de lidar com o campesinato) era a coerção: camponeses "estocadores" deviam ser processados com base no artigo 107 do Código Criminal, originalmente concebido para enquadrar especuladores urbanos.

A solução de longo prazo, sugeria Stálin, era acelerar a coletivização agrícola, que garantiria um fornecimento seguro de grãos para suprir as necessidades das cidades, do Exército Vermelho e da exportação, e também quebraria o domínio dos *kulaki* sobre o mercado de grãos. Stálin negava que essa orientação implicasse medidas radicais contra os *kulaki* ("deskulakização") ou um retorno à prática dos tempos da Guerra Civil de confisco forçado de grãos. Mas a própria negação tinha um toque sinistro: para os comunistas que buscavam uma diretriz, a referência a programas da Guerra Civil, aliada à ausência de qualquer palavra referente à NEP, equivalia a um sinal para atacar.

A orientação política de Stálin – confronto em vez de conciliação, processos criminais, vasculhamento de celeiros, bloqueios de estradas para impedir camponeses de levar sua produção a comerciantes que ofereciam preços mais altos que o governo – foi posta em prática na primavera de 1928 e produziu uma melhora temporária no nível de abastecimento de grãos, junto com um aumento drástico das tensões no campo. Havia também uma grande tensão no seio do partido quanto à nova orientação. Em janeiro, organizações partidárias locais receberam uma série de instruções contraditórias dos emissários do Politburo e do Comitê Central enviados para resolver crises. Enquanto Stálin dizia aos comunistas siberianos para serem duros, Moshe Frúmkin (vice-comissário de Finanças) percorria a região vizinha dos Urais meridionais pregando a conciliação e a oferta de bens manufaturados numa troca direta por grãos; e Nikolai Uglánov (chefe da organização partidária em Moscou e candidato a membro do Politburo) emitia recomendação semelhante na área do baixo Volga, mencionando além disso que uma pressão excessiva por parte do poder central levara algumas autoridades locais do partido a usar indesejáveis "métodos do comunismo de guerra" para obter os grãos.[8] De propósito ou por acaso, Stálin fizera os Uglánovs e Frúmkins parecerem tolos. No interior do Politburo, ele se afastara de sua prática anterior de formar um consenso e, do modo mais arbitrário e provocador, simplesmente impusera sua orientação.

Uma Oposição de Direita a Stálin começou a se aglutinar na liderança do partido no início de 1928, apenas poucos meses depois da derrota final da Oposição de Esquerda. A essência da posição da direita era de que a estrutura política e as políticas sociais básicas da NEP deveriam permanecer intactas, e de que elas representavam a verdadeira abordagem leninista da construção do socialismo. A direita se opunha à coerção do campesinato, à ênfase despropositada no perigo *kulak* e às políticas destinadas a estimular a guerra de classes no campo jogando os camponeses pobres contra os mais prósperos. Ao argumento de que a coerção do campesinato era necessária para garantir o fornecimento de grãos (e consequentemente as exportações de grãos e o financiamento do impulso de industrialização), a direita respondia com a sugestão de que as metas do Primeiro Plano Quinquenal para a produção e o desenvolvimento da indústria fossem mantidas num nível "realista", isto é, relativamente baixo. A direita também se opunha à agressiva luta de classes contra a velha *intelligentsia*, exemplificada pelo processo de Chákhti, e tentava neutralizar a atmosfera de crise engendrada pela discussão constante da iminência da guerra e do perigo de espiões e sabotadores.

Os dois principais "direitistas" do Politburo eram Ríkov, chefe do governo soviético, e Bukhárin, editor-chefe do *Pravda*, chefe do Comintern e destacado teórico marxista. Por trás de suas discordâncias quanto a diretrizes específicas de Stálin estava a percepção de que este mudara unilateralmente as regras do jogo político como vinha sendo jogado desde a morte de Lênin, descartando de forma abrupta as convenções de comando coletivo ao mesmo tempo que parecia abandonar muitas das premissas básicas da NEP. Bukhárin, um feroz polemista a favor de Stálin nas batalhas com as oposições trotskista e zinovievista, tinha uma noção particular de traição pessoal. Stálin o tratara como um igual político e lhe garantira que eles eram os dois "Himalaias" do partido, mas suas ações sugeriam que ele tinha muito pouco respeito político ou pessoal por Bukhárin. Reagindo com impulsividade a essa decepção, Bukhárin deu o passo politicamente desastroso de abrir discussões secretas com alguns dos derrotados líderes oposicionistas no verão de 1928. Sua caracterização particular de Stálin como um Gêngis Khan que destruiria a Revolução logo chegou ao conhecimento de Stálin, mas não aumentou sua credibilidade junto àqueles a quem ele tão recentemente atacara em nome de Stálin. Membros do grupo de Stálin, muitos deles amigos pessoais de Bukhárin, ficaram indignados e enfurecidos com a afirmação deste de que eles estavam balançando e talvez passassem para o seu lado.[9] Apesar dessa iniciativa pessoal de Bukhárin, os direitistas do Politburo não fizeram nenhuma tentativa real de organizar uma facção de oposição (tendo observado as punições por "faccionalismo" em que incorrera a esquerda), e mantiveram suas discussões com Stálin e seus apoiadores no Politburo a portas fechadas. No entanto, essa tática também mostrou graves desvantagens, já que os direitistas enrustidos do Politburo eram obrigados a participar de ataques públicos contra um vago e anônimo "perigo direitista" – isto é, uma tendência à frouxidão, ao comando indeciso e à falta de confiança revolucionária – no seio do partido. Ficou evidente para os que estavam fora do círculo íntimo do comando partidário que algum tipo de luta pelo poder estava em curso, mas durante muitos meses não se definiram claramente as divergências nem a identidade dos que estavam sendo atacados como direitistas. Os direitistas do Politburo não podiam buscar amplo apoio no partido, e sua plataforma foi divulgada apenas por meio de paráfrases distorcidas feitas por seus adversários, e de pistas ocasionais e referências no estilo de Esopo emitidas pelos próprios direitistas.

As duas principais bases de força da direita eram a organização do partido em Moscou, comandada por Uglánov, e o Conselho Central de Sindicatos, comandado por um membro direitista do Politburo, Mikhail Tómski. O primeiro foi derrubado pelos stalinistas no outono de 1928, e em seguida submeteu-se a um expurgo completo dirigido pelo velho parceiro de Stálin, Viatcheslav Mólotov. O segundo caiu alguns meses depois pelas mãos de um apoiador de Stálin então em ascensão, Lázar Kaganóvitch, ainda apenas candidato a membro do Politburo, mas já conhecido por sua dureza e habilidade política em uma missão anterior na notoriamente problemática organização do partido na Ucrânia. Isolados e suplantados em astúcia por seus adversários, os direitistas do Politburo foram afinal identificados por seus nomes e levados a julgamento no início de 1929. Tómski deixou o comando dos sindicatos e Bukhárin foi afastado de suas posições no Comintern e no conselho editorial do *Pravda*. Ríkov – o membro mais velho da direita do Politburo, político mais cauteloso e pragmático que Bukhárin, mas talvez também uma força com a qual seria mais necessário lidar no comando partidário – permaneceu como chefe do governo soviético por quase dois anos depois do colapso da direita, sendo substituído por Mólotov no final de 1930.

A força real da direita no partido e na elite dirigente é difícil de avaliar, dada a ausência de um conflito aberto ou de uma facção organizada. Como um intenso expurgo do partido e da burocracia governamental se seguiu à derrota da direita, pode parecer que a direita contava (ou assim se acreditava) com apoio substancial.[10] No entanto, os funcionários destituídos por direitismo não eram necessariamente direitistas ideológicos. O rótulo de direitismo era aplicado tanto a desviacionistas ideológicos como a burocratas inoperantes – isto é, funcionários julgados demasiado incompetentes, apáticos ou corruptos para enfrentar o desafio de implementar as agressivas diretrizes da revolução de cima para baixo de Stálin. Essas categorias, é claro, não eram idênticas: o rótulo comum era simplesmente um dos modos stalinistas de desacreditar a direita ideológica.

Assim como adversários anteriores de Stálin, a direita foi derrotada pela máquina partidária controlada por ele. Em contraste com lutas anteriores pelo comando, esta envolvia questões nitidamente definidas de princípio e orientação política. Como essas questões não foram submetidas a votação, só é possível especular sobre a atitude do partido como um todo. A plataforma da direita envolvia menos perigo de insurreição social e política, e não precisava que os quadros partidários mudassem os hábitos e a orientação da NEP. A seu desfavor, a direita prometia muito menos do que Stálin no que se referia a realizações; e o partido, no final dos anos 1920, estava sedento por realizações e não dispunha de nosso conhecimento retrospectivo do que isso custaria. A direita, afinal de contas, propunha um programa moderado, de pequenos ganhos e baixo conflito, a um partido que era beligerantemente revolucionário, que se sentia ameaçado por um conjunto de inimigos domésticos e externos, e que continuava a acreditar que a sociedade podia e devia ser transformada. Lênin conquistara aceitação para um programa assim em 1921. Mas a direita, em 1928-9, não tinha um Lênin para liderá-la; e as diretrizes de recuo da NEP não podiam mais ser justificadas (como em 1921) pela iminência de total colapso econômico e revolta popular.

Se os líderes da direita não buscaram divulgar sua plataforma ou forçar o partido a um amplo debate sobre as questões, eles devem ter tido boas razões além de seus escrúpulos manifestos quanto à unidade partidária. A plataforma da direita era racional e talvez até (como eles alegavam) leninista, mas não era uma boa plataforma a ser defendida no interior do Partido Comunista. Em termos políticos, os direitistas tinham o tipo de problema, por exemplo, dos líderes do Partido Conservador britânico que houvessem decidido oferecer maiores concessões aos sindicatos, ou os republicanos norte-americanos que planejassem estender controles federais e aumentar a regulamentação governamental dos negócios. Tais políticas podem, por razões pragmáticas, vingar nos conselhos fechados de governo (e essa era a esperança e a estratégia básica da direita soviética em 1928). Todavia, elas não proporcionam bons slogans para empolgar a militância partidária.

Embora a direita, a exemplo de oposições anteriores, também abraçasse a causa de uma maior democracia dentro do partido, isso tinha um valor duvidoso como modo de conquistar votos comunistas. Dirigentes locais do partido se queixavam de que isso solapava sua autoridade. Em um diálogo particularmente ríspido nos Urais, Ríkov ouviu que a direita parecia ter saído a campo para "conquistar as secretarias [regionais do partido]"[11] – isto é, responsabilize-os por tudo o que deu errado e, para completar, defenda que eles não têm direito a seus cargos porque não foram devidamente eleitos. Do ponto de vista de um funcionário provincial de escalão médio, os direitistas eram mais elitistas que democratas, homens que tinham servido tempo demais em Moscou e perdido contato com as bases partidárias.

O esforço de industrialização

Para Stálin, como para o mais notável modernizador do último período tsarista, o conde Witte, o rápido desenvolvimento da indústria pesada russa era um pré-requisito para a força nacional e o poderio militar. "No passado", afirmou Stálin em fevereiro de 1931,

> não tínhamos pátria alguma, nem poderíamos ter. Mas agora que destronamos o capitalismo e o poder está em nossas mãos, nas mãos do povo, temos uma pátria, e devemos defender sua independência. Vocês querem que nossa pátria socialista seja derrotada e perca sua independência? Se não querem isso, devem dar um fim a esse atraso no prazo mais curto possível e desenvolver um ritmo bolchevique genuíno na construção de sua economia socialista.

Era uma questão de absoluta urgência, pois o ritmo da industrialização soviética determinaria se a pátria socialista sobreviveria ou seria esmagada por seus inimigos.

Retardar o ritmo significaria ficar para trás. E os que ficam para trás são derrotados. Mas não queremos ser derrotados. Não, nós nos recusamos a ser derrotados! Um traço da história da velha Rússia foram as contínuas derrotas que ela sofreu por causa de seu atraso. Ela foi derrotada pelos cãs mongóis. Foi derrotada pelos beis turcos. Foi derrotada pelos soberanos feudais suecos. Foi derrotada pela pequena nobreza polonesa e lituana. Foi derrotada pelos capitalistas britânicos e franceses. Foi derrotada pelos barões japoneses. Todos a derrotavam – por causa de seu atraso, do seu atraso militar, seu atraso cultural, seu atraso político, seu atraso industrial, seu atraso agrícola [...]. Estamos 150 anos atrasados em relação aos países desenvolvidos. Precisamos superar essa distância em dez anos. Ou fazemos isso ou sucumbimos.[12]

Com a adoção do Primeiro Plano Quinquenal em 1929, a industrialização tornou-se a prioridade máxima do regime soviético. A agência estatal que comandava o esforço de industrialização, o Comissariado da Indústria Pesada (sucessor do Conselho Econômico Supremo), foi dirigida entre 1930 e 1937 por Sergó Ordjonikidze, um dos membros mais poderosos e dinâmicos da liderança stalinista. O Primeiro Plano Quinquenal centrava o foco em ferro e aço, impulsionando as metalúrgicas estabelecidas na Ucrânia à produção máxima e construindo a partir do zero novos complexos enormes, como Magnitogorsk, nos Urais meridionais. Fábricas de tratores também tinham alta prioridade, não apenas por sua necessidade imediata na agricultura coletivizada (tornada mais urgente pela matança de animais de tração pelos camponeses durante o processo de coletivização), mas também porque elas poderiam ser facilmente convertidas para a produção de tanques no futuro. A produção de máquinas industriais foi logo expandida de modo a libertar o país da dependência de maquinário importado do exterior. A indústria têxtil definhava, apesar de o Estado ter investido pesadamente em seu desenvolvimento durante a NEP e de ela contar com uma força de trabalho numerosa e tarimbada. Como teria comentado Stálin, o Exército Vermelho não combateria com couro e tecidos, mas com metal.[13]

A prioridade da metalurgia estava inextricavelmente vinculada a considerações de segurança e defesa nacional, mas no que diz respeito a Stálin, parecia ter um significado além disso. Stálin, afinal de contas, era o revolucionário bolchevique que criou seu codinome partidário a partir da palavra russa para aço (*stal*); e no início dos anos 1930 o culto à produção de aço e ferro-gusa excedia até o emergente culto a Stálin. Tudo era sacrificado pelo metal no Primeiro Plano Quinquenal. Na verdade, o investimento em carvão, energia elétrica e ferrovias era tão insuficiente que crises de fornecimento de energia e combustível e panes nos transportes ameaçavam com frequência paralisar as fábricas metalúrgicas. Na visão de Gleb Krjijanóvski, o veterano bolchevique que comandou a Comissão de Planejamento Estatal até 1930, Stálin e Mólotov estavam tão obcecados pela produção de metal que tendiam a esquecer que as fábricas dependiam de remessas por via ferroviária de matérias-primas e de um abastecimento seguro de combustível, água e eletricidade.

No entanto, a organização de abastecimento e distribuição foi possivelmente a tarefa mais formidável assumida pelo Estado durante o Primeiro Plano Quinquenal. A exemplo do que tinha feito (sem êxito e de modo temporário) sob o comunismo de guerra uma década antes, o Estado tomou para si o controle quase total da economia, da distribuição e do comércio urbanos; desta vez, a posse seria permanente. A restrição à manufatura e ao comércio privados começara nos últimos anos da NEP, e o processo se acelerou com uma investida contra os *Nepmen* – combinando difamação na imprensa, perseguição legal e financeira e prisões de empreendedores privados por "especulação" – em 1928-9. No início dos anos 1930, até mesmo artesãos e pequenos lojistas tinham sido alijados dos negócios ou obrigados a entrar em cooperativas supervisionadas pelo Estado. Com a simultânea coletivização de uma parte substancial da agricultura camponesa, a antiga economia mista da NEP estava desaparecendo depressa.

Para os bolcheviques, o princípio do planejamento centralizado e do controle estatal da economia tinha grande significado, e a introdução do Primeiro Plano Quinquenal em 1929 era um marco na estrada para o socialismo. Certamente, foi naqueles anos que se estabeleceram os alicerces institucionais da economia planificada soviética, embora tenha sido um período de transição e experimentação no qual o componente "planejamento" do crescimento econômico nem sempre possa ser tomado muito ao pé da letra. O Primeiro Plano Quinquenal tinha uma relação muito mais tênue com o funcionamento real da economia do que planos quinquenais posteriores: na verdade, era um híbrido de genuíno planejamento econômico e exortação política. Um dos paradoxos da época era que no auge do plano, nos anos 1929-31, as agências de planejamento estatal foram expurgadas tão impiedosamente de direitistas, ex-mencheviques e economistas burgueses que mal conseguiam funcionar.

Tanto antes como depois de sua introdução em 1929, o Primeiro Plano Quinquenal sofreu muitas versões e revisões, com grupos concorrentes de planejadores respondendo em diferentes graus à pressão dos políticos.[14] A versão básica adotada em 1929 não conseguiu preparar de antemão a coletivização em massa da agricultura, subestimou amplamente a necessidade industrial de mão de obra e lidou de modo muito confuso com questões como produção e comércio artesanais, campo em que o regime permanecia ambíguo ou desarticulado. O plano estabeleceu metas de produção – embora em áreas cruciais como a metalurgia essas metas fossem repetidamente elevadas depois que o plano entrou em operação – mas deu apenas a mais vaga indicação sobre de onde deveriam provir os recursos para o aumento da produção. Nem as sucessivas versões do plano nem o balanço final das suas realizações tinham muita relação com a realidade. Mesmo o título do plano terminou se revelando inexato, uma vez que se decidiu completar (ou concluir) o Primeiro Plano Quinquenal em seu quarto ano.

A indústria era exortada a ultrapassar as metas do plano, em vez de simplesmente alcançá-las. Esse plano, em outras palavras, não estava concebido para alocar recursos ou equilibrar demandas, mas para empurrar a economia para a frente de modo estabanado. A fábrica de tratores de Stalingrado, por exemplo, podia cumprir melhor o plano produzindo *mais* tratores que o planejado, mesmo que isso provocasse uma desordem total nos cronogramas das fábricas que forneciam metal, componentes elétricos e pneus para Stalingrado. As prioridades de abastecimento não eram determinadas pelo que estava escrito no plano, mas por uma série de decisões circunstanciais do Comissariado da Indústria Pesada, do Conselho de Trabalho e Defesa do governo e mesmo do Politburo. Uma competição feroz envolvia a lista oficial de empreendimentos e projetos de construção com prioridade máxima (*udárnie*), pois a inclusão significava que os fornecedores deviam ignorar todos os contratos e obrigações anteriores até que as encomendas de prioridade máxima fossem supridas.

As prioridades máximas mudavam o tempo todo em resposta a crises, a desastres iminentes ou à emergência de novas metas em algum dos setores-chave da indústria. "Panes no front industrial", exigindo que novas reservas de homens e materiais fossem mobilizadas às pressas, conferiam um elemento de drama à cobertura pela imprensa soviética, e certamente à vida cotidiana dos industriais soviéticos. O administrador soviético de sucesso durante o Primeiro Plano Quinquenal era menos um funcionário obediente do que um empreendedor bom de manobras, sempre pronto a improvisar e a agarrar qualquer oportunidade para ultrapassar seus concorrentes. Os fins – alcançar e ultrapassar as metas do plano – eram mais importantes que os meios; e houve casos em que fábricas desesperadas por suprimentos emboscaram trens de carga e se apossaram de seu conteúdo, sem sofrer consequências mais graves, somente uma indignada repreensão por parte das autoridades encarregadas dos transportes.

No entanto, a despeito da ênfase no aumento imediato da produção industrial, o verdadeiro propósito do Primeiro Plano Quinquenal era a construção. Os gigantescos projetos novos de construção – Automóveis Níjni Nóvgorod (Górki), Tratores Stalingado e Khárkov, Metalúrgicas Kuznetsk e Magnitogorsk, Siderúrgica Dniéper (Zaporójie) e muitos outros – consumiram enormes recursos durante o Primeiro Plano Quinquenal, mas só passaram a funcionar com plena capacidade depois de 1932, sob o Segundo Plano Quinquenal (1933-7). Eram investimentos para o futuro. Devido à magnitude desse investimento, decisões tomadas durante o Primeiro Plano Quinquenal quanto à localização dos novos complexos industriais gigantescos estavam na prática redesenhando o mapa econômico da União Soviética.

Já em 1925, durante o conflito de Stálin com a oposição zinovievista, a questão do investimento desempenhara certo papel na política interna partidária, na medida em que defensores de Stálin tinham se empenhado para que líderes partidários regionais compreendessem os benefícios dos planos de industrialização para suas respectivas regiões. Mas foi nos últimos anos da década de 1920, com a iminência das decisões finais do Primeiro Plano Quinquenal, que os olhos dos bolcheviques se abriram para toda uma nova dimensão da política: a competição regional por alocação de recursos. Na XVI Conferência do Partido, em 1929, oradores tinham dificuldade de manter o foco na luta ideológica com a direita por conta de sua intensa preocupação com questões mais práticas: como observou com sarcasmo um velho bolchevique, "Cada discurso termina com [...] 'Dê-nos uma fábrica nos Urais, e que se danem os direitistas! Dê-nos uma usina elétrica, e que se danem os direitistas!'".[15]

As organizações partidárias na Ucrânia e nos Urais estavam em disputa acirrada pela distribuição de verbas de investimento para complexos de mineração e metalurgia e fábricas de máquinas; e sua rivalidade – que envolvia políticos nacionais de primeiro plano como Lázar Kaganóvitch, ex-secretário do partido na Ucrânia, e Nikolai Chvérnik, que comandara a organização partidária nos Urais antes de assumir o comando nacional dos sindicatos – continuaria ao longo dos anos 1930. Rivalidades intensas também surgiram quanto à localização de fábricas específicas agendadas para construção durante o Primeiro Plano Quinquenal. Meia dúzia de cidades russas e ucranianas fizeram ofertas para sediar a fábrica de tratores que acabou construída em Khárkov. Uma batalha semelhante, provavelmente a primeira de seu gênero, causou estragos a partir de 1926 em torno da localização da Fábrica de Máquinas dos Urais (Uralmach): Sverdlovsk, vitoriosa, começou a construção usando fundos locais sem autorização central de modo a forçar uma decisão de Moscou a seu favor.[16]

A forte competição regional (por exemplo, entre a Ucrânia e os Urais) com frequência resultava numa vitória dupla – a autorização para duas fábricas separadas, uma em cada região, embora a intenção original dos planejadores fosse a construção de uma única fábrica. Esse foi um fator subjacente às metas desmedidas e aos custos sempre crescentes característicos do Primeiro Plano Quinquenal. Mas não foi o único fator, pois os políticos e planejadores centrais de Moscou estavam claramente tomados pelo "gigantismo", pela obsessão com a grandeza. A União Soviética deveria construir e produzir mais que qualquer outro país. Suas fábricas tinham que ser as mais novas e maiores do mundo. Era preciso não apenas alcançar o Ocidente em termos de desenvolvimento econômico, mas ultrapassá-lo.

A tecnologia moderna, como Stálin não cansava de enfatizar, era essencial para o processo de alcançar e ultrapassar. As novas fábricas de automóveis e tratores eram construídas para a produção em linha de montagem, contra as recomendações de muitos especialistas, porque o famoso capitalista Ford precisava ser derrotado em seu próprio jogo. Na prática, as novas esteiras transportadoras às vezes ficaram ociosas durante o Primeiro Plano Quinquenal, enquanto os operários montavam penosamente um único trator seguindo métodos tradicionais no chão da fábrica. Mas mesmo uma esteira ociosa tinha uma função. Em termos concretos, ela fazia parte do investimento do Primeiro Plano Quinquenal para a produção futura. Em termos simbólicos, fotografada pela imprensa soviética e admirada por visitantes oficiais e estrangeiros, transmitia a mensagem de Stálin para o povo soviético e o mundo: a Rússia atrasada logo se tornaria a "América soviética"; seu grande salto no desenvolvimento econômico estava a caminho.

Coletivização

Os bolcheviques sempre acreditaram que a agricultura coletivizada era superior à pequena agricultura camponesa individual, mas se percebeu durante a NEP que converter os camponeses a esse ponto de vista seria um processo longo e difícil. Em 1928, as fazendas coletivas (*kolkhózi*) representavam apenas 1,2% da área total de cultivo, com 1,5% em fazendas estatais, e os restantes 97,3% sob cultivo camponês individual.[17] O Primeiro Plano Quinquenal não previa nenhuma transição em larga escala para a agricultura coletivizada durante sua vigência; e certamente os problemas enormes da rápida industrialização pareciam mais que suficientes para ocupar o regime pelos anos seguintes, sem precisar acrescentar a eles uma reorganização básica da agricultura.

No entanto, como admitia Stálin – e tanto Preobrajénski como Bukhárin tinham reconhecido em suas discussões de poucos anos antes (ver pp. 171-3) –, a questão da industrialização estava intimamente ligada à da agricultura camponesa. Para que o esforço de industrialização fosse bem-sucedido, o Estado precisava de um fornecimento seguro de grãos a preços baixos. As crises de abastecimento de 1927-8 sublinharam o fato de que os camponeses – ou a pequena minoria de camponeses relativamente prósperos que forneciam a maior parte dos grãos comercializados – podiam "manter o Estado refém" enquanto existisse um livre mercado e os preços estatais dos grãos fossem, na prática, negociáveis, como tinham sido durante a NEP.

Já em janeiro de 1928, Stálin indicara que encarava o *kulak* estocador como o vilão da crise de abastecimento e acreditava que a coletivização da agricultura camponesa proporcionaria a alavanca de controle de que o Estado precisava para garantir remessas adequadas a seus cronogramas e preços. Mas o estímulo à coletivização voluntária em 1928 e primeira metade de 1929 só produziu resultados modestos; e o abastecimento permanecia sendo um problema grave, preocupando o regime não somente pelas crises de carestia de alimentos nas cidades mas também por causa do compromisso de exportar grãos como meio de financiar as compras industriais no exterior. Com a predominância dos métodos coercitivos de confisco preferidos de Stálin, cresceu a hostilidade entre o regime e o campesinato: apesar dos esforços intensos para desacreditar os *kulaki* e estimular o antagonismo de classe no seio do campesinato, a unidade da aldeia parecia ter se reforçado diante da pressão externa, em vez de ruir por dentro.

No verão de 1929, tendo eliminado amplamente o livre mercado de grãos, o regime impôs cotas de fornecimento, com punições para quem não as cumprisse. No outono, ataques contra os *kulaki* tornaram-se mais estridentes, e os líderes partidários começaram a falar de um irresistível movimento camponês rumo à coletivização em massa. Isso, sem dúvida, refletia sua percepção de que o confronto do regime com o campesinato tinha chegado longe a ponto de não haver mais volta, uma vez que poucos poderiam se iludir achando que o processo poderia ser levado a cabo sem um conflito amargo. Nas palavras de Iúri Piatakov, um ex-trotskista que se tornara defensor entusiástico do Primeiro Plano Quinquenal:

> Não há solução para o problema da agricultura dentro dos quadros da lavoura individual e, portanto, *somos obrigados a adotar índices extremos de coletivização da agricultura* [...]. Em nosso trabalho devemos adotar os índices da Guerra Civil. Claro que não estou dizendo que devemos adotar os métodos da Guerra Civil, mas que cada um de nós [...] está obrigado a trabalhar com a mesma tensão com que trabalhava na época da luta armada contra nosso inimigo de classe. *O período heroico da nossa construção socialista chegou.*[18]

No final de 1929, o partido tinha se comprometido com um empenho total para a coletivização da agricultura. E os *kulaki*, inimigos de classe do regime soviético, não deveriam ser admitidos aos novos coletivos. Suas tendências exploradoras não podiam mais ser toleradas, anunciou Stálin em dezembro. Os *kulaki* precisavam ser "liquidados enquanto classe".

O inverno de 1929-30 foi uma época de frenesi, em que o ânimo apocalíptico e a retórica ferozmente revolucionária do partido chegavam a lembrar a de um "período heroico" anterior – o clímax encarniçado da Guerra Civil e do comunismo de guerra em 1920. Em 1930, não foi apenas uma revolução retórica que os comunistas estavam levando ao campo, e eles não estavam simplesmente fazendo incursões nas aldeias em busca de comida e partindo em seguida, como fizeram durante a Guerra Civil. A coletivização era uma tentativa de reorganizar a vida camponesa, e ao mesmo tempo instaurar controles administrativos que desceriam até o nível da aldeia. A natureza exata da organização requerida não devia ser clara para muitos comunistas das províncias, já que as instruções vindas do centro eram veementes e imprecisas. Mas estava claro que o controle era um dos objetivos, e que o método de reorganização era o enfrentamento beligerante.

Em termos práticos, a nova orientação requeria que as autoridades no campo forçassem um confronto final com os *kulaki*. Isso significava que os comunistas locais deveriam ir às aldeias, reunir um pequeno bando de camponeses pobres ou gananciosos e passassem a intimidar um punhado de famílias *kulaki* (geralmente os camponeses mais ricos, mas às vezes camponeses que simplesmente eram impopulares na aldeia, ou desafetos de autoridades locais por algum motivo), expulsando-as de suas casas e confiscando suas propriedades.

Ao mesmo tempo, esperava-se que autoridades locais estimulassem o restante dos camponeses a organizar-se voluntariamente em coletivos – e estava claro, pelo tom das instruções centrais no inverno de 1929-30, que esse movimento "voluntário" deveria produzir resultados rápidos e impressionantes. Isso em geral significava que as autoridades convocavam uma reunião na aldeia, anunciando a organização de um *kolkhoz*, e faziam um sermão aos aldeões, intimidando-os com o olhar até que um número suficiente concordasse em inscrever seus nomes como membros voluntários do *kolkhoz*. Uma vez conseguido isso, os fundadores do novo *kolkhoz* tentariam tomar posse dos animais dos aldeões – o principal bem móvel da propriedade camponesa – e declará-los propriedade do coletivo. Para completar, coletivizadores comunistas (e particularmente do Komsomol) tendiam a profanar a Igreja ou insultar "inimigos de classe" locais, como o padre e o professor primário.

Essas ações produziram indignação e caos imediatos no campo. Em vez de entregar seus animais, muitos camponeses os abatiam no ato ou fugiam para a cidade mais próxima para vendê-los. Alguns *kulaki* expropriados fugiam para as cidades, mas outros se escondiam nos bosques durante o dia e voltavam para aterrorizar a aldeia à noite. Camponesas em prantos, não raro em companhia do padre, lançavam insultos contra os coletivizadores. Autoridades eram com frequência surradas, apedrejadas ou baleadas por atacantes escondidos quando chegavam ou saíam das aldeias. Muitos membros de um novo *kolkhoz* deixavam as aldeias às pressas para buscar trabalho nas cidades ou nos novos projetos de construção.

Diante desse desastre, o regime reagiu de duas maneiras. Em primeiro lugar, a OGPU entrou em cena para prender os *kulaki* expropriados e outros perturbadores da ordem, e em seguida organizou deportações em massa para a Sibéria, para os Urais e para o norte. Em segundo lugar, o partido recuou alguns passos em relação ao confronto extremo com o campesinato, uma vez que a colheita da primavera se aproximava. Em março, Stálin publicou o famoso artigo intitulado "Embriagado pelo sucesso", no qual acusava autoridades locais de terem excedido suas instruções e ordenava que a maioria dos animais coletivizados (exceto os dos *kulaki*) fosse devolvida a seus proprietários originais.[19] Aproveitando-se do momento, camponeses correram para tirar seus nomes das listas de membros dos *kolkhózi*, fazendo a proporção de propriedades familiares coletivizadas oficialmente em toda a Rússia cair de mais da metade para menos de um quarto entre 1º de março e 1º de junho de 1930.

Alguns coletivizadores comunistas, traídos e humilhados pelo artigo "Embriagado pelo sucesso", segundo relatos, viraram retratos de Stálin contra a parede e sucumbiram a pensamentos melancólicos. Não obstante, o colapso do esforço de coletivização foi temporário. Dezenas de milhares de comunistas e operários urbanos (incluindo os notórios "25 mil", recrutados predominantemente nas grandes fábricas de Moscou, Leningrado e Ucrânia) foram mobilizados com urgência para trabalhar no campo como organizadores e diretores de *kolkhózi*. Aldeões foram convencidos ou coagidos a inscrever-se novamente nos *kolkhózi*, desta vez mantendo a posse de suas vacas e galinhas. Em 1932, de acordo com dados oficiais soviéticos, 62% das propriedades familiares camponesas tinham sido coletivizadas. Em 1937 essa proporção tinha subido para 93%.[20]

A coletivização foi sem dúvida uma verdadeira "revolução de cima para baixo" no campo. Todavia, não foi o tipo de revolução descrito na imprensa soviética da época, que exagerava amplamente o alcance das mudanças ocorridas; e em alguns aspectos ela foi uma reorganização menos radical da vida camponesa do que a tentada nas reformas de Stolípin ao final do período tsarista (ver p. 56). Conforme retratado na imprensa soviética, o *kolkhoz* era uma unidade muito maior que a velha aldeia, e seus métodos agrícolas tinham sido transformados pela mecanização e pela introdução de tratores. Na verdade, os tratores eram em grande parte imaginários no início dos anos 1930; e os divulgadíssimos "*kolkhózi* gigantes" de 1930-1 logo entraram em colapso, ou foram simplesmente eliminados pelo mesmo tipo de decisão burocrática que os tinha criado. O típico *kolkhoz* era a velha aldeia, com os camponeses – um pouco menos camponeses do que antes, como resultado da migração e das deportações, e consideravelmente menos animais de tração – vivendo nas mesmas cabanas de madeira e cultivando os mesmos campos da aldeia cultivados anteriomente. As principais mudanças na aldeia foram sua administração e seus processos de comercialização.

O *mir* de aldeia foi abolido em 1930, e a administração de *kolkhoz* que tomou seu lugar era comandada por um presidente nomeado (nos primeiros anos, em geral, um operário ou comunista das cidades). No interior da aldeia/*kolkhoz*, a liderança tradicional dos camponeses fora intimidada e, em parte, removida por conta da deportação dos *kulaki*. De acordo com o historiador russo V. P. Danílov, 381 mil famílias camponesas – pelo menos 1,5 milhão de pessoas – foram "deskulakizadas" e deportadas em 1930-1, sem contar as que tiveram destino semelhante em 1932 e nos primeiros meses de 1933.[21] (Mais da metade dos *kulaki* deportados foram postos para trabalhar na indústria e na construção; embora, em poucos anos, a maioria deles estivessem trabalhando como operários livres e não condenados, eles continuavam proibidos de sair da região para a qual tinham sido deportados e não podiam voltar para suas aldeias de origem.)

As fazendas coletivas deveriam entregar ao Estado quantias combinadas de grãos e outras colheitas, com o pagamento dividido entre os membros do *kolkhoz* de acordo com sua contribuição ao trabalho. Apenas a produção de pequenos terrenos particulares de camponeses ainda era comercializada individualmente, e essa concessão só foi formalizada alguns anos depois do impulso original de coletivização. Para a produção geral do *kolkhoz*, as cotas de entrega eram bastante elevadas – até 40% das safras, ou de duas a três vezes a porcentagem comercializada anteriormente pelos camponeses – e os preços eram baixos. Os camponeses usavam todo o seu repertório de resistência passiva e evasão, mas o regime era firme e tomava tudo o que encontrava, incluindo comida e sementes de cereais. O resultado foi que as principais áreas de produção de grãos do país – Ucrânia, Volga Central, Cazaquistão e Cáucaso Norte – mergulharam na penúria no inverno de 1932-3. A carestia de alimentos deixou um legado de enorme ressentimento: de acordo com rumores captados na região do Volga Central, os camponeses viam aquilo como uma punição imposta intencionalmente a eles pelo regime por causa da resistência à coletivização. Cálculos recentes baseados em dados de arquivos soviéticos estimam o número de mortes pela fome de 1933 entre 3 e 4 milhões.[22]

Uma das consequências imediatas da fome foi que, em dezembro de 1932, o regime reintroduziu passaportes internos, emitindo-os automaticamente para a população urbana, mas não para a rural: enquanto durou a crise, foi feito todo o esforço para que camponeses famintos fossem impedidos de deixar o campo e buscar refúgio e rações nas cidades. Isso sem dúvida reforçou a crença dos camponeses de que a coletivização era uma segunda servidão; e também deixou alguns observadores ocidentais com a impressão de que um dos propósitos da coletivização era manter os camponeses aprisionados na fazenda. O regime não tinha essa intenção (exceto nas circunstâncias especiais criadas pela escassez de alimentos), já que seu principal objetivo durante os anos 1930 era a rápida industrialização, o que significava uma rápida expansão da força de trabalho urbana. Há muito que se aceitava como ponto pacífico que a área rural russa era superpovoada, e os líderes soviéticos esperavam que a coletivização e a mecanização racionalizassem a produção agrícola e, desse modo, reduzissem o número de trabalhadores que a agricultura demandava. Em termos funcionais, a relação entre a coletivização e o esforço soviético de industrialização tinha muito em comum com a relação entre o movimento do "cercamento de terras" e a revolução industrial britânica, mais de um século antes.

Claro que os líderes soviéticos provavelmente não gostariam de evocar essa analogia: Marx, afinal de contas, enfatizara o sofrimento causado pelos cercamentos e pelo desenraizamento territorial dos camponeses na Grã-Bretanha, ainda que o mesmo processo resgatasse os camponeses da "idiotia da vida rural" e os elevasse a um nível superior de existência social a longo prazo, ao transformá-los em proletários urbanos. Os comunistas soviéticos talvez tenham sentido uma ambivalência similar quanto à coletivização e o consequente êxodo rural, uma mistura desconcertante de partida voluntária para os novos empregos criados na indústria, fuga do *kolkhoz* e deportação involuntária. Mas eles também se sentiam claramente na defensiva e constrangidos quanto aos desastres associados à coletivização, e tentavam esconder o assunto sob uma cortina de fumaça de evasões, asserções implausíveis e falso otimismo. Assim, em 1931, um ano em que 2,5 milhões de camponeses migraram permanentemente para as cidades, Stálin fez a incrível afirmação de que o *kolkhoz* se mostrara tão atraente para os camponeses que eles não sentiam mais a tradicional ânsia de fugir das mazelas da vida rural.[23] E esse era apenas o preâmbulo de sua tese principal – de que o recrutamento organizado de mão de obra do *kolkhoz* devia substituir a evasão espontânea e imprevisível de camponeses.

No período de 1928 a 1932, a população urbana da União Soviética aumentou em quase 12 milhões, e pelo menos 10 milhões de indivíduos deixaram a agricultura camponesa e se tornaram assalariados.[24] São números muito grandes, uma revolução demográfica sem precedentes na experiência russa e, segundo consta, na de qualquer outro país em um período tão curto. Camponeses jovens e fisicamente capazes estavam representados de modo desproporcional na migração, o que por certo contribuiu para a subsequente debilidade da agricultura coletivizada e para o esmorecimento do campesinato. Também por isso, a migração fazia parte da dinâmica da industrialização da Rússia. Para cada três camponeses que ingressaram em fazendas coletivas durante o Primeiro Plano Quinquenal, um camponês deixou a aldeia para virar operário ou funcionário administrativo assalariado em outro lugar. O abandono da aldeia era parte integrante da revolução de Stálin no campo tanto quanto a própria coletivização.

Revolução cultural

A luta contra os inimigos de classe era uma preocupação central dos comunistas durante o Primeiro Plano Quinquenal, como fora durante a Guerra Civil. Na campanha pela coletivização, a "liquidação do *kulak* enquanto classe" era um ponto crucial da atividade comunista. Na reorganização da economia urbana, empreendedores (*Nepmen*) eram os inimigos de classe a ser eliminados. No mesmo período, o movimento comunista internacional adotou uma nova orientação beligerante de "classe contra classe". Essas diretrizes – todas envolvendo o repúdio de uma postura mais conciliatória como a que prevalecera durante a NEP – tinham seu correlato na esfera cultural e intelectual, em que o inimigo de classe era a *intelligentsia* burguesa. A luta contra a velha *intelligentsia*, os valores culturais burgueses, o elitismo, os privilégios e a rotina burocrática constituíam o fenômeno que os contemporâneos rotularam de "Revolução Cultural".[25] Seu objetivo era instaurar uma "hegemonia" comunista e proletária, que em termos práticos significava duas coisas: afirmar o controle do partido sobre a vida cultural e abrir a elite administrativa e profissional a uma nova legião de jovens comunistas e operários.

A Revolução Cultural foi iniciada pelo comando partidário – ou, mais precisamente, pela facção de Stálin no comando – na primavera de 1928, quando o anúncio do então iminente processo de Chákhti (ver p. 180) foi acompanhado por um chamado à vigilância comunista na esfera cultural, ao reexame do papel de especialistas burgueses e à rejeição das pretensões da velha *intelligentsia* à superioridade cultural e à liderança. Essa campanha estava intimamente vinculada à luta de Stálin contra a direita. Os direitistas eram descritos como protetores da *intelligentsia* burguesa, confiantes excessivos na opinião dos especialistas de fora do partido, complacentes com a influência de técnicos e ex-funcionários tsaristas na burocracia governamental e inclinados a ser contagiados pelo "liberalismo podre" e por valores burgueses. Eles tendiam a escolher métodos burocráticos em vez de métodos revolucionários e a privilegiar a máquina governamental em detrimento do partido. Além disso, eram provavelmente intelectuais europeizados que tinham perdido contato com a base proletária do partido.

Contudo, na Revolução Cultural havia mais do que um confronto de facções no interior do comando. A luta contra a hegemonia cultural burguesa tinha um grande apelo junto à juventude comunista, assim como a uma série de organizações comunistas militantes cujo ímpeto fora refreado pela liderança partidária durante a NEP, e mesmo junto a grupos de intelectuais não comunistas em vários campos em desacordo com a liderança estabelecida em suas profissões. Grupos como a Associação Russa de Escritores Proletários (RAPP) e a Liga de Ateus Militantes vinham se enfrentando durante os anos 1920 por políticas mais agressivas de confronto cultural. Jovens intelectuais da Academia Comunista e do Instituto de Professores Vermelhos ansiavam por uma briga com os velhos catedráticos, predominantemente não comunistas, que ainda dominavam muitos campos acadêmicos. O Comitê Central do Komsomol e seu secretariado, sempre tendendo a um "vanguardismo" revolucionário e aspirando a um papel mais amplo na definição de políticas, suspeitavam havia muito tempo que as numerosas instituições com as quais o Komsomol tinha divergências de orientação haviam sucumbido à degeneração burocrática. Para os jovens radicais, a Revolução Cultural era uma justificativa e, como afirmou um observador, um desatrelamento.

Por essa perspectiva, a Revolução Cultural foi um movimento iconoclasta e beligerante da juventude, cujos ativistas, como as Guardas Vermelhas da Revolução Cultural Chinesa nos anos 1960, não eram um instrumento dócil do comando partidário. Eles tinham uma mentalidade intensamente partidária, afirmando seus direitos comunistas de liderar e dar ordens a outros, e ao mesmo tempo cultivar uma hostilidade instintiva à maioria das autoridades e instituições existentes, as quais teriam tendências burocráticas e "objetivamente contrarrevolucionárias". Eles se consideravam proletários (embora a maioria dos ativistas fosse, tanto por sua origem quanto pela ocupação, funcionários burocráticos), escarneciam a burguesia e, em particular, os respeitáveis "filisteus burgueses" de meia-idade. A Guerra Civil era seu parâmetro revolucionário e a fonte de boa parte de suas imagens retóricas. Mesmo inimigos jurados do capitalismo, eles tendiam a admirar os Estados unidos, porque seu capitalismo era moderno e de longo alcance. A inovação radical em qualquer campo tinha um enorme apelo junto a eles.

Pelo fato de serem espontâneas, muitas das iniciativas tomadas em nome da Revolução Cultural produziam resultados inesperados. Militantes levaram sua campanha antirreligiosa às aldeias no auge da coletivização, confirmando as suspeitas camponesas de que o *kolkhoz* era obra do Anticristo. Incursões repentinas da "Cavalaria Ligeira" do Komsomol desorganizavam o trabalho em repartições governamentais; e o "Exército Cultural" do Komsomol (criado primordialmente para combater o analfabetismo) quase aboliu departamentos locais de ensino – o que, por certo, não era um objetivo da liderança partidária – sob o argumento de que eram burocráticos.

Jovens entusiastas interrompiam apresentações de peças "burguesas" em teatros estatais com assobios e vaias. Na literatura, os militantes da RAPP desencadearam uma campanha contra o respeitado (embora não estritamente proletário) escritor Maksim Górki no momento em que Stálin e outros líderes partidários tentavam convencê-lo a voltar de seu exílio na Itália. Mesmo no terreno da teoria política, os radicais seguiam seu próprio caminho. Acreditavam, como muitos comunistas entusiastas tinham acreditado durante a Guerra Civil, que uma mudança apocalíptica era iminente: o Estado desapareceria, levando consigo instituições familiares como a lei e a escola. Em meados dos anos 1930, Stálin declarou muito claramente que essa crença era equivocada. Mas seu pronunciamento foi praticamente ignorado até que, mais de um ano mais tarde, o comando partidário iniciou uma séria tentativa de disciplinar os ativistas da Revolução Cultural e pôs um fim a suas "maquinações inconsequentes".

Em campos como a ciência social e a filosofia, jovens revolucionários culturais eram às vezes usados por Stálin e pelo comando partidário para desabonar teorias associadas a Trótski ou Bukhárin, atacar antigos mencheviques ou facilitar a subordinação de respeitadas instituições culturais "burguesas" ao controle partidário. Mas esse aspecto da Revolução Cultural coexistiu com um breve florescimento de um utopismo visionário distante do mundo de diretrizes práticas e intrigas de facções. Os visionários – muitas vezes *outsiders* em suas próprias profissões, cujas ideias anteriormente haviam parecido excêntricas e irrealizáveis – estavam ocupados com planos para novas "cidades socialistas", projetos para a vida comunal, especulações sobre a transformação da natureza e a imagem do "novo homem soviético". Eles levavam a sério o slogan do Primeiro Plano Quinquenal, "Estamos construindo um novo mundo"; e por alguns anos no final da década de 1920 e início da de 1930, suas ideias também foram levadas a sério, recebendo ampla publicidade e, em muitos casos, fundos substanciosos de várias agências governamentais e outros organismos oficiais.

Embora a Revolução Cultural fosse descrita como proletária, isso não deve ser tomado ao pé da letra no terreno da alta cultura e da academia. Na literatura, por exemplo, os jovens ativistas da RAPP usavam "proletário" como sinônimo de "comunista": quando falavam em instaurar uma "hegemonia proletária", estavam expressando seu próprio desejo de dominar o campo literário e serem reconhecidos como os únicos representantes credenciados pelo Partido Comunista em meio às organizações literárias. A bem da verdade, os membros da RAPP não eram totalmente cínicos ao invocar o nome do proletariado, pois se empenhavam ao máximo para estimular atividades culturais nas fábricas e abrir canais de comunicação entre escritores profissionais e a classe operária. Isso ainda fazia parte do espírito de "ir até o povo" dos populistas dos anos 1870 (ver p. 40). Os líderes da *intelligentsia* da RAPP eram mais defensores do proletariado do que propriamente membros dele.

O aspecto proletário da Revolução Cultural tinha substância na política de "promoção" proletária – um programa soviético de "ação afirmativa" em favor de operários e camponeses – praticada vigorosamente pelo regime no período. O caráter traiçoeiro da *intelligentsia* burguesa, afirmou Stálin a propósito do julgamento de Chákhti, tornava obrigatório treinar substitutos proletários com a maior rapidez possível. A velha dicotomia entre Vermelhos e especialistas devia ser abolida. Era hora de o regime soviético constituir sua própria *intelligentsia* (termo que, na acepção de Stálin, cobria tanto a elite administrativa como a dos técnicos e especialistas), e essa nova *intelligentsia* devia ser recrutada nas classes mais baixas, especialmente na classe operária urbana.[26]

A política de "promover" operários a cargos administrativos e enviar jovens operários para o ensino superior não era nova, mas nunca tinha sido implementada com tanta urgência e em escala tão maciça como durante a Revolução Cultural. Grandes contingentes de operários eram promovidos diretamente para a gestão industrial, tornavam-se funcionários dos sovietes ou do partido, ou eram nomeados como substitutos dos "inimigos de classe" afastados da burocracia do governo central ou dos sindicatos. Das 861 mil pessoas classificadas como "principais quadros e especialistas" na União Soviética no final de 1933, mais de 140 mil – mais de um em cada seis – eram operários fabris apenas cinco anos antes. Essa era só a ponta do iceberg. O número total de operários transferidos para cargos da burocracia durante o Primeiro Plano Quinquenal foi provavelmente de pelo menos 1,5 milhão.

Ao mesmo tempo, Stálin lançou uma campanha intensiva para colocar jovens operários e comunistas no ensino superior, produzindo uma grande agitação nas universidades e escolas técnicas, ultrajando os professores "burgueses" e, durante o Primeiro Plano Quinquenal, tornando extremamente difícil aos secundaristas de famílias de funcionários da burocracia obter educação superior. Cerca de 150 mil operários e comunistas ingressaram no ensino superior durante o Primeiro Plano Quinquenal, em sua maioria para estudar engenharia, uma vez que a expertise técnica era agora uma qualificação melhor do que a ciência social marxista para exercer a liderança em uma sociedade industrial. O grupo, que incluía Nikita Khruschóv, Leonid Brejnev, Aleksei Kossíguin e uma série de futuros comandantes do partido e do governo, se tornaria o núcleo da elite política stalinista depois dos Grandes Expurgos de 1937-8.

Para os membros desse grupo favorecido – "filhos da classe operária", como gostavam de ser chamados em anos posteriores –, a Revolução havia cumprido suas promessas de dar poder ao proletariado e transformar operários em senhores do Estado. Para outros membros da classe operária, porém, o saldo da Revolução de Stálin foi muito menos favorável. O padrão de vida e os salários reais caíram drasticamente para a maioria dos operários durante o Primeiro Plano Quinquenal. Os sindicatos passaram a ser controlados com rédea curta depois do afastamento de Tómski, perdendo toda a capacidade real de pressionar pelos interesses operários em negociações com a chefia. À medida que camponeses recrutados (incluindo ex-*kulaki*) inundavam os postos de trabalho industriais, enfraqueceu-se a noção dos líderes partidários de um relacionamento especial e de obrigações especiais para com a classe operária.[27]

A transformação demográfica e social durante o período do Primeiro Plano Quinquenal foi enorme. Milhões de camponeses haviam deixado as aldeias, empurrados pela coletivização, pela deskulakização ou pela fome, ou atraídos às cidades pela nova disponibilidade de empregos. Esposas urbanas buscaram trabalho porque apenas um contracheque na família não era suficiente; esposas rurais tinham sido abandonadas pelos maridos, que desapareciam nas cidades; crianças tinham sido perdidas ou abandonadas pelos pais ou entrado em bandos de jovens sem teto (*biesprizórnie*). Estudantes secundaristas "burgueses" que esperavam ingressar na universidade viam seu caminho bloqueado, enquanto jovens operários que contavam com apenas sete anos de instrução geral eram levados para estudar engenharia.

Nepmen e *kulaki* expropriados fugiam para cidades onde não eram conhecidos para começar uma vida nova. Filhos de sacerdotes saíam de casa para não ser estigmatizados junto com os pais. Trens transportavam grandes quantidades de deportados e condenados para destinos desconhecidos e indesejados. Operários qualificados eram "promovidos" a cargos administrativos, ou "mobilizados" para canteiros de obras distantes, como Magnitogorsk; comunistas eram enviados ao campo para administrar fazendas coletivas; funcionários de escritório eram demitidos com a "limpeza" de órgãos governamentais. Uma sociedade que mal tivera tempo de se estabilizar depois das perturbações da guerra, da revolução e da guerra civil da década anterior era impiedosamente sacudida de novo com a Revolução de Stálin.

O declínio dos padrões e da qualidade de vida afetou quase todas as classes da população, urbana e rural. Os camponeses sofreram mais, como resultado da coletivização. A vida nas cidades tornou-se calamitosa devido ao racionamento de comida, às filas, à constante escassez de bens, incluindo sapatos e roupas, à intensa superlotação das moradias, às intermináveis inconveniências relacionadas com a eliminação do comércio privado e à deterioração dos serviços urbanos de todos os tipos. A população urbana da União Soviética aumentou significativamente, subindo de 29 milhões no início de 1929, para quase 40 milhões no início de 1933 – um crescimento de 38% em quatro anos. A população de Moscou saltou de pouco mais de 2 milhões, no final de 1926, para 3,7 milhões no início de 1933; no mesmo período, a população de Sverdlovsk (Iekaterinburg), uma cidade industrial dos Urais, cresceu 346%.[28]

Também na esfera política houve mudanças, embora de um tipo mais sutil e acessório. O culto a Stálin começou para valer no final de 1929 com a celebração de seu quinquagésimo aniversário. Em conferências partidárias e outros grandes encontros, tornou-se habitual os comunistas saudarem a entrada de Stálin com um aplauso caloroso. Mas Stálin, atento ao exemplo de Lênin, parecia desaprovar esse entusiasmo; e sua posição como secretário-geral do partido permaneceu formalmente inalterada.

Com o impiedoso esmagamento da oposição de esquerda ainda fresco na memória, os líderes "direitistas" se moviam com cautela; e a punição após a derrota foi igualmente branda. Contudo, essa foi a última oposição aberta (ou quase aberta) no seio do partido. A proibição de facções que vigorou desde 1921 agora existia na prática, e o resultado era que facções potenciais se transformavam automaticamente em conspirações. Discordâncias manifestas quanto à orientação política agora eram raridade em congressos partidários. O comando do partido estaria cada vez mais reservado quanto a suas deliberações, e as atas das reuniões do Comitê Central não eram mais distribuídas e tornadas acessíveis a membros da base partidária. Os líderes – em particular, o supremo Líder – passaram a cultivar os atributos divinos do mistério e da impenetrabilidade.[29]

A imprensa soviética também havia mudado, tornando-se menos dinâmica e informativa quanto a assuntos internos do que nos anos 1920. Conquistas econômicas eram alardeadas, muitas vezes, de um modo que envolvia ostensiva distorção da realidade e manipulação de estatísticas; contra tempos e fracassos eram ignorados; e as notícias sobre a escassez de alimentos em 1932-3 eram deixadas de lado por completo dos jornais. Exortações por uma produtividade mais alta e uma vigilância maior sobre os "sabotadores" estavam na ordem do dia; a frivolidade era suspeita. Os jornais já não traziam anúncios do último filme de Mary Pickford nem relatavam fatos triviais como acidentes de trânsito, estupros e roubos.

O contato com o Ocidente ficou muito mais restrito e perigoso durante o Primeiro Plano Quinquenal. O isolamento da Rússia do mundo exterior começara com a Revolução de 1917, mas havia um volume considerável de tráfego e comunicação nos anos 1920. Os intelectuais ainda podiam publicar no exterior e jornais estrangeiros ainda podiam ser encomendados. Porém, a desconfiança em relação a estrangeiros era tema recorrente nos julgamentos encenados da Revolução Cultural, o que refletia uma crescente xenofobia da parte da liderança, e também da população. A meta de "autarquia econômica" do Primeiro Plano Quinquenal também implicava o afastamento do mundo exterior. Foi nesse período que se estabeleceram firmemente as fronteiras fechadas, a mentalidade de país sitiado e o isolamento cultural característicos da União Soviética na era Stálin (e pós-Stálin).[30]

Como na época de Pedro, o Grande, o povo emagrecia e o Estado engordava. A Revolução de Stálin estendera o controle direto do Estado sobre toda a economia urbana e aumentara demais a capacidade estatal na exploração da agricultura camponesa. Fortalecera amplamente o braço policial do Estado e criara o Gulag, o império de campos de trabalho forçado que se tornou intimamente conectados com o impulso de industrialização (como fornecedor de mão de obra prisioneira em áreas em que havia carência de trabalhadores livres) e que cresceria rapidamente nas décadas seguintes. A perseguição a "inimigos de classe" na coletivização e na Revolução Cultural deixara um complexo legado de amargor, medo e desconfiança, bem como incentivara práticas de acusação, expurgo e "autocrítica". Todos os recursos e toda a energia foram esgotados no curso da Revolução de Stálin. Restava saber até que ponto a meta de tirar a Rússia do atraso fora atingida.

6.
Encerrando a Revolução

Nas palavras de Crane Brinton, a revolução é como uma febre que se apossa do paciente, atinge o clímax e finalmente cede, deixando-o retomar sua vida normal – "talvez sob alguns aspectos fortalecido pela experiência, imunizado ao menos por um tempo contra um ataque semelhante, mas com certeza jamais transformado inteiramente em um novo homem".[1] Para usar a metáfora de Brinton, a Revolução Russa atravessou vários surtos de febre. As revoluções de 1917 e a Guerra Civil constituíram o primeiro surto, a "Revolução de Stálin" do Primeiro Plano Quinquenal foi o segundo e os Grandes Expurgos foram o terceiro. Nesse esquema, o interlúdio da NEP foi um tempo de convalescença seguido por uma recaída ou, como alguns poderiam argumentar, uma nova injeção do vírus no infeliz paciente. Um segundo período de convalescença começou em meados dos anos 1930, com as políticas de estabilização que Trótski chamou de "Termidor soviético" e Timasheff, de "o grande recuo".[2] Depois de outra recaída durante os Grandes Expurgos de 1937-8, a febre parecia curada e o paciente ergueu-se trêmulo de seu leito a fim de retomar a vida normal.

Mas o paciente era de fato o mesmo homem de antes dos surtos de febre revolucionária? Será que sua vida anterior estava à espera de ser retomada? É certo que a "convalescença" da NEP significou em muitos aspectos uma retomada do tipo de vida interrompida pela eclosão da guerra em 1914, pelas insurreições revolucionárias de 1917 e pela Guerra Civil. Mas a "convalescença" da década de 1930 tinha um caráter diferente, pois àquela altura muitos dos laços com a vida anterior estavam rompidos. Era menos uma questão de retomar a vida anterior do que começar uma vida nova.

As estruturas da vida cotidiana na Rússia tinham sido modificadas pelas revoluções do Primeiro Plano Quinquenal de uma maneira nada parecida com a da experiência revolucionária anterior, de 1917-20. Em 1924, durante o interlúdio da NEP, um moscovita que voltasse depois de dez anos de ausência podia apanhar a lista telefônica de sua cidade (imediatamente reconhecível, pois seu velho design e formato praticamente não foram alterados desde os anos pré-guerra) e ter uma boa chance de encontrar o registro de seu velho médico, do advogado ou até mesmo do corretor de valores, do confeiteiro (ainda com uma discreta propaganda do melhor chocolate importado), da taverna local e do padre da paróquia, bem como das firmas que, em outros tempos, consertaram seus relógios e forneceram material de construção ou caixas registradoras. Dez anos mais tarde, em meados dos anos 1930, quase todos esses registros teriam desaparecido, e o viajante que voltasse ficaria ainda mais desorientado por causa dos novos nomes de muitas ruas e praças de Moscou, além da destruição de igrejas e outros pontos de referência até então familiares. Mais alguns anos e a própria lista telefônica da cidade teria desaparecido, para ser publicada de novo somente meio século depois.

Pelo fato de as revoluções envolverem uma concentração anormal de energia humana, idealismo e fúria, é da natureza das coisas que sua intensidade se afrouxe em algum momento. Mas como dar um fim a uma revolução sem rejeitá-la? É um problema traiçoeiro para os revolucionários que permanecem no poder tempo suficiente para ver o ímpeto revolucionário esmorecer. O revolucionário de longa data dificilmente pode seguir a metáfora de Brinton e anunciar que agora está curado da febre revolucionária. Contudo, Stálin estava totalmente à altura desse desafio. Seu modo de encerrar a Revolução foi declarando vitória.

A retórica da vitória impregnava o ar na primeira metade dos anos 1930. Um novo jornal intitulado *Nossas Realizações*, fundado pelo escritor Maksim Górki, sintetizava esse espírito. As batalhas da industrialização e da coletivização foram vencidas, alardeavam os propagandistas soviéticos. Os inimigos de classe foram liquidados. O desemprego desaparecera. O ensino fundamental se tornara universal e compulsório, e (alegava-se) o índice de adultos alfabetizados na União Soviética subira para 90%.[3] Com seu Plano, a União Soviética dera um passo gigantesco rumo ao domínio humano do mundo: os homens já não eram mais as vítimas indefesas de forças econômicas sobre as quais não tinham controle algum. Um "novo homem soviético" estava emergindo no processo de construção do socialismo. Até mesmo o ambiente físico estava sendo transformado, à medida que fábricas se erguiam na estepe vazia e os cientistas e engenheiros soviéticos se empenhavam na "conquista da natureza".

Dizer que a Revolução havia triunfado era dizer implicitamente que a Revolução havia terminado. Era tempo de colher os frutos da vitória, se fosse possível encontrar algum, ou pelo menos de descansar dos extenuantes esforços da revolução. Em meados da década de 1930, Stálin dizia que a vida tinha se tornado mais descontraída, e prometia "um feriado em nossa rua". As virtudes da ordem, da moderação, da previsibilidade e da estabilidade voltaram a cair nas graças oficiais. Na esfera econômica, o Segundo Plano Quinquenal (1933-7) era mais sóbrio e realista que seu antecessor desvairadamente ambicioso, embora a ênfase na construção de uma base industrial pesada seguisse inalterada. No campo, o regime realizava acenos conciliatórios para os camponeses no contexto da coletivização, tentando pôr o *kolkhoz* em funcionamento. Um comentador não marxista, Nicholas Timasheff, descrevia com aprovação o que estava acontecendo como um "grande recuo" em termos de valores e métodos revolucionários. Trótski, em desaprovação, classificava aquilo como "Termidor soviético", uma traição da revolução.

Neste capítulo final, examinarei três aspectos da transição da revolução para a pós-revolução. A primeira seção trata da natureza da vitória revolucionária proclamada pelo regime nos anos 1930 ("Revolução concluída"). A segunda seção examina as políticas e tendências termidorianas do mesmo período ("Revolução traída"). E o assunto da última seção, "O Terror", são os Grandes Expurgos de 1937-8. Este lança uma nova luz sobre o "retorno à normalidade" da segunda seção, lembrando-nos que a normalidade pode ser tão enganosa quanto a vitória. Da mesma maneira como havia falsidade na declaração de vitória revolucionária pelo regime, existia também uma grande dose de impostura e fingimento em suas afirmações de que a vida estava voltando ao normal, por mais que a população desejasse aceitá-las. Não era fácil encerrar uma revolução. O vírus revolucionário permanece no sistema, sujeito a aflorar de novo em condições de pressão. Isso aconteceu com os Grandes Expurgos, um surto final de febre revolucionária que incinerou muito do que restava da Revolução – idealismo, fervor transformador, o léxico revolucionário e, por fim, os próprios revolucionários.

"Revolução concluída"

Quando o XVII Congresso do Partido se reuniu no início de 1934, foi chamado de "O Congresso dos Vencedores". Sua vitória era a transformação econômica ocorrida durante o período do Primeiro Plano Quinquenal. A economia urbana tinha sido completamente estatizada, com exceção de um pequeno setor cooperativo, e a agricultura tinha sido coletivizada. Desse modo a Revolução conseguira mudar os modos de produção; como todo marxista sabe, o modo de produção é a base econômica sobre a qual se apoia toda a superestrutura da sociedade, da política e da cultura. Agora que a União Soviética tinha uma base socialista, como poderiam as superestruturas deixar de se ajustar devidamente a ela? Ao mudar a base, os comunistas tinham feito tudo o que era necessário – e provavelmente tudo o que era possível em termos marxistas – para criar uma sociedade socialista. O resto era apenas uma questão de tempo. Uma economia socialista automaticamente produziria o socialismo, da mesma forma como o capitalismo produzira a democracia burguesa.

Essa era a formulação teórica. Na prática, a maioria dos comunistas entendia a tarefa revolucionária e a vitória em termos mais simples. A tarefa tinha sido a industrialização e a modernização econômica, sintetizadas no Primeiro Plano Quinquenal. Cada nova chaminé e cada novo trator eram símbolos de vitória. Se a Revolução conseguira assentar os alicerces de um poderoso Estado moderno e industrializado na União Soviética, capaz de se defender contra inimigos externos, ela cumprira sua missão. Nesses termos, o que tinha sido conquistado?

Ninguém podia ignorar os sinais visíveis do esforço de industrialização soviético. Canteiros de obras estavam em toda parte. Houve um abrupto crescimento urbano durante o Primeiro Plano Quinquenal: centros industriais antigos haviam se expandido muito, pacatas cidades de província tinham sido transformadas pelo advento de uma grande fábrica, e novos centros industriais e de mineração despontavam por toda a União Soviética. Novas fábricas metalúrgicas e de produção de máquinas estavam em construção ou já em funcionamento.

A ferrovia Turksib (Turquistão-Sibéria) e a gigantesca barragem da hidrelétrica do Dniéper estavam prontas.[4]

O Primeiro Plano Quinquenal foi declarado cumprido com sucesso em 1932, depois de quatro anos e meio. Os resultados oficiais, que passavam por um crivo de propaganda soviética no país e no exterior, devem ser tratados com grande cautela. De todo modo, economistas ocidentais geralmente aceitaram que houve um crescimento real, resultando no que Walt Rostow posteriormente rotulou de "decolagem" industrial. Sintetizando os resultados do Primeiro Plano Quinquenal, um historiador econômico britânico observa que "apesar de as conquistas anunciadas serem discutíveis em sua totalidade, não há a menor dúvida de que uma poderosa indústria de base estava em formação, e de que a produção de máquinas industriais, turbinas, tratores, equipamento metalúrgico etc. elevou-se em porcentagens realmente impressionantes". Embora a produção de aço tenha ficado bem abaixo da meta, o fato é que ela cresceu (de acordo com números soviéticos) quase 50%. A produção de ferro mais do que duplicou, embora o crescimento projetado fosse ainda maior, e a de carvão mineral e ferro-gusa quase duplicou no período de 1927/8 a 1932.[5]

Isso não significa negar que houve problemas com um impulso de industrialização que enfatizava a velocidade e o aumento da produção com uma obstinação tão impiedosa. Acidentes industriais eram comuns; havia desperdício maciço de materiais; sua qualidade era baixa, e a quantidade de produtos defeituosos era elevada. A estratégia soviética era custosa em termos financeiros e humanos, e não necessariamente ótima em termos de taxas de crescimento: um economista ocidental calculou que a União Soviética poderia ter atingido níveis semelhantes de crescimento em meados dos anos 1930 sem se afastar em essência da estrutura da NEP.[6] Com demasiada frequência, "alcançar e ultrapassar as metas do Plano" significava jogar fora o planejamento racional e concentrar-se estritamente em um punhado de metas de produção de alta prioridade às custas de todo o resto. Fábricas novas podiam produzir bens glamorosos como tratores e turbinas, mas houve uma terrível escassez de pregos e material de embalagem ao longo de todo o Primeiro Plano Quinquenal, e todos os ramos da indústria foram afetados pelo colapso do transporte e dos carretos rurais, uma consequência não planejada da coletivização. A indústria carbonífera do Donbás estava em crise em 1932, e vários outros setores-chave da indústria sofriam graves problemas de construção e produção.

Apesar dos problemas, a indústria era a esfera na qual os líderes soviéticos acreditavam sinceramente que estavam em processo de realizar algo notável. Quase todos os comunistas tinham esse sentimento, mesmo aqueles que antes haviam simpatizado com a oposição de esquerda ou com a de direita; e algo do mesmo orgulho e empolgação era evidente na geração mais jovem, a despeito da filiação partidária, e em alguma medida na população urbana como um todo. Muitos ex-trotskistas deixaram a oposição devido a seu entusiasmo pelo Primeiro Plano Quinquenal, e mesmo o próprio Trótski basicamente o aprovava. Os comunistas que tenderam para a direita em 1928-9 depois se retrataram e aderiram totalmente ao esforço de industrialização. Nos cálculos internos de muitos céticos, Magnitogorsk, a fábrica de tratores de Stalingrado e os outros projetos industriais grandiosos tinham superado os aspectos negativos da atuação de Stálin, como a repressão truculenta e os excessos da coletivização.

A coletivização era o calcanhar de aquiles do Primeiro Plano Quinquenal, uma fonte constante de crises, confrontos e soluções improvisadas. Pelo lado positivo, ela proporcionou o mecanismo desejado para o abastecimento estatal de grãos a preços baixos e não negociáveis, e um volume maior do que aqueles que os camponeses queriam vender. No lado negativo, deixou o campesinato ressentido e de má vontade para cooperar, causou uma intensa matança de animais de criação, levou à escassez de alimentos em 1932-3 (provocando crises em toda a economia e no sistema administrativo) e obrigou o Estado a investir muito mais no setor agrícola do que era compatível com a estratégia original de "arrochar o campesinato".[7] Na teoria, a coletivização poderia ter significado uma série de coisas. Tal como praticada na União Soviética nos anos 1930, foi uma forma extrema de exploração econômica pelo Estado, que os camponeses compreensivelmente viram como uma "segunda servidão". Isso foi desalentador não somente para os camponeses, mas também para os quadros comunistas que viveram diretamente essa experiência.

Ninguém ficou realmente satisfeito com a coletivização; ela era vista pelos comunistas como uma batalha vencida, mas a um custo muito alto. Para piorar, o *kolkhoz* que existia de fato era muito diferente do *kolkhoz* dos sonhos comunistas ou daquele descrito na propaganda soviética. O *kolkhoz* típico era pequeno, de base aldeã e primitivo, ao passo que o *kolkhoz* dos sonhos era uma vitrine de agricultura moderna, mecanizada e de grande escala. O *kolkhoz* típico não apenas carecia de tratores, os quais foram deslocados para Estações de Máquinas e Tratores regionais, mas também padecia de uma grave falta de força de tração tradicional, por causa da matança de cavalos durante a coletivização. Os padrões de vida na aldeia despencaram drasticamente com a coletivização, decaindo em muitos lugares ao mais básico nível de subsistência. A energia elétrica se tornou ainda menos comum no campo do que fora nos anos 1920 devido ao desaparecimento dos moleiros *kulaki* que antes forneciam energia com suas turbinas movidas à água. Para a aflição de muitas autoridades comunistas rurais, a agricultura coletivizada não estava completamente socializada, porque camponeses ainda tinham permissão para possuir pequenos terrenos particulares, embora isso os estimulasse a descuidar-se do trabalho nos campos coletivos. Como admitiu Stálin em 1935, o pedaço de terra privado era essencial para a sobrevivência da família camponesa, pois fornecia aos camponeses (e à nação) a maior parte do leite, dos ovos e das hortaliças. Durante boa parte da década de 1930, o único pagamento que a maioria dos camponeses recebia do *kolkhoz* por seu trabalho era uma pequena parcela da safra de grãos.[8]

Quanto às metas políticas da Revolução, não seria exagero afirmar que a sobrevivência do regime ao longo dos angustiantes anos de 1931, 1932 e 1933 pareceu em si uma vitória – talvez até um milagre – para muitos comunistas. Não era, entretanto, uma vitória a ser comemorada em público. Era necessário algo mais, de preferência algo relacionado ao socialismo. No início dos anos 1930, estava em voga falar sobre a "construção do socialismo" e a "construção socialista". Mas essas frases, nunca definidas com precisão, sugeriam um processo em andamento, e não algo já concluído. Em 1936, com a introdução da nova Constituição Soviética, Stálin indicou que a fase de "construção" estava essencialmente terminada. Isso significava que o socialismo era um fato consumado na União Soviética.

Do ponto de vista teórico, era um salto e tanto. O significado exato de "socialismo" era sempre vago, mas se *O Estado e a Revolução*, de Lênin (escrito em setembro de 1917), era um guia, a ideia envolvia democracia local (dos "sovietes"), o desaparecimento de antagonismo e exploração de classe, e o enfraquecimento do Estado. Este último requisito era um obstáculo, pois mesmo o marxista soviético mais otimista teria dificuldade em sustentar que o Estado soviético tinha se enfraquecido, ou tendia a se enfraquecer em um futuro próximo. A solução encontrada foi introduzir uma distinção teórica nova, ou ao menos negligenciada até então, entre socialismo e comunismo. Passou-se a dizer que somente sob o *comunismo* é que o estado desapareceria. O socialismo, embora não fosse o objetivo final da Revolução, era o melhor que se podia alcançar em um mundo de Estados-Nações mutuamente antagônicos no qual a União Soviética existia em meio a um cerco capitalista. Com o advento da revolução mundial, o Estado poderia desaparecer. Até lá, ele precisava manter-se forte e poderoso para proteger a única sociedade socialista de seus inimigos.

Quais eram as características do socialismo que agora existia na União Soviética? A resposta a essa pergunta foi dada na nova Constituição Soviética, a primeira desde a revolucionária Constituição da República Russa de 1918. Para compreendê--la, é preciso lembrar que, de acordo com a teoria marxista-leninista, uma fase transitória de ditadura do proletariado estaria entre a revolução e o socialismo. Essa fase, que começou na Rússia em outubro de 1917, era caracterizada por uma intensa guerra de classes, pois as antigas classes proprietárias resistiam à sua expropriação e destruição pelo Estado proletário. Era o fim da guerra de classes, explicou Stálin ao apresentar a nova Constituição, que marcava a transição da ditadura do proletariado ao socialismo.

De acordo com a nova Constituição, todos os cidadãos soviéticos tinham direitos iguais e liberdades civis apropriadas ao socialismo. Agora que a burguesia capitalista e os *kulaki* tinham sido eliminados, a luta de classes desaparecera. Ainda havia classes na sociedade soviética – a classe operária, o campesinato e a *intelligentsia* (estritamente definida como um estrato, e não uma classe) – mas suas relações estavam isentas de antagonismo e exploração. Elas eram iguais em status, e iguais em sua dedicação ao socialismo e ao Estado soviético.[9]

Essas assertivas enfureceram muitos comentadores não soviéticos ao longo dos anos. Socialistas negaram que o sistema stalinista fosse socialismo de verdade; outros denunciaram como impostura as promessas de liberdade e igualdade da Constituição. Ainda que exista espaço para discussão quanto ao grau de fraude, ou de intenção de fraude,[10] essas reações são compreensíveis porque a Constituição guardava apenas a mais tênue relação com a realidade soviética. No contexto de nossa discussão presente, porém, a Constituição não precisa ser levada a sério demais: no que diz respeito às afirmações de vitória revolucionária, era um pensamento posterior que teve pouco peso emocional no Partido Comunista ou na sociedade como um todo. A maioria das pessoas era indiferente e algumas estavam confusas. Uma reação pungente à notícia de que o socialismo já existia na União Soviética veio de um jovem jornalista, um autêntico crente no futuro socialista, que sabia o quanto a vida em sua aldeia natal era primitiva e miserável. *Aquilo*, então, era socialismo? "Nunca, antes ou depois, experimentei tamanha decepção, tamanha tristeza."[11]

A garantia de direitos iguais conferida pela nova Constituição representava uma mudança real com relação à Constituição de 1918 da República Russa. A Constituição de 1918 explicitamente *não* concedia direitos iguais: membros das velhas classes exploradoras foram privados do direito a voto em eleições dos sovietes, e os votos dos operários urbanos tinham um peso muito maior que os dos camponeses. Ao lado disso havia, desde a Revolução, uma elaborada estrutura de leis e regulamentos discriminatórios de classe concebida para pôr os operários em uma posição privilegiada e desfavorecer a burguesia. Agora, sob a Constituição de 1936, todos tinham direito a voto, independentemente de sua classe. A categoria estigmatizada de "pessoas privadas de direitos" (*lichéntsi*) desapareceu. Políticas e práticas discriminatórias de classe vinham sendo removidas antes da nova Constituição. Em admissões à universidade, por exemplo, a discriminação em favor de operários fora derrubada alguns anos antes.

Assim, o abandono da discriminação de classe era real, embora não fosse de modo algum completo, como determinava a Constituição, e enfrentasse uma considerável resistência de comunistas habituados a fazer as coisas do jeito anterior.[12] O significado da mudança podia ser interpretado de duas maneiras. Por um lado, o fim da discriminação de classe podia ser visto como um pré-requisito para a igualdade social ("Revolução concluída"). Por outro, podia ser tomado como o abandono definitivo do proletariado pelo regime ("Revolução traída"). O status da classe operária e sua relação com o poder soviético na nova ordem permaneciam pouco nítidos. Nunca houve um pronunciamento oficial afirmando que a era da ditadura do proletariado havia terminado (embora essa fosse a inferência lógica a ser deduzida, se a União Soviética já havia ingressado na era do socialismo), mas o emprego de termos como "hegemonia proletária" foi substituído por formulações como "o papel de liderança da classe operária".

Críticos marxistas como Trótski podiam dizer que o partido havia perdido sua âncora ao permitir que a burocracia substituísse a classe operária como principal base de apoio social. Mas Stálin tinha uma opinião diferente. Do seu ponto de vista, um dos grandes feitos da Revolução tinha sido a criação de uma "nova *intelligentsia* soviética" (que na prática significava uma nova elite administrativa e profissional), recrutada na classe operária e no campesinato.[13] O regime soviético não precisava mais depender de remanescentes das velhas elites, cuja lealdade seria duvidosa, e agora podia confiar em sua própria elite de "quadros dirigentes e especialistas", homens que deviam suas carreiras e promoções à Revolução e nos quais se podia confiar como absolutamente leais a ela (e a Stálin). Uma vez que o regime contava com essa "nova classe" – "operários e camponeses de ontem, promovidos a posições de comando" – como base social, toda a questão do proletariado e de sua relação especial com o regime tornou-se desimportante aos olhos de Stálin. Afinal, como ele sugeriu em seus comentários ao XVIII Congresso do Partido em 1939, a flor da velha classe operária revolucionária fora transplantada para a nova *intelligentsia* soviética, e se os operários que não conseguiram ascender estavam com inveja, o azar é deles. Não resta muita dúvida de que esse ponto de vista fazia todo o sentido para os "filhos da classe operária" na nova elite, que, à maneira dos que ascendem socialmente em todos os lugares, se sentiam ao mesmo tempo orgulhosos de seu passado desfavorecido e felizes por tê-lo deixado para trás.

"Revolução traída"

A promessa de *liberté, égalité, fraternité* faz parte de quase todas as revoluções, mas é uma promessa que os revolucionários vitoriosos descumprem quase inevitavelmente. Os bolcheviques sabiam disso de antemão porque tinham lido Marx. Fizeram o possível, mesmo na euforia de Outubro, para serem revolucionários científicos obstinados e não sonhadores utópicos. Cercaram suas promessas de *liberté, égalité* e *fraternité* de referências à guerra de classes e à ditadura do proletariado. Porém, era tão difícil repudiar os slogans revolucionários clássicos como teria sido conduzir uma revolução bem-sucedida sem entusiasmo. Emocionalmente, os velhos líderes bolcheviques não conseguiam deixar de ser um tanto igualitários e libertários; e eram um tanto utópicos também, com toda sua teoria marxista. Os novos bolcheviques da safra de 1917 e da Guerra Civil tinham a mesma resposta emocional sem as inibições intelectuais. Ainda que os bolcheviques não tenham exatamente feito uma revolução igualitária, libertária e utópica, a Revolução tornou os bolcheviques, ao menos de modo intermitente, igualitários, libertários e utópicos.

O traço ultrarrevolucionário no bolchevismo pós-Outubro foi dominante durante a Revolução Cultural do Primeiro Plano Quinquenal, que, como acontece nesses episódios, passou da conta e depois foi seguida por uma reversão a políticas sociais e culturais mais moderadas e menos experimentais. Estas últimas foram rotuladas de "grande recuo"; e embora essa expressão obscureça alguns traços "revolucionários" importantes dos anos 1930, o fato de que a agricultura camponesa estava agora coletivizada, o comércio privado urbano era ilegal e uma nova onda de terror eclodiria apenas cinco anos após o colapso da Revolução Cultural, ainda assim ela capta algo da transição que ocorreu em meados dos anos 1930. Muita coisa, é evidente, depende da perspectiva adotada. Jovens entusiastas, ansiosos para a construção do socialismo em Magnitogorsk ou Komsomolsk-na-Amure, não pareciam dar muita importância às mudanças nem considerar que estavam vivendo em um período de "recuo" revolucionário.[14] Por outro lado, velhos bolcheviques, sobretudo velhos intelectuais bolcheviques, consideravam chocantes muitas das mudanças, em especial a maior ênfase na hierarquia, a aceitação do privilégio de elite e o afastamento da identificação anterior do regime com o proletariado. Essas pessoas talvez não concordassem com a acusação de Trótski de que ocorrera uma traição da revolução, mas certamente sabiam o que ele queria dizer.

O "grande recuo" era mais visível na esfera dos costumes, uma mudança que críticos como Trótski chamavam de aburguesamento, embora os apoiadores a descrevessem como um "refinamento". Nos anos 1920, os modos proletários foram cultivados até mesmo por intelectuais bolcheviques: quando

Stálin dizia a uma plateia partidária que era um homem rude, isso soava mais como autopromoção do que como autodepreciação. Porém, nos anos 1930, Stálin passou a apresentar-se diante dos comunistas soviéticos e de entrevistadores estrangeiros como um homem de cultura, como Lênin. Entre seus colegas no comando partidário, os emergentes Khruschóvs, confiantes em suas origens proletárias mas com receio de se comportarem como caipiras, excediam em número os Bukhárins, que confiavam em sua cultura mas temiam se comportar como intelectuais burgueses. Em um nível mais baixo do funcionalismo, comunistas tentavam aprender as regras do comportamento educado e livrar-se de suas botas militares e bonés grosseiros, para não serem confundidos com proletários que não tinham ascendido.

Na esfera econômica, o Segundo Plano Quinquenal marcou uma transição para o planejamento sensato, e os lemas para a mão de obra eram: aumentar a produtividade e adquirir qualificação. O princípio dos incentivos materiais foi estabelecido firmemente, com crescente diferenciação de salários dos operários de acordo com a qualificação e bônus acima da média por produção. Os salários dos especialistas foram elevados, e em 1932 a média salarial de engenheiros e técnicos ficou mais distante da média salarial dos operários do que em qualquer outro período da história soviética, antes ou depois. O Movimento Stakhanovista (nomeado em homenagem a um mineiro recordista em produção do Donbás) glorificava operários individuais ainda que às custas do coletivo. O stakhanovista era um operário-modelo, premiado generosamente por seus feitos e festejado pela mídia, mas, no mundo real, quase sempre despertava o rancor e o afastamento de seus companheiros operários. Era também um inovador e racionalizador da produção, estimulado a desafiar o saber conservador dos especialistas e a expor o acordo tácito entre gerência de fábrica, engenheiros e ramos sindicais a fim de resistir à constante pressão para elevar as médias.[15]

Na educação, os desdobramentos loucamente experimentais da Revolução Cultural, bem como as tendências progressistas mais moderadas dos anos 1920, foram abruptamente revertidos nos anos 1930. Tarefas de casa, livros escolares, ensino e disciplina tradicionais na sala de aula viram um renascimento. Mais adiante, na década de 1930, reapareceram os uniformes escolares, tornando os rapazes e garotas dos colégios soviéticos muito parecidos com seus predecessores dos liceus tsaristas. Nas universidades e escolas técnicas, as exigências para o ingresso voltaram a se basear em critérios acadêmicos, em vez de sociais e políticos; professores universitários recuperaram sua autoridade; e exames, diplomas e títulos acadêmicos foram reinstituídos.[16]

A história, disciplina banida logo depois da Revolução sob o argumento de que era irrelevante para a vida contemporânea e utilizada tradicionalmente para inculcar o patriotismo e a ideologia da classe dirigente, reapareceu nos currículos de escolas e universidades. A corrente de historiografia marxista associada ao velho historiador bolchevique Mikhail Pokróvski, dominante nos anos 1920, caiu em descrédito por reduzir a história a um registro abstrato do conflito de classes, sem nomes, datas, heróis e emoções empolgantes. Stálin encomendou novos manuais de história, muitos dos quais escritos por antigos inimigos de Pokróvski, os historiadores convencionais "burgueses" que só aderiam ao marxismo da boca para fora. Heróis – incluindo grandes líderes russos do passado tsarista como Ivan, o Terrível, e Pedro, o Grande – retornaram à história.[17]

Apesar de suas reservas quanto à liberação sexual, os bolcheviques haviam legalizado o aborto e o divórcio logo após a Revolução, e apoiavam firmemente o direito das mulheres ao trabalho; por isso, eram vistos popularmente como inimigos da família e dos valores morais tradicionais. A maternidade e as virtudes da vida familiar retornaram com força nos anos 1930, o que pode ser interpretado como um gesto reacionário, uma concessão à opinião pública, ou as duas coisas ao mesmo tempo. Alianças de casamento de ouro reapareceram nas lojas, a união livre perdeu seu status legal, o divórcio ficou menos acessível, e as pessoas que não levavam a sério suas obrigações familiares passaram a ser criticadas com dureza ("Um péssimo marido e pai não pode ser um bom cidadão"). O aborto voltou a ser ilegal depois de um debate público que mostrou apoio aos pontos de vista a favor e contra,[18] e a homossexualidade foi criminalizada sem grande alarde. Para os comunistas que haviam assimilado as atitudes mais avançadas de um período anterior, tudo isso se aproximava muito do temido moralismo pequeno-burguês, especialmente levando em conta o tom sentimental e carola com que a maternidade e a família eram vistas agora.

Entre 1929 e 1935 quase 4 milhões de mulheres se tornaram assalariadas pela primeira vez,[19] o que significa que um patamar básico da emancipação original das mulheres estava definitivamente estabelecido. Ao mesmo tempo, a nova ênfase em valores familiares às vezes parecia contradizer a velha mensagem de emancipação. Em uma campanha inconcebível nos anos 1920, esposas de homens da elite soviética eram incentivadas a engajar-se em atividades comunitárias voluntárias que ostentavam forte semelhança com as ações de caridade das classes abastadas que os socialistas russos e mesmo as feministas liberais tinham sempre desprezado. Em 1936, esposas de importantes gerentes industriais e engenheiros tinham seu próprio encontro nacional no Krêmlin, com a presença de Stálin e outros membros do Politburo, para celebrar suas realizações como organizadoras culturais e sociais voluntárias nas fábricas de seus maridos.[20]

Essas esposas e seus maridos pertenciam à elite *de facto*, cuja posição privilegiada em relação ao restante da população provocava reclamações entre operários soviéticos[21] e certo grau de constrangimento no interior do partido. Nos anos 1930, privilégios e um alto padrão de vida tornaram-se um acompanhamento normal e quase obrigatório do status da elite, em contraste com a situação nos anos 1920, em que os rendimentos dos comunistas eram limitados, ao menos teoricamente, por um "teto partidário" que impedia salários acima dos salários médios dos operários qualificados. A elite – que incluía profissionais liberais e funcionários da burocracia (comunistas ou de fora do partido) e autoridades comunistas – era apartada das massas da população não somente pelos salários elevados mas também por acesso privilegiado a serviços e bens, além de uma variedade de gratificações materiais e honoríficas. Membros da elite podiam usar lojas não abertas ao público em geral, comprar mercadorias não acessíveis a outros consumidores e tirar férias em resorts especiais e em *datchas* bem equipadas. Costumavam morar em condomínios de apartamentos e trabalhavam de carro com motorista. Muitas dessas facilidades surgiram dos sistemas fechados de distribuição que se desenvolveram durante o Primeiro Plano Quinquenal em resposta às crises agudas de escassez, e permaneceram a ponto de tornarem-se um traço permanente da paisagem.[22]

Os líderes partidários ainda eram relativamente sensíveis à questão dos privilégios da elite; excessos de ostentação ou de ganância podiam resultar em advertências, ou mesmo custar uma vida durante os Grandes Expurgos. Até certo ponto, de todo modo, os privilégios da elite estavam escondidos. Havia velhos bolcheviques que ainda adotavam uma vida ascética e criticavam os que sucumbiam ao luxo: os ataques de Trótski quanto a essa questão, em *A Revolução traída*, não eram tão diferentes daqueles feitos privadamente pelo stalinista ortodoxo

Mólotov;[23] e o consumo e a ganância ostensivos estavam entre os abusos pelos quais membros da elite comunista caídos em desgraça eram criticados rotineiramente durante os Grandes Expurgos. Desnecessário dizer que havia problemas conceituais para os marxistas quanto à emergência de uma classe burocrática privilegiada, a "nova classe" (termo popularizado pelo marxista iugoslavo Milovan Djilas), ou "nova nobreza do serviço público" (na expressão de Robert Tucker).[24] O modo como Stálin lidou com esses problemas foi chamar essa nova classe privilegiada de "*intelligentsia*", deslocando o foco do âmbito socioeconômico para a superioridade cultural. Na representação stalinista, essa *intelligentsia* (a nova elite) ganhava um papel de vanguarda comparável à do Partido Comunista na política; como vanguarda cultural, ela necessariamente podia ter acesso a uma gama mais ampla de valores culturais (incluindo bens de consumo) do que o disponível, na época, para o restante da população.[25]

A vida cultural foi bastante afetada pela nova orientação do regime. Em primeiro lugar, os interesses culturais e o comportamento cultural (*kultúrnost*) estavam entre as marcas visíveis do status de elite esperado que as autoridades comunistas exibissem. Em segundo, profissionais não comunistas – isto é, a velha "*intelligentsia* burguesa" – pertenciam à nova elite, misturados socialmente com autoridades comunistas, e compartilhavam os mesmos privilégios. Isso constituía um repúdio real ao antigo preconceito do partido contra os especialistas, que tinha tornado possível a Revolução Cultural (em seu discurso das "Seis Condições", em 1931, Stálin invertera a tendência sobre a ameaça de um "desastre" representada pela *intelligentsia* burguesa, afirmando simplesmente que a velha *intelligentsia* técnica havia abandonado sua tentativa de sabotar a economia soviética ao perceber que as punições eram grandes demais e que o sucesso do impulso de industrialização já estava assegurado)[26]. Com a volta da velha *intelligentsia* às boas graças oficiais, muitos dos intelectuais comunistas que tinham sido ativistas da Revolução Cultural perderam seus favores junto ao comando partidário. Uma das premissas básicas da Revolução Cultural tinha sido que a era revolucionária demandava uma cultura diferente da de Púchkin e do *Lago dos cisnes*. Mas na era Stálin, com a velha *intelligentsia* burguesa defendendo firmemente a herança cultural e um novo contingente de classe média buscando uma cultura acessível para chamar de sua, Púchkin e o *Lago dos cisnes* acabaram vitoriosos.

Era cedo, porém, para falar de um verdadeiro retorno à normalidade. Havia tensões externas, as quais cresceram ininterruptamente ao longo da década de 1930. No "Congresso dos Vitoriosos", em 1934, um dos tópicos de discussão foi a recente ascensão de Hitler ao poder na Alemanha – acontecimento que dava significado concreto aos até então incipientes temores de uma intervenção militar das potências capitalistas ocidentais. Havia inúmeras tensões internas. Discutir valores familiares era aceitável, mas as cidades e estações ferroviárias se encontravam, como na Guerra Civil, apinhadas de crianças abandonadas e órfãs. O aburguesamento era acessível apenas a uma minúscula minoria de moradores das cidades; os demais se espremiam em "apartamentos comunais" com várias famílias, cada uma em um quarto, todas compartilhando uma cozinha e um banheiro no que anteriormente havia sido a residência de uma só família, e o racionamento de todos os produtos básicos ainda estava em vigor. Stálin podia dizer aos *kolkhózniki* que "A vida está melhorando, camaradas", mas na época – início de 1935 – apenas duas colheitas os separavam da crise de escassez de 1932-3.

A precariedade da "normalidade" pós-revolucionária foi demonstrada no inverno de 1934-5. O racionamento de pão devia ser abandonado em 1º de janeiro de 1935, e o regime planejava uma ofensiva de propaganda em torno do tema "A vida está melhorando". Os jornais celebravam a abundância de produtos que logo estariam disponíveis (era verdade, porém apenas em poucas e caras casas de comércio) e descreviam com entusiasmo a alegria e elegância dos bailes de máscaras com que os moscovitas saudaram o Ano-Novo. Em fevereiro, um congresso de *kolkhózniki* deveria se reunir para apoiar o novo Estatuto do Kolkhoz, que garantia a posse do terreno particular e dava outras concessões aos camponeses. Tudo isso estava previsto para acontecer nos primeiros meses de 1935 – em uma atmosfera de tensão e maus presságios, obscurecida pelo assassinato de Serguei Kírov, chefe do partido em Leningrado, em dezembro. O partido e seu comando foram lançados em um estado de agitação extrema por esse acontecimento; seguiram-se prisões em massa em Leningrado. Apesar de todos os signos e símbolos de um pós-revolucionário "retorno à normalidade", este ainda estava bem distante.

O terror

Imagine, ó Leitor, que o Milênio estivesse à porta, forcejando para entrar, e no entanto não fosse possível sequer obter víveres suficientes – por culpa de traidores. Nesse caso, com que ímpeto um homem não investiria contra os traidores! [...] Quanto ao ânimo que tomava homens e mulheres, será que este único fato não diz o bastante: o cúmulo a que chegou a SUSPEITA? Sobrenatural, com frequência a chamamos, em uma linguagem aparentemente exagerada; mas atente para o depoimento frio de testemunhas. Basta que um patriota toque para si mesmo um fragmento de melodia na trompa francesa, sentado pensativo num telhado, para que Mercier reconheça nisso um sinal de que um Comitê Conspirador está transmitindo a outro. [...] Louvet, que não consegue ver claramente no emaranhado do que a maioria, discerne que seremos convidados a voltar à nossa velha Salle du Manège, por uma comissão de representantes; e também que os anarquistas massacrarão 22 de nós, durante a nossa ida para lá. Coisa de Pitt e Cobourg: o ouro de Pitt. [...] Atrás, em volta, à frente, é tudo uma imensa Peça Sobrenatural de Marionetes; Pitt puxando os cordões.[27]

O texto acima é de Carlyle sobre a Revolução Francesa, mas poderia muito bem servir como evocação do espírito de 1936-7 na União Soviética. Em 29 de julho de 1936, o Comitê Central enviou uma carta secreta a todas as organizações partidárias locais "Acerca da atividade terrorista do bloco contrarrevolucionário trotskista-zinovievista", declarando que antigos grupos oposicionistas, transformados em polos de atração de "espiões, provocadores, sabotadores, Guardas Brancos [e] *kulaki*" que odiavam o poder soviético, foram os responsáveis pelo assassinato de Serguei Kírov, o chefe do partido em Leningrado. Vigilância – a capacidade de reconhecer um inimigo do partido, mesmo que esteja bem disfarçado – era um atributo essencial de todo comunista.[28] Essa carta foi um prelúdio ao primeiro processo encenado dos Grandes Expurgos, realizado em agosto, no qual Liev Kámenev e Grigóri Zinóviev, dois ex-líderes oposicionistas, foram condenados por cumplicidade no assassinato de Kírov e sentenciados à morte.

Em um segundo julgamento encenado, realizado no início de 1937, a ênfase foi depredação e sabotagem na indústria. O principal réu era Iúri Piatakov, um ex-trotskista que fora o braço direito de Ordjonikidze no Comissariado da Indústria Pesada desde o início dos anos 1930. Em junho do mesmo ano, o marechal Tukhatchévski e outros comandantes militares foram acusados de ser espiões alemães, e executados sumariamente após uma corte marcial secreta. No último julgamento encenado, efetuado em março de 1938, os réus incluíam Bukhárin e Ríkov, os ex-líderes "direitistas", e Guénrikh Iagoda, ex-chefe da polícia secreta. Em todos esses processos, velhos bolcheviques acusados confessavam publicamente uma série de crimes extraordinários, que eles descreviam no tribunal com detalhes minuciosos. Quase todos foram condenados à morte.[29]

À parte seus crimes mais espetaculosos, como o assassinato de Kírov e do escritor Maksim Górki, os conspiradores confessavam muitos atos de sabotagem econômica destinados a provocar descontentamento popular contra o regime e facilitar sua derrubada. Isso incluía organizar acidentes em minas e fábricas nos quais muitos operários seriam mortos, causar atrasos nos pagamentos de salários e atravancar a distribuição de mercadorias, de modo que as mercearias rurais ficassem desprovidas de açúcar e tabaco e as padarias urbanas ficassem sem pão. Os conspiradores confessavam também ter praticado a mentira, simulando ter renunciado suas concepções oposicionistas e proclamando sua devoção à linha do partido, mas ao mesmo tempo divergindo, duvidando e criticando à boca pequena.

Agências de inteligência estrangeiras – alemã, japonesa, britânica, francesa, polonesa – eram acusadas de estar por trás de todas as conspirações, cujo objetivo final seria lançar um ataque militar contra a União Soviética, derrubar o regime comunista e restaurar o capitalismo. A peça-chave da conspiração era Trótski, supostamente um agente da Gestapo e também (desde 1926!) do Serviço de Inteligência Britânico, que atuava como intermediário entre potências estrangeiras e sua rede conspiratória na União Soviética.

Os Grandes Expurgos não foram o primeiro episódio de terror na Revolução Russa. O terror contra "inimigos de classe" fizera parte da Guerra Civil, e também da coletivização e da Revolução Cultural. De fato, Mólotov declarou em 1937 que uma linha direta de continuidade vinha dos processos de Chákhti e do "Partido Industrial" até o presente – com a importante diferença de que dessa vez os sabotadores que conspiravam contra o poder soviético não eram "especialistas burgueses" mas comunistas, ou pelo menos gente que "se mascarava" como tal e conseguia infiltrar-se ardilosamente em posições de primeiro escalão no partido e no governo.[30]

Prisões em massa nos altos escalões começaram na última parte de 1936, particularmente na indústria. Mas foi na plenária de fevereiro-março do Comitê Central em 1937 que Stálin, Mólotov e Nikolai Iejov (novo chefe da NKVD, como a polícia secreta foi rebatizada em 1934) deram o sinal que desencadeou a caça às bruxas.[31] Por dois anos inteiros, em 1937 e 1938, altos dirigentes comunistas em todos os setores da burocracia – governo, partido, indústria, forças armadas e até a polícia – foram denunciados e presos como "inimigos do povo". Alguns foram fuzilados; outros desapareceram no Gulag. Khruschóv revelou em seu Discurso Secreto ao XX Congresso do Partido que, de 139 membros plenos e suplentes do Comitê Central eleitos no "Congresso dos Vitoriosos" em 1934, apenas 41 não se tornaram vítimas dos Grandes Expurgos. A continuidade do comando foi praticamente rompida: os Expurgos dizimaram não somente a maioria dos membros sobreviventes do grupo dos Velhos Bolcheviques, mas também grande parte dos grupos formados na Guerra Civil e no período de coletivização. Apenas 24 membros do Comitê Central eleitos no XVIII Congresso do Partido em 1939 foram membros do Comitê Central anterior, eleito cinco anos antes.[32]

Comunistas em altas posições não foram as únicas vítimas dos Expurgos. A *intelligentsia* (tanto a velha *intelligentsia* "burguesa" como a comunista dos anos 1920, sobretudo os ativistas da Revolução Cultural) foi duramente atingida. Também o foram os antigos "inimigos de classe" – os suspeitos de sempre em qualquer terror revolucionário russo, mesmo quando, como em 1937, não eram especificamente designados – e qualquer pessoa que, em algum momento, fosse colocada em uma lista negra oficial por algum motivo. Pessoas com parentes no exterior ou amigos estrangeiros estavam particularmente em risco. Stálin chegou a emitir uma ordem secreta especial para que fossem presos e fuzilados ou enviados ao Gulag dezenas de milhares de "ex-*kulaki* e criminosos", incluindo reincidentes, ladrões de cavalo e sectários religiosos com registros de prisão; além disso, 10 mil criminosos que cumpriam sentenças no Gulag deviam ser fuzilados.[33] As dimensões totais dos Expurgos, durante muitos anos objeto de especulação no Ocidente, estão começando a emergir à medida que pesquisadores investigam arquivos soviéticos, antes inacessíveis. De acordo com os arquivos da NKVD, o número de condenados em campos de trabalho do Gulag foi de meio milhão em dois anos a partir de 1º de janeiro de 1937, atingindo 1,3 milhão em 1º de janeiro de 1939. Neste último ano, 40% dos prisioneiros do Gulag tinham sido condenados por crimes "contrarrevolucionários", 22% eram classificados como "elementos socialmente nocivos ou socialmente perigosos", e os demais, em sua maioria, eram criminosos comuns. Muitas vítimas dos Expurgos eram executadas na prisão, sequer chegando ao Gulag. A NKVD registrou mais de 680 mil execuções assim em 1937-8.[34]

Qual era o sentido dos Grandes Expurgos? Explicações em termos de *raison d'état* (extirpar uma potencial quinta-coluna em tempos de guerra) não são convincentes; explicações em termos de imperativos totalitários servem unicamente para suscitar a pergunta: o que são imperativos totalitários? Quando encaramos o fenômeno dos Grandes Expurgos no contexto da revolução, a questão fica menos desconcertante. Suspeitar de inimigos – a soldo de potências estrangeiras, frequentemente disfarçados, envolvidos em conspirações para destruir a revolução e infligir sofrimento ao povo – é um traço-padrão da mentalidade revolucionária que Thomas Carlyle captou com tanto vigor na passagem sobre o Terror Jacobino de 1794 citada no início desta seção. Em circunstâncias normais, as pessoas rejeitam a ideia de que é melhor dez homens inocentes perderem a vida do que um homem culpado escapar ileso; nas circunstâncias anormais de uma revolução, elas muitas vezes são aceitas. Notoriedade não é garantia de segurança em uma revolução; muito pelo contrário. O fato de os Grandes Expurgos terem descoberto tantos "inimigos" disfarçados de líderes revolucionários não deveria ser surpresa para estudiosos da Revolução Francesa.

Não é difícil rastrear uma gênese revolucionária dos Grandes Expurgos. Como já observado, Lênin não tinha escrúpulos quanto ao terror revolucionário, e era intolerante com a oposição, dentro ou fora do partido. Não obstante, na época de Lênin foi traçada uma distinção clara entre os métodos permitidos para lidar com a oposição fora do partido e os que poderiam ser usados com dissidentes internos. Os velhos bolcheviques respeitavam o princípio de que desavenças internas partidárias estavam fora da alçada da polícia secreta, já que os bolcheviques não deviam jamais seguir o exemplo dos jacobinos, que voltaram o terror contra seus próprios camaradas. Por mais admirável que fosse esse princípio, o fato de os líderes bolcheviques precisarem afirmá-lo evidencia a atmosfera da política interna do partido.

No início dos anos 1920, quando a oposição organizada exterior ao Partido Bolchevique desapareceu, e facções internas foram formalmente proibidas, grupos dissidentes no seio do partido herdaram a posição dos velhos partidos de oposição externos, e não chega a surpreender que eles tenham começado a receber um tratamento semelhante. De todo modo, não houve grande clamor dentro do Partido Comunista quando, no final da década de 1920, Stálin usou a polícia secreta contra os trotskistas e depois (seguindo o modelo do tratamento dispensado por Lênin aos líderes *kadeti* e mencheviques em 1922-3) deportou Trótski do país. Durante a Revolução Cultural, comunistas que trabalharam junto com "especialistas burgueses" caídos em desgraça pareciam em risco de ser acusados de algo mais que estupidez. Stálin recuou, e até permitiu que os líderes "direitistas" permanecessem em posições de autoridade. No entanto, isso ia contra sua tendência usual: era manifestadamente difícil para Stálin – e para muitos comunistas da base – tolerar pessoas outrora oposicionistas.

Uma prática revolucionária importante para entender a gênese dos Grandes Expurgos é a periódica "limpeza" do corpo de filiados (*tchístki*, ou expurgos com "e" minúsculo) que o partido empreendeu desde o início dos anos 1920. A frequência de expurgos partidários aumentou no final da década: foram realizados em 1929, 1933-4, 1935 e 1936. Em um expurgo partidário, cada membro do partido deveria se apresentar e defender sua correção diante de uma comissão, refutando críticas feitas abertamente pela plateia ou via denúncia. O efeito de repetidos expurgos era que antigas infrações eram trazidas à tona inúmeras vezes, tornando quase impossível livrar-se delas. Parentes indesejáveis, ligações pré-revolucionárias com outros partidos políticos, filiação a oposições dentro do partido, escândalos passados e advertências oficiais, até mesmo enganos burocráticos e confusões de identidade – tudo isso rondava o pescoço de membros do partido, tornando-se mais pesado a cada ano. A desconfiança dos comandantes partidários de que o partido estava repleto de membros indignos e não confiáveis parecia exacerbada a cada expurgo e não suavizada.

Além disso, cada expurgo criava mais inimigos potenciais para o regime, uma vez que os expulsos tendiam a ficar ressentidos com o golpe em seu status e nas suas perspectivas de ascensão. Em 1937, um membro do Comitê Central sugeriu a portas fechadas que haveria mais *ex*-comunistas no país do que membros filiados ao partido, ideia que ele e outros consideravam profundamente perturbadora.[35] Pois o partido já tinha tantos inimigos – e tantos deles escondidos! Havia os velhos inimigos, aqueles que tinham perdido seus privilégios durante a Revolução, padres e assim por diante. E agora havia os *novos* inimigos, as vítimas das políticas recentes de liquidação dos *kulaki* e dos *Nepmen* enquanto classes. Qualquer *kulak* podia tornar-se inimigo declarado do poder a qualquer momento, mesmo se não fosse antes. O pior, a esse respeito, é que muitíssimos *kulaki* expropriados fugiram para as cidades, começaram vida nova, esconderam seu passado (para conseguir um emprego), disfarçaram-se de trabalhadores honestos – tornaram-se, em suma, inimigos secretos da revolução. Quantos jovens Komsomols aparentemente dedicados escondiam o fato de que seus pais tinham sido *kulaki* ou padres no passado! Não admira, alertava Stálin, que os inimigos individuais de classe tenham se tornado *ainda mais perigosos* depois que as classes inimigas foram destruídas. Claro que se tornaram, porque o ato de destruição os ferira pessoalmente; e eles tinham uma causa real e concreta de rancor contra o regime soviético.

O volume de denúncias nos dossiês de todos os administradores comunistas crescia constantemente a cada ano. Um dos aspectos populistas da revolução de Stálin era incentivar cidadãos comuns a escrever caso tivessem queixas contra "abusos de poder" por parte de autoridades locais; e as investigações que se seguiam com frequência levavam à demissão das autoridades questionadas. Muitas reclamações eram motivadas tanto por má-fé como por justiça. Um sentimento generalizado de rancor, mais que as violações específicas citadas, parece ter inspirado muitas das denúncias de diretores de *kolkhózi* e outras autoridades rurais que *kolkhózniki* escreveram em grande quantidade nos anos 1930.[36]

Os Grandes Expurgos não poderiam ter aumentado como uma avalanche sem participação popular. Denúncias interesseiras desempenharam um papel, assim como queixas contra chefes baseadas em injustiças reais. A obsessão por espionagem se alastrou, como acontecera muitas vezes nos últimos vinte anos: uma moça do movimento juvenil dos Pioneiros, Lena Petrienko, detectou um espião no trem quando voltava do acampamento de verão, ao ouvi-lo falar alemão; outro cidadão vigilante puxou a barba de um religioso mendicante e ela se soltou, expondo um espião que acabara de atravessar a fronteira.[37] Em reuniões de "autocrítica" em repartições e células do partido, o medo e a desconfiança se combinavam para produzir bodes expiatórios, acusações histéricas e intimidações.

Era diferente do terror popular, no entanto. A exemplo do Terror Jacobino da Revolução Francesa, era terror de Estado no qual líderes revolucionários anteriores eram as vítimas mais visíveis. Em contraste com episódios anteriores de terror revolucionário, a violência popular espontânea desempenhava apenas um papel secundário. Além disso, o foco do terror mudara dos "inimigos de classe" originais (nobres, padres e outros adversários da Revolução) para "inimigos do povo" nas próprias fileiras da Revolução.

No entanto, as diferenças entre os dois casos são tão intrigantes quanto suas semelhanças. Na Revolução Francesa, Robespierre, o instigador do Terror, terminou como vítima. No Grande Terror da Revolução Russa, em contraste, o terrorista-mor, Stálin, sobreviveu incólume. Embora Stálin tenha sacrificado seu instrumento obediente (Iejov, chefe da NKVD de setembro de 1936 a dezembro de 1938, preso na primavera de 1939 e depois fuzilado), não há indicação de que tenha sentido que os eventos haviam saído seriamente de controle, ou de que tenha se sentido pessoalmente em perigo, ou ainda de que tenha se livrado de Iejov por algum outro motivo que não uma prudência maquiavélica.[38] O repúdio dos "expurgos em massa" e a revelação de "excessos" de vigilância no XVIII Congresso do Partido em março de 1939 se desenrolaram tranquilamente: em seu próprio discurso, Stálin deu pouca atenção ao assunto, embora tenha dedicado um minuto a refutar comentários da imprensa estrangeira de que os Expurgos haviam enfraquecido a União Soviética.[39]

Ao ler as transcrições dos julgamentos encenados de Moscou, e dos discursos de Stálin e Mólotov na plenária de fevereiro-março, o que espanta é o drama e a teatralidade dos processos, o sentido de artifício e cálculo e a ausência de qualquer reação emocional dos líderes à notícia da traição dos camaradas. Trata-se de terror revolucionário com uma diferença: sente-se a mão de um diretor, não de um autor.

Em *O 18 de brumário de Luís Bonaparte*, Marx fez seu célebre comentário de que todos os grandes acontecimentos são vividos duas vezes, a primeira como tragédia, a segunda como farsa. Embora o Grande Terror da Revolução Russa não tenha sido uma farsa, teve algumas características de reprise, de encenação a partir de um modelo anterior. É possível, como sugere o biógrafo russo de Stálin, que o Terror Jacobino tenha servido como modelo para Stálin: certamente a expressão "inimigos do povo", que Stálin parece ter introduzido no discurso soviético em conexão com os Grandes Expurgos, tinha antecedentes revolucionários franceses. Assim, é mais fácil entender por que o cenário grotesco das denúncias em cascata e a desconfiança popular desmedida eram necessários para atingir o propósito relativamente direto de matar inimigos políticos. De fato, é tentador ir mais longe e sugerir que, ao determinar um terror (que, de acordo com a sequência revolucionária clássica, devia preceder o Termidor, e não sucedê-lo), Stálin pode até ter sentido que estava rechaçando em definitivo a acusação de Trótski de que seu governo levara a um "Termidor soviético".[40] Quem poderia dizer que Stálin era um reacionário termidoriano, um traidor da revolução, depois de sua demonstração de terror revolucionário que suplantava até mesmo o da Revolução Francesa?

Qual foi o legado da Revolução Russa? Até o final de 1991, o sistema soviético podia ser descrito desse modo. As bandeiras vermelhas e as faixas proclamando "Lênin vive! Lênin está conosco!" estiveram desfraldadas até o fim. O Partido Comunista governante era um legado da Revolução; também o eram as fazendas coletivas, os Planos Quinquenais, os Planos de Sete Anos, as crises de escassez de bens de consumo, o isolamento cultural, o Gulag, a divisão do mundo em campos "socialista" e "capitalista" e a afirmação de que a União Soviética era "líder das forças progressistas da humanidade". Embora o regime e a sociedade não fossem mais revolucionários, a Revolução permanecia como a pedra angular da tradição soviética, um foco de patriotismo, e tema a ser aprendido pelas crianças nas escolas e celebrado na arte pública soviética.

A Revolução Russa também deixou uma complexa herança internacional. Foi a grande revolução do século XX, o símbolo do socialismo, do anti-imperialismo, a rejeição da velha ordem na Europa. Para o bem ou para o mal, os movimentos socialista e comunista internacionais do século XX viveram sob sua sombra, assim como os movimentos de libertação do Terceiro Mundo na era do pós-guerra. A Guerra Fria fez parte do legado da Revolução Russa, e significou também um tributo involuntário a seu poder simbólico contínuo. Foi a Revolução Russa que representou para alguns a esperança de libertar-se da opressão, e para outros provocou pesadelos de um triunfo mundial do comunismo ateu. Foi a Revolução Russa que estabeleceu uma definição do socialismo como a tomada do poder do Estado e de seu uso para a transformação econômica e social.

As revoluções têm duas vidas. Na primeira, elas são consideradas parte do presente, inseparáveis da política contemporânea. Na segunda, elas deixam de fazer parte do presente e deslocam-se para a história e para a lenda nacional. Ser parte da história não significa um afastamento total da política, como mostra a Revolução Francesa, ainda uma pedra angular do debate político francês dois séculos mais tarde. Mas impõe uma distância: no que diz respeito aos historiadores, permite mais liberdade de ação e mais distanciamento na interpretação. Nos anos 1990, a passagem da Revolução Russa do presente para a história já devia ter acontecido havia muito tempo, mas a transferência esperada continuava sendo postergada. No Ocidente, apesar da persistência dos resquícios da Guerra Fria, os historiadores, se não os políticos, tinham mais ou menos decidido que a Revolução Russa já era história. Na União Soviética, porém, a interpretação da Revolução Russa permaneceu politicamente carregada e associada à política contemporânea até a era Gorbatchóv.

Com o colapso da União Soviética, a Revolução Russa não ingressou na história de forma digna. Ela foi lançada – "na lata de lixo da história", para tomar emprestada a frase de Trótski – em um espírito de veemente rejeição nacional. Por alguns anos no início da década de 1990, os russos queriam esquecer não apenas a Revolução, mas toda a era soviética. É difícil esquecer o próprio passado, sobretudo aquelas partes que exigiram atenção, para o bem ou para o mal, do resto do mundo. Sob Pútin, iniciou-se na Rússia uma recuperação seletiva da herança soviética; e, sem dúvida, ainda há mais por vir. Se os franceses – que ainda brigam pela herança de sua Revolução no bicentenário desta, em 1989 – servem de guia, o significado da Revolução Russa será debatido inflamadamente na Rússia em seu primeiro centenário e depois.

O repúdio, que correspondia a um desejo de esquecer não somente a Revolução Russa, mas toda a era soviética, deixou um estranho vazio na consciência histórica russa. Em pouco tempo, na linha do rosário de lamentações de Piotr Tchaadáiev quanto à nulidade da Rússia um século e meio antes, ergueu-se um coro de lamúrias sobre a inferioridade histórica fatal da Rússia, seu atraso e sua exclusão da civilização. Para os russos, ex-cidadãos soviéticos, parecia que o que se perdeu com o descrédito do mito da revolução não era a crença no socialismo, mas a confiança na importância da Rússia no mundo. A Revolução dera à Rússia um significado, um destino histórico. Por meio da Revolução, o país se tornou um desbravador de caminhos, um líder internacional, modelo e inspiração para "as forças progressistas de todo o mundo". Agora, da noite para o dia, ao que parecia, tudo aquilo tinha chegado ao fim. A festa acabara; depois de 74 anos, a Rússia resvalara da "vanguarda da história" para o que soava como sua velha postura de atraso indolente. Em um momento doloroso para a Rússia e para a Revolução Russa, constatava-se que "o futuro da humanidade progressista" estava no passado.

A Rússia pós-soviética está ainda às voltas com esse trauma às vésperas de seu centenário, em 2017. Em 2014 o presidente Pútin sugeriu que a avaliação deveria ser feita com uma "profunda base objetiva *profissional*" (ênfase minha), obviamente de modo a não trazer a Revolução Russa para a esfera da política contemporânea; e ele também sugeriu reclassificar o evento, transformando-o de "revolução" para "reviravolta política" (*perevorót*). Para o centenário da Revolução Francesa, os franceses construíram a Torre Eiffel e o presidente Carnot exaltou a

Revolução por ter empreendido o destronamento da tirania e a instauração do princípio da soberania popular (por meio de representantes eleitos, teve o cuidado de acrescentar). Na Rússia, não foi planejada nenhuma Torre Eiffel para as comemorações de 2017; e em um país que ainda se esforça para lidar com o capitalismo e o livre mercado, os princípios do socialismo centrais à Revolução – em particular do socialismo de estilo soviético, com sua ênfase no planejamento estatal e na industrialização – pareciam totalmente irrelevantes. Mas os tempos mudam, e há com frequência um elemento cíclico nessas mudanças. Quem sabe como a Revolução e suas metas socialistas soarão para a Rússia e para o resto do mundo quando se aproximar de seu bicentenário no século XXII? "Vamos tentar esquecer essa coisa toda", foi uma das sugestões feitas quando a Revolução Francesa atravessou esse marco em 1989, refletindo a crença (ou esperança) de que a política francesa já havia orbitado o suficiente em torno dos velhos debates. Acontece que esquecer não é tão fácil nem tão desejável, da perspectiva nacional, como se poderia pensar. Goste-se ou não, a Revolução Russa foi uma das experiências formadoras do século XX, e não apenas para a Rússia. E é dessa forma que ela entrou definitivamente para os livros de história.

Agradecimentos

Este livro já tem uma longa história. O primeiro esboço foi escrito no verão de 1979, quando eu era pesquisadora visitante na Research School of Social Sciences da Australian National University. Quero expressar minha gratidão ao amigo Harry (T. H.) Rigby, que providenciou meu convite para a ANU e depois fez comentários úteis sobre o manuscrito; a R. W. Davies, que fez uma correção importante; e a Jerry Hough, uma fonte de estímulo intelectual e incentivo ao longo do processo de escrita do original. A segunda e a terceira edições, em 1993 e 2008 respectivamente, foram preparadas quando eu estava na Universidade de Chicago, e meus alunos de pós-graduação e participantes das oficinas de Estudos Russos e Europa Moderna foram uma grande fonte de estímulo. É um prazer observar que alguns alunos de pós-graduação na época da segunda e da terceira edições produziram desde então importantes trabalhos acadêmicos, que estão citados na terceira e na quarta edições. Meu marido, Michael Danos, leu o manuscrito revisado para a segunda edição, mas faleceu antes da revisão da terceira; sua presença em tudo o que escrevo é permanente. Esta quarta edição foi preparada na Austrália, com um novo grupo de colegas colaboradores na Universidade de Sydney. As muitas conferências internacionais organizadas para o centenário da Revolução Russa propiciaram a ocasião para uma reavaliação do significado no longo prazo do acontecimento.

Notas

Nas Notas e na Bibliografia selecionada, manteve-se a transliteração para o inglês, e não para o português, nos nomes de autores e títulos das obras citadas. Detalhes sobre os títulos incluídos na Bibliografia selecionada são fornecidos apenas em sua primeira citação.

Introdução [p. 7]

1. Até nomear a Revolução ficou complicado. A expressão "Revolução Russa" nunca foi usada na Rússia. No uso soviético, que muitos russos agora tentam evitar, era "a Revolução de Outubro", ou simplesmente "Outubro". O termo pós-soviético preferido parece ser "a Revolução Bolchevique".

2. As datas anteriores à mudança de calendário implantada em 1918 são expressas à maneira antiga, que em 1917 estava treze dias em atraso com relação ao calendário ocidental, adotado pela Rússia em 1918.

3. Crane Brinton, *The Anatomy of Revolution*. Ed. revista. Nova York: 1965. [Ed. bras.: *Anatomia das revoluções*. Rio de Janeiro, 1958.] Na Revolução Francesa, o 9 de termidor (27 de julho de 1794) foi a data do calendário revolucionário em que Robespierre caiu. A palavra "Termidor" é usada como referência tanto do fim do terror revolucionário como do fim da fase heroica da Revolução.

4. Ver pp. 242-3.

5. Meu modo de pensar o terror de Estado tem uma dívida considerável com o artigo de Colin Lucas "Revolutionary Violence, the People and the Terror". In: K. Baker (Org.), *The French Revolution and the Creation of Modern Political Culture*. Oxford: 1994. v. 4: *The Terror*.

6. O nome do partido foi mudado de Partido Operário Social-Democrata Russo (Bolchevique) para Partido Comunista da Rússia – posteriormente da União Soviética – (Bolchevique) em 1918. Os termos "bolchevique" e "comunista" eram usados de modo intercambiável nos anos 1920, mas "comunista" se tornou de uso normal nos anos 1930.

7. O termo é tomado de Aristide R. Zolberg, "Moments of Madness". *Politics and Society*, v. 2, n. 2, pp. 183-207, inverno 1972.
8. Adam B. Ulam, "The Historical Role of Marxism". In: *The New Face of Soviet Totalitarianism*. Cambridge, MA: 1963, p. 35. [Ed. bras.: *A nova face do totalitarismo soviético*. Trad. de Evaristo M. Costa. Rio de Janeiro: Record, 1964.]
9. Sobre esse assunto, ver Igal Halfin, *Terror in My Soul: Communist Autobiographies on Trial*. Cambridge, MA, 2003.
10. "Os Grandes Expurgos" é uma expressão ocidental, não soviética. Por muitos anos, não houve um meio aceitável de se referir publicamente ao episódio em russo porque, oficialmente, ele não havia ocorrido; em conversas privadas, era geralmente mencionado de modo oblíquo como "1937". A confusão de nomenclatura entre "expurgos" e "Os Grandes Expurgos" vem do uso soviético de um eufemismo: quando o Terror foi encerrado com quase repúdio no XVIII Congresso do Partido, em 1939, o que se repudiou expressamente foram os "expurgos em massa" (*mássovie tchístki*), embora nenhum expurgo partidário em sentido estrito tivesse ocorrido desde 1936. O eufemismo foi usado brevemente em russo, mas logo desapareceu, ao passo que em inglês e outras línguas ocidentais ele se consagrou de modo permanente.
11. *The Great Terror* é o título da obra clássica de Robert Conquest sobre o assunto.

1. O cenário [p. 27]

1. Frank Lorimer, *The Population of the Soviet Union*. Genebra: 1946, pp. 10, 12.
2. A. G. Rashin, *Formirovanie rabochego klassa Rossii*. Moscou: 1958, p. 328.
3. Barbara A. Anderson, *Internal Migration during Modernization in Late Nineteenth-Century Russia*. Princeton, NJ: 1980, pp. 32-8.
4. A. Gerschenkron, *Economic Backwardness in Historical Perspective*. Cambridge, MA: 1962, pp. 5-30. [Ed. bras.: *O atraso econômico em perspectiva histórica e outros ensaios*. Trad. de Vera Ribeiro. Rio de Janeiro: Contraponto, 2015.]
5. Sobre a rebeldia camponesa e a revolução operária, ver Leopold Haimson, "The Problem of Social Stability in Urban Russia, 1905- 1917". *Slavic Review*, v. 23, n. 4, pp. 633-7, 1964.
6. Ver Edith W. Clowes; Samuel D. Kassow; James L. West (Orgs.), *Between Tsar and People. Educated Society and the Quest for Public Identity in Late Imperial Russia*. Princeton, NJ: 1991.

7. Alfred Rieber usou o termo "sedimentário" para descrever a coexistência de formas antigas e novas de identidade social na sociedade russa: ver seu artigo "The Sedimentary Society". In: *Between Tsar and People*, ibid., pp. 343-66.

8. Ver Marc Raeff, *Origins of the Russian Intelligentsia. The Eighteenth-Century Nobility*. Nova York: 1966.

9. A questão é discutida em Richard S. Wortman, *The Development of a Russian Legal Consciousness*. Chicago: 1976, pp. 286-9 e passim. Sobre o tema mais amplo da Grande Reforma, ver Ben Eklof; John Bushnell; Larissa Zakharova (Orgs.), *Russia's Great Reforms, 1855-1881*. Bloomington, IN: 1994.

10. Ver o debate em Richard Pipes, *Russia under the Old Regime*. Nova York: 1974, cap. 10.

11. Sobre a antevisão dos populistas quanto a esse assunto, ver Gerschenkron, *Economic Backwardness*, op. cit., pp. 167-73.

12. Para uma opinião negativa, ver Richard Pipes, *Social Democracy and the St Petersburg Labor Movement, 1885-1897*. Cambridge, MA: 1963; para uma mais positiva, ver Allan K. Wildman, *The Making of a Workers' Revolution. Russian Social Democracy, 1891-1903*. Chicago: 1967.

13. Extraído de Sidney Harcave, *First Blood: The Russian Revolution of 1905*. Nova York: 1964, p. 23.

14. Para uma análise da filiação de bolcheviques e mencheviques até 1907, ver David Lane, *The Roots of Russian Communism*. Assen: Holanda, 1969, pp. 22-3, 26.

15. Para uma discussão lúcida da cisão, ver Jerry F. Hough e Merle Fainsod, *How the Soviet Union is Governed*. Cambridge: MA, 1979, pp. 21-6.

16. Citação extraída de Trótski, "Our Political Tasks" (1904). In: Isaac Deutscher, *The Prophet Armed*. Londres: 1970, pp. 91-2. [Ed. bras.: *Trotsky: O profeta armado*. Trad. de Valtensir Dutra. Rio de Janeiro: Civilização Brasileira, 1968.]

17. Haimson, "The Problem of Social Stability", op. cit., pp. 624-33.

18. Sobre a Revolução de 1905, ver Abraham Ascher, *The Revolution of 1905*. Stanford, CA: 1988 e 1992. 2 v.

19. Ver Roberta Thompson Manning, "Zemstvo and Revolution: The Onset of the Gentry Reaction, 1905-1907". In: Leopold Haimson (Org.), *The Politics of Rural Russia, 1905-1914*. Bloomington, IN: 1979.

20. Mary Schaeffer Conroy, *Petr Arkad'evich Stolypin: Practical Politics in Late Tsarist Russia*. Boulder, CO: 1976, 98.

21. Judith Pallot, *Land Reform in Russia, 1906-1917: Peasant Responses to Stolypin's Project of Rural Transformation*. Oxford: 1999, p. 8.

22. Para uma vigorosa representação ficcional do que significou o isolamento em termos psicológicos, ver Aleksandr Soljenítsin, *Lenin in Zurich*. Nova York: 1976.

23. Ver Peter Gatrell, *A Whole Empire Walking. Refugees in Russia during World War I*. Bloomington, IN: 1999. Para número de baixas, ver Peter Gratell, *Russia's First Word War: A Social and Economic History*. Harlow: 2005, p. 246; e para uma revisão da atuação do exército na guerra, ver David. R. Stone, *The Russian Army in the Great War: The Eastern Front, 1914-1917*. Lawrence, KS: 2015.

24. A tragédia familiar é tratada com empatia e compreensão em Robert K. Massie, *Nicholas and Alexandra*. Nova York: 1967. [Ed. bras.: *Nicolau e Alexandra*. Trad. de Angela Lobo de Andrade. Rio de Janeiro: Rocco, 2014.]

2. 1917: As Revoluções de Fevereiro e Outubro [p. 63]

1. Para um exame historiográfico crítico desse argumento, ver Stephen F. Cohen, "Bolshevism and Stalinism". In: Robert C. Tucker (Org.), *Stalinism*. Nova York: 1977.

2. Citação extraída de W. G. Rosenberg, *Liberals in the Russian Revolution*. Princeton, NJ: 1974, p. 209.

3. George Katkov, *Russia, 1917: The February Revolution*. Londres: 1967, p. 444.

4. Para um relato documental dos últimos dias de Nicolau, ver Mark D. Steinberg e Vladimir M. Khrustalëv, *The Fall of the Romanovs*. New Haven; Londres: 1995, pp. 277-366. [Ed. bras.: *A queda dos Romanov*. Trad. de Ruy Jungmann. Rio de Janeiro: Jorge Zahar, 1996.]

5. A. Tyrkova-Williams, *From Liberty to Brest-Litovsk*. Londres: 1919, p. 25.

6. Citação extraída de Allan K. Wildman, *The End of the Russian Imperial Army*. Princeton, NJ: 1980, p. 260.

7. Sukhanov, *The Russian Revolution*, 1917, pp. 104-5. v. I.

8. Para um relato incisivo sobre o desenrolar da situação nas províncias, ver Donald J. Raleigh, *Revolution on the Volga*. Ithaca e Londres: 1986.

9. Citação extraída de Leonard Schapiro, *The Origin of the Communist Autocracy*. Cambridge, MA: 1955, 42, n. 20.

10. V. I. Lenin, *Collected Works*. Moscou: 1964, pp. 21-6. v. XXIV. O crítico citado por Lênin era Goldenberg.

11. Para uma análise cuidadosa dos dados de filiação relativos a 1917, ver T. H. Rigby, *Communist Party Membership in the USSR, 1917-1967*. Princeton, NJ: 1968, cap. I.

12. Wildman, *The End of the Russian Imperial Army*. Além de seu tema central, o exército no período de fevereiro a abril de 1917, esse livro fornece uma das melhores análises disponíveis sobre a transferência de poder de fevereiro.

13. Marc Ferro, *The Russian Revolution of February 1917*. Trad. de J. L. Richards. Londres: 1972, pp. 112-21. [Ed. bras.: *A Revolução Russa de 1917*. Trad. de Maria P. V. Resende. São Paulo: Perspectiva, 1974.]

14. Para uma série de reações populares, ver os documentos em Mark D. Steinberg, *Voices of Revolution*, 1917. New Haven; Londres: 2001.

15. Sobre as Jornadadas de Julho, ver A. Rabinowitch, *Prelude to Revolution: The Petrograd Bolsheviks and the July 1917 Uprising*. Bloomington, IN: 1968.

16. Citação extraída de A. Rabinowitch, *The Bolsheviks Come to Power*. Nova York: 1976, p. 115.

17. Entrevista de jornal com o general Alekseiev (*Rech'*, 13 set. 1917, p. 3). In: Robert Paul Browder; Alexander F. Kerensky (Orgs.), *The Russian Provisional Government 1917: Documents*. Stanford: 1961. v. III. p. 1622.

18. Citação extraída de Robert V. Daniels, *Red October*. Nova York: 1967, p. 82.

19. As ações e intenções dos principais bolcheviques participantes da Revolução de Outubro foram depois submetidas a um grande volume de revisão autointeressada e de mitificação política – não somente em histórias oficiais stalinistas, mas também no clássico misto de história e memórias de Trótski, *A História da Revolução Russa*. Ver a discussão em Daniels, *Red October*, cap. 11.

20. Leon Trotsky, *The History of the Russian Revolution*. Trad. de Max Eastman. Ann Arbor, MI: 1960. v. III. caps. 4-6. [Ed. bras.: *A História da Revolução Russa*. Trad. de E. Huggins. Rio de Janeiro: Paz e Terra, 1977. 3 v.]

21. Ver, por exemplo, Roy A. Medvedev, *Let History Judge: The Origins and Consequences of Stalinism*. 1 ed. Nova York: 1976, pp. 381-4.

22. A análise a seguir se baseia em O. Radkey, *Russia Goes to the Polls: The Election to the All-Russian Constituent Assembly 1917*. Ithaca: NY, 1989.

3. A Guerra Civil [p. 103]

1. Para relatos dos desdobramentos da revolução nas províncias, ver Peter Holquist, *Making War, Forging Revolution: Russia's Continuum of Crisis, 1913-1921*. Cambridge; Londres: 2002 (sobre a região do Don) e Donald J. Raleigh, *Experiencing Russia's Civil War: Politics, Society, and Revolutionary Culture in Saratov, 1917-1922*. Princeton, NJ: 2002.

2. Terry Martin, *The Affirmative Action Empire*. Ithaca: 2001, pp. 8, 10.

3. Para uma discussão sobre essas questões, ver Ronald G. Suny, "Nationalism and Class in the Russian Revolution: A Comparative Discussion". In: E. Frankel; J. Frankel; B. Knei-Paz (Orgs.), *Russia in Revolution: Reassessments of 1917*. Cambridge: 1992.

4. Sobre o impacto da Guerra Civil, ver D. Koenker; W. Rosenberg; R. Suny (Orgs.), *Party, State, and Society in the Russian Civil War*. Bloomington, IN: 1989.

5. T. H. Rigby, *Communist Party Membership in the USSR, 1917-1967*. Princeton, NJ: 1968, p. 242; *Vsesoyuznaya partiinaya perepis' 1927 goda. Osnovnye itogi perepisi*. Moscou: 1927, p. 52.

6. Robert C. Tucker, "Stalinism as Revolution from Above". In: Tucker, *Stalinism*, pp. 91-2.

7. Esse raciocínio é elaborado em Sheila Fitzpatrick, "The Civil War as a Formative Experience". In: A. Gleason; P. Kenez; R. Stites (Orgs.), *Bolshevik Culture*. Bloomington, IN: 1985.

8. Citação em John W. Wheeler-Bennett, *Brest-Litovsk. The Forgotten Peace, March 1918*. Nova York: 1971, 243-4.

9. Dados extraídos de Aleksandr I. Solzhenitsyn [Soljenítsin], *The Gulag Archipelago, 1918-1956*. Trad. de Thomas P. Whitney. Nova York: 1974, cap. I-II, p. 300. [Ed. bras.: *Arquipélago Gulag*. Trad. de Francisco A. Ferreira; Maria M. Llistó; José A. Seabra. Rio de Janeiro: Difel, 1976.] Sobre a atuação da Tcheca em Petrogrado, ver Mary McAuley, *Bread and Justice. State and Society in Petrograd, 1917-1922*. Oxford: 1991, pp. 375-93.

10. Para uma amostra das declarações de Lênin sobre o terror, ver W. Bruce Lincoln, *Red Victory. A History of the Russian Civil War*. Nova York: 1989, pp. 134-9; para as opiniões de Trótski, ver seu *Terrorism and Communism: A Reply to Comrade Kautsky* (1920). [Ed. bras.: *Terrorismo e comunismo: O Anti-Kautsky*. Trad. de Lívio Xavier. Rio de Janeiro: Saga, 1969.]

11. Sobre as atitudes dos camponeses, ver Orlando Figes, *Peasant Russia, Civil War: The Volga Countryside in Revolution, 1917-1921*. Oxford: 1989.

12. Sobre a economia, ver Silvana Malle, *The Economic Organization of War Communism, 1918-1921*. Cambridge: 1985.

13. Ver Alec Nove, *An Economic History of the USSR*. Londres: 1969, cap. 3.

14. Sobre políticas comerciais, ver Julie Hessler, *A Social History of Soviet Trade*. Princeton: NJ, 2004, cap. 2.

15. Sobre o confisco de comida, ver Lars T. Lih, *Bread and Authority in Russia 1914-1921*. Berkeley: 1990.

16. Para uma defesa da ideia de que não houve uma "segunda revolução", ver T. Shanin, *The Awkward Class: Political Sociology of Peasantry in a Developing Society: Russia 1910-1925*. Oxford: 1972, pp. 145-61.

17. N. Bukharin; E. Preobrazhensky [Preobrajénski], *The ABC of Communism*. Trad. de E. e C. Paul. Londres: 1969, p. 355. [Ed. bras.: *ABC do comunismo*. Trad. de Aristides Lobo. São Paulo: Edipro, 2002. Na autoria, consta somente o nome Bukharin.]

18. Sobre a continuidade entre o período das reformas de Stolípin e os anos 1920, especialmente mediante a presença no campo de especialistas trabalhando em fusões de terras, ver George L. Yaney, "Agricultural Administration in Russia from the Stolypin Land Reform to Forced Collectivization: An Interpretive Study". In: James R. Millar (Org.), *The Soviet Rural Community*. Urbana, IL: 1971, pp. 3-35.

19. Ver Richard Stites, *Revolutionary Dreams: Utopian Vision and Experimental Life in the Russian Revolution* (Oxford: 1989) e William G. Rosenberg (Org,), *Bolshevik Visions: First Phase of the Cultural Revolution in Soviet Russia*. 2. ed. Ann Arbor, MI: 1990.

20. Bukharin e Preobrazhensky, op. cit., p. 118.

21. Citação extraída de Sheila Fitzpatrick, *The Commissariat of Enlightenment*. Londres: 1970, p. 20.

22. T. H. Rigby, *Lenin's Government. Sovnarkom, 1917-1922*. Cambridge: 1979. Para uma abordagem recente baseada em arquivos do período de Lênin no poder, ver Robert Service, *Lenin: A Biography*. Londres: 2000, caps. 15-25. [Ed. bras.: *Lênin, a biografia definitiva*. Trad. de Eduardo Francisco Alves. Rio de Janeiro: Difel, 2006.]

23. *Sto sorok besed s Molotovym. Iz dnevnikov F. I. Chueva*. Moscou: 1991, p. 184. Tradução minha. A versão inglesa em *Molotov Remembers*, tradução de Albert Resis (Chicago: 1993, p. 107), é imprecisa.

24. Embora a suposição inicial dos bolcheviques, de que a identidade de classe de um indivíduo era evidente, tenha logo se mostrado falsa, eles persistiram durante dez ou quinze anos em seus esforços para classificar a população por classe social, a despeito das dificuldades práticas e conceituais. Sobre essas dificuldades, ver Sheila Fitzpatrick, *Tear off the Masks!* (Princeton: 2005, caps. 2-4), e (sobre os cossacos como "inimigos de classe" no Don) Holquist, *Making War*, esp. pp. 150-97.

25. Bukharin e Preobrazhensky, op. cit., p. 272.

26. Ver Sheila Fitzpatrick, *Education and Mobility in the Soviet Union, 1921-1934*. Cambridge: 1979, cap. 1.

27. Sobre os judeus e a Revolução, ver Yuri Slezkine, *The Jewish Century*. Princeton, NJ: 2004, espec. pp. 173-80 e 220-6.

4. A NEP e o futuro da Revolução [p. 139]

1. Entre 1912 e 1926, o número de judeus em Moscou e Leningrado mais do que quadruplicou, e houve aumento de magnitude semelhante nas capitais ucranianas, Kíev e Kharkov. Ver Slezkine, *Jewish Century*, pp. 216-18.

2. Sobre o encolhimento da classe operária, ver D. Koenker, "Urbanization and Deurbanization in the Russian Revolution and Civil War". In: D. Koenker; W. Rosenberg; R. Suny (Orgs.), *Party, State, and Society in the Russian Civil War*. Bloomington, IN: 1989; e Sheila Fitzpatrick, "The Bolsheviks' Dilemma: The Class Issue in Party Politics and Culture". In: ___, *The Cultural Front*. Ithaca, NY: 1992.

3. Oliver H. Radkey, *The Unknown Civil War in Soviet Russia*. Stanford, CA: 1976, p. 263.

4. Ver Paul A. Avrich, *Kronstadt, 1921*. Princeton, NJ: 1970; e Israel Getzler, *Kronstadt, 1917-1921*. Cambridge: 1983.

5. Sobre a NEP, ver Lewis H. Siegelbaum, *Soviet State and Society between Revolutions, 1918-1929*. Cambridge: 1992.

6. Lenin, "Political Report of the Central Committee to the Eleventh Party Congress" (mar. 1922). In: V. I. Lenin, *Collected Works*. Moscou, 1966. v. XXXIII, p. 282.

7. Richard Pipes (Org.), *The Unknown Lenin*. Trad. de Catherine A. Fitzpatrick. New Haven: 1996, pp. 152-4.

8. A. I. Mikoyan, *Mysli i vospominaniya o Lenine*. Moscou: 1970, p. 139.

9. *Molotov Remembers*. Trad. Resis. p. 100.

10. Rigby, *Communist Party Membership*, pp. 96-100, 98. Para uma vigorosa reconstituição do expurgo de 1921 em âmbito local, ver F. Gladkov, *Cement*. Trad. de A. S. Arthur e C. Ashleigh. Nova York: 1989, cap. 16. [Ed. bras.: *Cimento*. Trad. anônima. São Paulo: Unitas, 1933. (Coleção Aurora)].

11. Lenin, *Collected Works*. v. XXXIII. p. 288.

12. "Better Fewer, But Better" (2 mar. 1923). In: Lenin, *Collected Works*. v. XX-XIII. p. 488.

13. I. N. Yudin, *Sotsial'naya baza rosta KPSS*. Moscou: 1973, p. 128.

14. *Kommunisty v sostave apparata gosuchrezhdenii i obshchestvennykh organizatsii. Itogi vsesoyuznoi partiinoi perepisi 1927 goda*. Moscou: 1929, p. 25; *Bol'shevik*, 1928, n. 15, p. 20.

15. O texto do "Testamento" está em Robert V. Daniels (Org.), *A Documentary History of Communism in Russia from Lenin to Gorbachev*. Lebanon, NH: 1993, pp. 117-8.

16. Ver Robert V. Daniels, *The Conscience of the Revolution*. Cambridge, MA: 1960, pp. 225-30.

17. A expressão é de Daniels. Para uma discussão clara e concisa, ver Hough e Fainsod, *How the Soviet Union is Governed*, pp. 124-33, 144.

18. Sobre a formação do grupo de Stálin no curso das lutas de facções dos anos 1920, ver Sheila Fitzpatrick, *On Stalin's Team: The Years of Living Dangerously in Soviet Politics*. Princeton: 2015, cap. 1.

19. Esse é o tema que unifica o estudo de Daniels da Oposição Comunista dos anos 1920, *The Conscience of the Revolution* – ainda que, como seu título indica, Daniels veja os apelos por democracia partidária interna como uma expressão de idealismo revolucionário, mais do que função inerente da oposição.

20. Ver Moshe Lewin, *Lenin's Last Struggle*. Nova York: 1968. Para uma interpretação alternativa, ver Service, *Lenin*, caps. 26-8.

21. Sobre o surgimento do culto a Lênin, ver Nina Tumarkin, *Lenin Lives!*. Cambridge: 1983.

22. Lenin, "Our Revolution (A Propos of the Notes of N. Sukhanov)", em suas *Collected Works*. v. XXXIII. p. 480.

23. Citação extraída de Yu. V. Voskresenskii, *Perekhod Kommunisticheskoi Partii k osushchestvleniyu politiki sotsialisticheskoi industrializatsii SSSR (1925-1927)*. Moscou: 1969, p. 162.

24. J. V. Stalin, "October, Lenin and the Prospects of Our Development", em suas *Works*. Moscou: 1954. v. VII. p. 258.

25. Para acompanhar essas discussões, ver E. H. Carr, *Socialism in One Country*. v. II. pp. 36-51.

26. Para um exame detalhado do debate, ver A. Erlich, *The Soviet Industrialization Debate, 1924-1926*. Cambridge, MA: 1960.

27. Ver Stephen F. Cohen, "Bolshevism and Stalinism". In: Tucker (Org.), *Stalinism*, e *Bukharin and the Bolshevik Revolution*. Nova York, 1973; e Moshe Lewin, *Political Undercurrents in Soviet Economic Debates: From Bukharin to the Modern Reformers*. Princeton, NJ: 1974.

28. Sobre os debates partidários acerca do Termidor, ver Deutscher, *The Prophet Unarmed*. Londres, 1970, pp. 312-32 [Ed. bras.: *O profeta desarmado*. Trad. de Valtensir Dutra. Rio de Janeiro: Civilização Brasileira, 1968], e Michal Reiman, *The Birth of Stalinism*. Trad. de George Saunders. Bloomington, IN: 1987. pp. 22-3.

29. Sobre as preocupações quanto à insatisfação dos jovens, ver Anne E. Gorsuch, *Youth in Revolutionary Russia*. Bloomington, IN: 2000, pp. 168-81.

5. A revolução de Stálin [p. 177]

1. Ver, por exemplo, Adam B. Ulam, *Stalin*. Nova York: 1973, cap. 8.

2. Com a Lei dos Suspeitos (17 set. 1793), a Convenção Jacobina ordenou a prisão imediata de todos que pudessem ser considerados uma ameaça à revolução em virtude de seus atos, relações, escritos ou conduta geral. Sobre a admiração de Stálin pelo terror revolucionário francês, ver Dmitri Volkogonov, *Stálin. Triumph and Tragedy*. Trad. de Harold Shukman.

Londres: 1991, p. 279. [Ed. bras.: *Stálin: Triunfo e tragédia*. Trad. de Joubert de Oliveira Brízida. Rio de Janeiro: Nova Fronteira, 2004. 2 v.]

3. Citação extraída de documento do Arquivo Político do Ministério do Exterior da Alemanha por Reiman, *Birth of Stalinism*, pp. 35-6.

4. Sobre o julgamento de Chákhti e o posterior julgamento do "Partido Industrial", ver Kendall E. Bailes, *Technology and Society under Lenin and Stalin* Princeton, NJ: 1978, caps. 3-5.

5. Ver Sheila Fitzpatrick, "Stalin and the Making of a New Elite". In: ____, *The Cultural Front*, pp. 153-4, 162-5.

6. Carta de Stálin a V. R. Menjínski, c. 1930. In: Diane P. Koenker; Ronald D. Bachman (Orgs.), *Revelations from the Russian Archives: Documents in English Translation*. Washington, DC: 1997, p. 243.

7. As declarações de Stálin sobre a crise de abastecimento (janeiro a fevereiro de 1928) estão em Stálin, *Works*. v. XI. pp. 3-22. Ver também Moshe Lewin, *Russian Peasants and Soviet Power*. Londres: 1968, pp. 214-40.

8. O parecer de Frúmkin está publicado em *Za chetkuyu klassovuyu liniyu*. Novossibirsk: 1929, pp. 73-4; as recomendações de Uglánov foram expostas em um discurso em Moscou no final de janeiro, publicado em *Vtoroi plenum MK RKP(b), 31 yanv.-2 fev. 1928. Doklady i rezoliutsii*. Moscou: 1928, pp. 9 -11, 38-40.

9. Ver Fitzpatrick, *On Stalin's Team*, pp. 55-7.

10. Ver Cohen, *Bukharin and the Bolshevik Revolution*, pp. 322-3. [Ed. bras.: *Bukharin: Uma biografia política*. Trad. de Maria Inês Rolim. São Paulo: Paz e Terra, 1990.]

11. Esse comentário foi feito pelo secretário do partido nos Urais, Ivan Kabakov, em reação a um discurso "direitista" tardio que Ríkov fez em Sverdlovsk no verão de 1930. *X Ural'skaya konferentsiya Vsesoyuznoi Kommunisticheskoi Partii (bol'shevikov)*. Sverdlovsk: 1930, Bull. pp. 6, 14.

12. Stalin, *Works*. v. XIII. pp. 40-1.

13. O comentário de Stálin é citado em *Puti industrializatsii* n. 4, pp. 64--5, 1928.

14. Ver E. H. Carr; R. W. Davies, *Foundations of a Planned Economy, 1926--1929*. Londres: 1969. v. I, pp. 843-97.

15. David Ryazanov. In: *XVI konferentsiya VKP(b), aprel' 1929 g. Stenograficheskii otchet*. Moscou: 1962, p. 214.

16. Sobre a política de industrialização do Primeiro Plano Quinquenal, ver Sheila Fitzpatrick, "Ordzhonikidze's Takeover of Vesenkha: A Case Study in Soviet Bureaucratic Politics", *Soviet Studies* v. 37, n. 2, abr. 1985. Para um estudo de caso regional, ver James R. Harris, *The Great Urals: Regionalism and the Evolution of the Soviet System*. Ithaca: 1999, pp. 38-104.

17. Alec Nove, *An Economic History of the USSR*. Londres: 1969. p. 150.

18. Citação extraída de R. W. Davies, *The Socialist Offensive*. Cambridge, MA: 1980, p. 148.

19. Stalin, *Works*. v. XII, pp. 197-205.

20. Dados citados em Nove, *Economic History of the USSR*, pp. 197 e 238. Sobre "os 25 mil", ver Lynne Viola, *The Best Sons of the Fatherland*. Nova York: 1987.

21. *Slavic Review*, v. 50, n. 1, p. 152, 1991.

22. Para uma discussão dos dados estatísticos, ver R. W. Davies e Stephen Wheatcroft, *The Years of Hunger: Soviet Agriculture, 1931-33*. Basingstoke; Nova York: 2004, pp. 412-5.

23. Stálin, *Works*. v. XIII, pp. 54-5.

24. Ver Sheila Fitzpatrick, "The Great Departure: Rural-Urban Migration in the Soviet Union, 1929-1933". In: William R. Rosenberg; Lewis H. Siegelbaum (Orgs.), *Social Dimensions of Soviet Industrialization*. Bloomington, IN: 1993, pp. 21-2.

25. A discussão a seguir foi extraída de Sheila Fitzpatrick (Org.), *Cultural Revolution in Russia, 1928-1931*. Bloomington, IN: 1978.

26. A discussão que se segue foi extraída de Fitzpatrick, "Stalin and the Making of a New Elite". In: _____., *The Cultural Front*, e _____., *Education and Social Mobility*, pp. 184-205. Vale notar que políticas semelhantes foram implementadas em favor de nacionalidades "atrasadas", como os uzbeques e basquires: sobre esse tema, ver Martin, *Affirmative Action Empire*, esp. cap. 4.

27. Sobre a mudança de situação dos operários durante o Primeiro Plano Quinquenal, ver Hiroaki Kuromiya, *Stalin's Industrial Revolution*. Cambridge: 1988. Sobre os desdobramentos subsequentes, ver Donald Filtzer, *Soviet Workers and Stalinist Industrialization*. Nova York: 1986.

28. *Izmeneniia sotsial'noi struktury sovetskogo obshchestva 1921-seredina 30-kh godov*. Moscou: 1979, p. 194; *Sotsialisticheskoe stroitel'stvo SSSR. Statisticheskii ezhegodnik*. Moscou: 1934, pp. 356-7.

29. Sobre esse processo, ver Fitzpatrick, *On Stalin's Team*, pp. 91-5. Cabe observar que nos anos 1930 o termo "*vojd*" (líder) não era reservado apenas a Stálin: seus parceiros no Politburo também eram chamados de "*vojdi*" pela imprensa.

30. Sobre o isolamento soviético, ver Jerry F. Hough, *Russia and the West: Gorbachev and the Politics of Reform*. 2 ed. Nova York: 1990, pp. 44-66.

6. Encerrando a Revolução [p. 219]

1. Crane Brinton, *The Anatomy of Revolution*. Ed. Rev. Nova York: 1965, p. 17. [Ed. bras.: *Anatomia das revoluções*. Trad. de José Veiga. Rio de Janeiro: Fundo de Cultura, 1958.]

2. L. Trotsky, *The Revolution Betrayed*. Londres: 1937); Nicholas S. Timasheff, *The Great Retreat: The Growth and Decline of Communism in Russia*. Nova York: 1946. [Ed. bras.: *A Revolução traída*. Trad. de Olinto Bekerman. São Paulo: Global, 1980.]

3. Sobre os alegados dados de alfabetização, ver Fitzpatrick, *Education and Social Mobility*, pp. 168-76. O censo populacional escondido de 1937 descobriu que 75% da população com idade entre nove e 49 anos era alfabetizada (*Sotsiologicheskie issledovaniya*, n. 7, pp. 65-6, 1990). A inclusão do grupo com mais de cinquenta anos, obviamente, baixaria essa porcentagem.

4. Sobre a Turksib, ver Matthew J. Payne, *Stalin's Railroad: Turksib and the Building of Socialism*. Pittsburgh: 2001); sobre a Dniéprostroi, ver Anne Rassweiler, *The Generation of Power: the History of Dneprostroi*. Oxford, 1988.

5. Alec Nove, *An Economic History of the USSR* (nova edição). Londres: 1992, pp. 195-6.

6. Holland Hunter, "The Overambitious First Soviet Five-Year Plan", *Slavic Review*, v. 32, n. 2, pp. 237-57, 1973. Para uma leitura mais positiva, ver Robert C. Allen, *Farm and Factory: A Reinterpretation of the Soviet Industrial Revolution*. Princeton, NJ: 2003.

7. Ver James R. Millar, "What's Wrong with the 'Standard Story'?", de James Millar e Alec Nove, "A Debate on Collectivization", *Problems of Communism*, pp. 53-5, jul.-ago. 1976.

8. Para uma discussão mais detalhada do verdadeiro *kolkhoz* dos anos 1930, ver Fitzpatrick, *Stalin's Peasants*, caps. 4-5.

9. J. Stálin, *Stalin on the New Soviet Constitution*. Nova York: 1936. Para o texto da Constituição, aprovado pelo VIII Congresso Extraordinário dos Sovietes da União Soviética em 5 dez. 1936, ver *Constitution: Fundamental Law of the Union of Soviet Socialist Republics*. Moscou: 1938.

10. Para uma tese de que a intenção genuína do regime de democratizar as eleições soviéticas foi frustrada pelas tensões sociais associadas aos Grandes Expurgos, ver J. Arch Getty, "State and Society under Stalin: Constitutions and Elections in the 1930s", *Slavic Review*, v. 50, n. 1, primavera de 1991.

11. Citado em N. L. Rogalina, *Kollektivizatsiya: uroki proidennogo puti*. Moscou: 1989, p. 198.

12. Ver Fitzpatrick, *Tear off the Masks!*, pp. 40-3, 46-9. Vale observar que, embora as velhas formas de discriminação estivessem desaparecendo, havia novas. Os *kolkhózniki* não desfrutavam de direitos iguais aos de outros cidadãos, sem falar dos *kulaki* deportados e outros exilados administrativos.

13. Ver Fitzpatrick, "Stalin and the Making of a New Elite". In: Fitzpatrick, *The Cultural Front*, pp. 177-8.

14. Diários e memórias de pessoas que eram jovens nos anos 1930 mostram pouco ou nenhum reconhecimento de um "grande recuo": ver, por exemplo, Jochen Hellbeck, *Revolution on My Mind*. Cambridge, MA: 2006.
15. Lewis H. Siegelbaum, *Stakhanovism and the Politics of Productivity in the USSR, 1935-1941*. Cambridge: 1988.
16. Fitzpatrick, *Education and Social Mobility*, pp. 212-33; Timasheff, *The Great Retreat*, pp. 211-25.
17. Ver David Brandenberger, *National Bolshevism: Stalinist Mass Culture and the Formation of Modern Russian National Identity, 1931-1936*. Cambridge, MA: 2002, pp. 43-62.
18. Sobre o debate do aborto, ver Sheila Fitzpatrick, *Everyday Stalinism*. Nova York: 1999, pp. 152-6.
19. Wendy Z. Goldman, *Women at the Gates: Gender and Industry in Stalin's Russia*. Cambridge, MA: 2002, p. 1.
20. Sobre o movimento das esposas, ver Fitzpatrick, *Everyday Stalinism*, pp. 156-63. Observe-se que as velhas mensagens de emancipação, incluindo a resistência à opressão dos maridos, ainda eram defendidas com relação a mulheres "atrasadas" (camponesas, minorias nacionais), e o trabalho feminino permanecia um valor importante, ainda que certas mulheres da elite pudessem preferir a ação voluntária.
21. Ver Sarah Davies, *Popular Opinion in Stalin's Russia*. Cambridge: 1997, pp. 138-44.
22. Sobre os privilégios da elite, ver Fitzpatrick, *Everyday Stalinism*, pp. 99-109.
23. Trotsky, *The Revolution Betrayed*, pp. 102-5; *Molotov Remembers*, pp. 272-3.
24. Milovan Djilas, *The New Class: An Analysis of the Communist System*. Londres: 1966. [Ed. bras.: *A nova classe*. Trad. de Waltensir Dutra. Rio de Janeiro: Agir, 1958.]; Robert C. Tucker, *Stalin in Power*. Nova York: 1990, pp. 319-24.
25. Para um desenvolvimento desse ponto, ver Sheila Fitzpatrick, "Becoming Cultured: Socialist Realism and the Representation of Privilege and Taste". In: Fitzpatrick, *The Cultural Front*, pp. 216-37.
26. Ver "New Conditions-New Tasks in Economic Construction" (23 jun. 1931). In: Stalin, *Works*. v. XIII. pp. 53-82.
27. Thomas Carlyle, *The French Revolution*. Londres: 1906. v. ii. p. 362. [Ed. bras.: *História da Revolução Francesa*. Trad. de Antonio Ruas. São Paulo: Melhoramentos, s/d.]
28. J. Arch Getty; Oleg V. Naumov, *The Road to Terror: Stalin and the Self-Destruction of the Bolsheviks, 1932-1939*. New Haven: 1999, pp. 250-5.
29. Esses julgamentos são descritos vividamente em Robert Conquest, *The Great Terror: Stalin's Purge of the Thirties*. Londres: 1968, atualizado como *The Great Terror: A Reassessment*. Nova York: 1990.
30. Molotov, *Bol'shevik*, n. 8, pp. 21-2, 15 abr. 1937.

31. Para material da plenária, ver Getty e Naumov, *Road to Terror*, pp. 369-411.
32. *Khrushchev Remembers.* Trad. e org. de Strobe Talbott. Boston: 1970, p. 572; Graeme Gill, *The Origins of the Stalinist Political System.* Cambridge: 1990, p. 278. [Ed. bras.: *Memórias*. Rio de Janeiro: Artenova, 1971.]
33. Resolução do Politburo de 2 jul. 1937, "On Anti-Soviet Elements", assinada por Stálin, e ordem operacional de 30 jul. assinada por Iejov (chefe da NKVD). In: Getty e Naumov, *Road to Terror*, pp. 470-1.
34. Números extraídos de Oleg V. Khlevnyuk, *The History of the Gulag: From Collectivization to the Great Terror.* New Haven: 2004, pp. 305, 308, e 310-2. Observe-se que esses números se referem somente a campos de trabalho: não incluem colônias penais, prisões e exílio administrativo.
35. Eikhe, em discussão na plenária de fevereiro-março do Comitê Central, *Rossiiskii gosudarstvennyi arkhiv sotsial'no-politicheskoi informatsii* (RGASPI), f. 17, op. 2, d. 612, l. 16.
36. Sobre denúncias, ver Fitzpatrick, *Stalin's Peasants*, cap. 9, e idem, *Tear off the Masks!*, caps. 11 e 12.
37. *Zvezda* (Dniépropetrovsk), 1 ago. 1937, p. 3; *Krest'yanskaia pravda* (Leningrado), 9 ago. 1937, p. 4.
38. Sobre o declínio e queda de Iejov, ver Marc Jansen e Nikita Petrov, *Stalin's Loyal Executioner: People's Commissar Nikolai Ezhov, 1895-1940.* Stanford: 2002, pp. 139-93, 207-8.
39. J. Stálin, *Report on the Work of the Central Committee to the Eighteenth Congress of the C.P.S.U./B./* Moscou: 1939, pp. 47-8.
40. Volkogonov, *Stalin*, pp. 260, 279.

Bibliografia selecionada

ASCHER, Abraham. *The Revolution of 1905*. v. I: *Russia in Disarray*. Stanford, CA: 1988; II: *Authority Restored*. Stanford, CA: 1992.

AVRICH, Paul. *Kronstadt, 1921*. Princeton, NJ: 1970.

BALL, Alan M. *And Now My Soul is Hardened. Abandoned Children in Soviet Russia, 1918-1930*. Berkeley: CA: 1994.

BENVENUTI, F. *The Bolsheviks and the Red Army, 1918-1922*. Cambridge: 1988.

BROVKIN, Vladimir N. *The Mensheviks after October: Socialist Opposition and the Rise of the Bolshevik Dictatorship*. Ithaca, NY: 1987.

BROWDER, Robert P.; KERENSKY, Alexander F. (Orgs.) *The Russian Provisional Government, 1917*. Stanford, CA: 1961. 3 v.

CARR, E. H. *A History of Soviet Russia*. Londres: 1952-78. Títulos individuais: *The Bolshevik Revolution, 1917-1923*. 1952. 3 v.; *The Interregnum, 1923-1924*. 1954; *Socialism in One Country, 1924-1926*. 1959. 3 v.; *Foundations of a Planned Economy, 1926-1929*. 1969-78. 3 v. (v. 2 com R. W. Davies).

CHAMBERLIN, W. H. *The Russian Revolution*. Londres: 1935. 2 v.

CHASE, William. *Workers, Society, and the Soviet State: Labor and Life in Moscow, 1918-1929*. Urbana, IL: 1987.

CLEMENTS, Barbara E. *Bolshevik Feminist: The Life of Alexandra Kollontai* Bloomington: IN, 1979.

COHEN, Stephen F. *Bukharin and the Bolshevik Revolution: A Political Biography, 1888-1938*. Nova York: 1973.

CONQUEST, Robert. *The Harvest of Sorrow: Soviet Collectivization and the Terror-Famine*. Nova York: 1986.

_____. *The Great Terror: A Reassessment*. Nova York: 1990.

CORNEY, Frederick. *Telling October: Memory and the Making of the Bolshevik Revolution*. Ithaca NY: 2004.

DANIELS, Robert V. *The Conscience of the Revolution: Communist Opposition in Soviet Russia*. Cambridge, MA: 1960.

_____. *Red October: The Bolshevik Revolution of 1917*. Nova York, 1967.

DAVIES, R. W. *The Industrialization of Soviet Russia*. v I: *The Socialist Offensive. The Collectivisation of Soviet Agriculture, 1929-1930*. Cambridge, MA: 1980; v. II: *The Soviet Collective Farm, 1919-1930*. Cambridge, MA: 1980); v. III:

The Soviet Economy in Turmoil, 1929-1930. Cambridge, MA: 1989); v. IV: *Crisis and Progress in the Soviet Economy, 1931-1933.* Londres, 1996); v. V (com Stephen G. Wheatcroft): *The Years of Hunger: Soviet Agriculture, 1931--1933.* Basingstoke, Hants.: 2004).

DEBO, Richard. *Revolution and Survival: The Foreign Policy of Soviet Russia, 1917-1918.* Toronto: 1979; e *Survival and Consolidation: The Foreign Policy of Soviet Russia, 1918-1921.* Montreal: 1992.

DEUTSCHER, Isaac. *The Prophet Armed. Trotsky: 1879-1921.* Londres: 1954. [Ed. bras.: *Trotsky: O profeta Armado.* Trad. de Waltensir Dutra. Rio de Janeiro: Civilização Brasileira, 1968.

_____.*The Prophet Unarmed: Trotsky, 1921-1929.* Londres: 1959. [Ed. bras.: *Trotsky: O profeta desarmado.* Trad. Valtensir Dutra. Rio de Janeiro: Civilização Brasileira, 1968.]

_____. *The Prophet Outcast: Trotsky, 1929-1940.* Londres: 1970. [Ed. bras.: *Trotsky: O profeta banido.* Trad. de Valtensir Dutra. Rio de Janeiro: Civilização Brasileira: 1968.]

FAINSOD, Merle. *Smolensk under Soviet Rule.* Londres: 1958.

FERRO, Marc. *The Russian Revolution of February 1917.* Trad. J. L. Richards. Londres: 1972.

_____. *October 1917: A Social History of the Russian Revolution.* Trad. de Norman Stone. Boston: 1980.

FIGES, Orlando. *Peasant Russia, Civil War: The Volga Countryside in Revolution, 1917-1921.* Oxford: 1989.

_____. *A People's Tragedy: A History of the Russian Revolution.* Londres: 1996.

_____.; KOLONITKII, Boris. *Interpreting the Russian Revolution: The Language and Symbols of 1917.* New Haven: 1999.

FILTZER, Donald. *Soviet Workers and Stalinist Industrialization: The Formation of Modern Soviet Production Relations, 1928-1941.* Nova York: 1986.

FISCHER, Louis. *The Soviets in World Affairs: A History of Relations between the Soviet Union and the Rest of the World, 1917-1929.* Princeton, NJ: 1951.

FITZPATRICK, Sheila. *The Commissariat of Enlightenment: Soviet Organization of Education and the Arts under Lunacharsky, October 19171921.* Londres: 1970.

_____. *The Cultural Front. Power and Culture in Revolutionary Russia.* Ithaca, NY: 1992.

_____. *Education and Social Mobility in the Soviet Union, 1921-1934.* Cambridge: 1979.

_____. *Everyday Stalinism: Ordinary Life in Extraordinary Times: Soviet Russia in the 1930s.* Nova York: 1999.

_____. *Stalin's Peasants: Resistance and Survival in the Russian Village after Collectivization.* Nova York; Oxford: 1994.

FITZPATRICK, Sheila. *Tear off the Masks! Identity and Imposture in Twentieth-Century Russia*. Princeton, NJ: 2005.

_____; RABINOWITCH, A.; STITES, R. (Orgs.) *Russia in the Era of NEP: Explorations in Soviet Society and Culture*. Bloomington, IN: 1991.

FÜLÖP-MILLER, René. *The Mind and Face of Bolshevism: An Examination of Cultural Life in Soviet Russia*. Londres: 1927.

GALILI, Ziva. *The Menshevik Leaders in the Russian Revolution: Social Realities and Political Strategies*. Princeton, NJ: 1989.

GETTY, J. Arch; NAUMOV, Oleg V., *The Road to Terror: Stalin and the Self-Destruction of the Bolsheviks, 1932-1939*. New Haven: 1999.

GETZLER, Israel. *Kronstadt, 1917-1921: The Fate of a Soviet Democracy*. Cambridge: 1983.

GILL, Graeme. *Peasants and Government in the Russian Revolution*. Londres: 1979.

GORSUCH, Anne E. *Youth in Revolutionary Russia. Enthusiasts, Bohemians, Delinquents* Bloomington, IN: 2000.

HAIMSON, Leopold. *The Russian Marxists and the Origins of Bolshevism*. Cambridge, MA: 1955.

_____. "The Problem of Social Stability in Urban Russia, 1905-1917". *Slavic Review*, v. 23, n. 4, 1964; v. 24, n. 1, 1965.

_____. *The Mensheviks: From the Revolution of 1917 to World War II*. Chicago: 1974.

HALFIN, Igal. *From Darkness to Light: Class Consciousness and Salvation in Revolutionary Russia*. Pittsburgh: 2000.

HASEGAWA, Tsuyoshi. *The February Revolution: Petrograd, 1917*. Seattle: 1981.

HELLBECK, Jochen. *Revolution on My Mind: Writing a Diary under Stalin*. Cambridge, MA: 2006.

HOLQUIST, Peter. *Making War, Forging Revolution: Russia's Continuum of Crisis 1914-1921*. Cambridge, MA: 2002.

HUSBAND, William. *"Godless Communists": Atheism and Society in Soviet Russia, 1917-1932*. De Kalb: Northern Illinois Press, 2000.

_____. *Revolution in the Factory: The Birth of the Soviet Textile Industry, 1917--1920*. Nova York: 1990.

KEEP, John. *The Russian Revolution: A Study in Mass Mobilization*. Nova York: 1976.

_____. *The Debate on Soviet Power: Minutes of the All-Russian Central Executive Committee of Soviets: Second Convocation, October (1918)*. Oxford: 1979.

KENEZ, Peter. *Civil War in South Russia, 1918*. Berkeley, CA: 1971.

_____. *Civil War in South Russia, 1919-1920*. Berkeley, CA: 1977.

_____. *The Birth of the Propaganda State: Soviet Methods of Mass Mobilization 1917-1929*. Cambridge: 1985.

KENNAN, George F., *Soviet-American Relations, 1917-1920*. v. I: *Russia Leaves the War*. (Princeton, NJ, 1956); v. II: *The Decision to Intervene*. Princeton: NJ: 1958.

KHLEVNIUK, Oleg V., *The History of the Gulag. From Collectivization to the Great Terror*. New Haven: 2004.

KOENKER, Diane. *Moscow Workers and the 1917 Revolution*. Princeton, NJ: 1981.

_____. *Republic of Labor: Russian Printers and Soviet Socialism, 1918-1930*. Ithaca, NY: 2005.

_____.; ROSENBERG, W. G. *Strikes and Revolution in Russia 1917*. Princeton, NJ: 1989.

KOENKER, Diane; ROSENBERG, W. G.; SUNY, R. G. (Orgs.) *Party, State, and Society in the Russian Civil War: Explorations in Social History*. Bloomington, IN: 1989.

KOTKIN, Stephen. *Magnetic Mountain: Stalinism as a Civilization*. Berkeley, CA: 1995.

KUROMIYA, Hiroaki, *Stalin's Industrial Revolution: Politics and Workers, 1928--1932*. Cambridge: 1988.

LAZITCH, Branko; DRACHKOVITCH, Milorad M. *Lenin and the Comintern*. v. I. Stanford, CA: 1972.

LEWIN, Moshe. *Lenin's Last Struggle*. Nova York: 1968.

_____. *The Making of the Soviet System: Essays in the Social History of Interwar Russia*. Nova York: 1985.

LIH, Lars. T. *Bread and Authority in Russia 1914-1921*. Berkeley, CA: 1990.

LINCOLN, W. Bruce. *Red Victory: A History of the Russian Civil War*. Nova York: 1989.

MCAULEY, Mary. *Bread and Justice: State and Society in Petrograd, 1917-1922*. Oxford: 1991.

MALLE, Silvana. *The Economic Organization of War Communism, 1918-1921*. Cambridge: 1985.

MALLY, Lynn. *Culture of the Future: The Proletkult Movement in Revolutionary Russia*. Berkeley, CA: 1990.

MARTIN, Terry. *The Affirmative Action Empire. Nations and Nationalism in the Soviet Union, 1923-1939*. Ithaca, NY: 2001.

MAWDSLEY, Evan. *The Russian Revolution and the Baltic Fleet: War and Politics, February 1917-April 1918*. Nova York: 1978.

_____. *The Russian Civil War*. Boston: 1987.

MEDVEDEV, Roy A. *Let History Judge. The Origins and Consequences of Stalinism*. Ed. rev. Nova York: 1989.

MONTEFIORE, Simon Sebag. *Stalin: The Court of the Red Tsar* (Nova York, 2004). [Ed. bras.: *Stálin: A corte do czar vermelho*. São Paulo: Companhia das Letras, 2006.]

PERIS, Daniel. *Storming the Heavens: The Soviet League of the Militant Godless.* Ithaca, NY: 1998.

PETHYBRIDGE, Roger. *Witnesses to the Russian Revolution.* Londres: 1964.

_____. *The Social Prelude to Stalinism.* Londres: 1974.

PIPES, Richard. *The Formation of the Soviet Union: Communism and Nationalism, 1917-1923.* Cambridge, MA: 1954.

_____. *The Russian Revolution.* Nova York: 1990.

_____. (Org.) *The Unknown Lenin: From the Secret Archive.* Trad. de Catherine A. Fitzpatrick. New Haven: 1996.

RABINOWITCH, Alexander. *Prelude to Revolution: The Petrograd Bolsheviks and the July 1917 Uprising.* Bloomington, IN: 1968.

_____. *The Bolsheviks Come to Power: The Revolution of 1917 in Petrograd.* Nova York, 1976.

RADKEY, Oliver H. *The Agrarian Foes of Bolshevism. Promise and Default of the Russian Socialist Revolutionaries, February to October 1917.* Nova York: 1958.

_____. *The Sickle under the Hammer: The Russian Socialist Revolutionaries in the Early Months of Soviet Rule.* Nova York: 1963.

_____. *The Unknown Civil War in Soviet Russia: A Study of the Green Movement in the Tambov Region, 1920-1921.* Stanford, CA: 1976.

_____. *Russia Goes to the Polls: The Election to the All-Russian Constituent Assembly, 1917.* Ithaca, NY: 1989.

RALEIGH, Donald J. *Revolution on the Volga: 1917 in Saratov.* Ithaca, NY: 1986.

_____. *Experiencing Russia's Civil War: Politics, Society, and Revolutionary Culture in Saratov, 1917-1922.* Princeton, NJ: 2002.

REED, John. *Ten Days That Shook the World.* Londres: 1966. [Ed. bras.: *Dez dias que abalaram o mundo.* Trad. de Bernardo Ajzenberg. São Paulo: Companhia das Letras/ Penguin, 2010.]

REIMAN, Michal. *The Birth of Stalinism: The USSR on the Eve of the "Second Revolution".* Trad. George Saunders. Bloomington, IN: 1987.

RIGBY, T. H. *Lenin's Government, Sovnarkom. 1917–1922.* Cambridge: 1979.

ROSENBERG, William G. *Liberals in the Russian Revolution.* Princeton, NJ: 1974.

_____. *Bolshevik Visions: First Phase of the Cultural Revolution in Soviet Russia,* 2. ed. Ann Arbor, MI: 1990. 2 v.

SAKWA, Richard. *Soviet Communists in Power: A Study of Moscow during the Civil War, 1918-1921.* Nova York: 1988.

SANBORN, Joshua A. *Drafting the Russian Nation. Military Conscription, Total War, and Mass Politics 1905-1925.* De Kalb, IL: 2003.

SCHAPIRO, Leonard. *The Origin of the Communist Autocracy: Political Opposition in the Soviet State: First Phase, 1917-1922.* Cambridge, MA: 1955.

SCOTT, John. *Behind the Urals: An American Worker in Russia's City of Steel.* Ed. rev. preparada por Stephen Kotkin. Bloomington, IN: 1989.

SERGE, Victor, *Memoirs of a Revolutionary*. Oxford: 1963. [Ed. bras.: *Memórias de um revolucionário*. Trad. de Denise Bottmann. São Paulo: Companhia das Letras, 1987.]

SERVICE, Robert. *The Bolshevik Party in Revolution: A Study in Organizational Change, 1917-1923*. Londres: 1979.

_____. *Lenin: A Biography* (Cambridge, MA, 2000). [Ed. bras.: *Lênin, a biografia definitiva*. Trad. Eduardo de Francisco Alves. Rio de Janeiro: Difel, 2006.]

SIEGELBAUM, Lewis H. *Soviet State and Society between Revolutions, 1918--1929*. Cambridge: 1992.

SLEZKINE, YURI. *The Jewish Century*. Princeton, NJ: 2004.

SMITH, Stephen A. *Red Petrograd: Revolution in the Factories, 1917-1918*. Cambridge: 1983.

SOLZHENITSYN, Aleksandr I. *The Gulag Archipelago 1918-1956*. Trad. de Thomas P. Whitney. Nova York: 1974-8. v. I-II, III-IV. [Ed. bras.: *Arquipélago Gulag*. Trad. de Francisco A. Ferreira, Maria M. Llistó e José A. Seabra. Rio de Janeiro: Difel, 1976.]

STEINBERG, I. N. *In the Workshop of the Revolution*. Nova York: 1953.

STEINBERG, Mark D. *Voices of Revolution, 1917*. New Haven: 2001.

_____.; KHRUSTALEV, Vladimir M. *The Fall of the Romanovs. Political Dreams and Personal Struggles in a time of Revolution*. New Haven: 1995.

STITES, Richard. *Revolutionary Dreams: Utopian Vision and Experimental Life in the Russian Revolution*. Oxford: 1989.

STONE, Norman. *The Eastern Front 1914-1917*. Nova York: 1975.

SUKHANOV, N. N. *The Russian Revolution 1917*. Org. e trad. Joel Carmichael. Nova York: 1962. 2 v.

SUNY, Ronald G. *The Baku Commune, 1917-1918: Class and Nationality in the Russian Revolution*. Princeton, NJ: 1972.

TIMASHEFF, Nicholas S. *The Great Retreat: The Growth and Decline of Communism in Russia*. Nova York: 1946.

TIRADO, Isabel. *Young Guard! The Communist Youth League, Petrograd 1917--1920*. Nova York: 1988.

TROTSKY, L., *The Revolution Betrayed*. Londres: 1937. [Ed. bras.: *A Revolução traída*. Trad. Olinto Bekerman. São Paulo: Global, 1980.]

_____. *The History of the Russian Revolution*. Trad. de Max Eastman. Ann Arbor, MI: 1960. [Ed. bras.: *História da Revolução Russa*. Trad. E. Huggins. Rio de Janeiro: Paz e Terra, 1977. 3 v..]

TUCKER, Robert C. *Stalin as Revolutionary, 1879-1929*. Nova York: 1973.

_____. *Stalin in Power: The Revolution from Above, 1928-1941*. Nova York: 1990.

TUMARKIN, Nina. *Lenin Lives! The Lenin Cult in Soviet Russia*. Cambridge: 1983.

ULAM, Adam B. *The Bolsheviks: The Intellectual and Political History of the Triumph of Communism in Russia*. Nova York: 1965.

ULLMAN, Richard H. *Anglo-Soviet Relations, 19171921*. Princeton, NJ: 1961-73. 3 v.

VALENTINOV, Nikolay [N. V. Volsky]. *Encounters with Lenin*. Londres: 1968.

VIOLA, Lynne. *The Best Sons of the Fatherland: Workers in the Vanguard of Soviet Collectivization*. Nova York: 1987.

_____. *Peasant Rebels under Stalin: Collectivization and the Culture of Peasant Resistance*. Nova York: 1996.

_____. *The Unknown Gulag: The Lost World of Stalin's Special Settlements*. Nova York: 2007.

VOLKOGONOV, Dmitri, *Stalin. Triumph and Tragedy*. Org. e trad. Harold Shukman. Londres: 1991. [Ed. bras.: *Stalin: Triunfo e tragédia*. Trad. Joubert de Oliveira Brízida. Rio de Janeiro: Nova Fronteira, 2004. 2 v.]

VON HAGEN, Mark. *Soldiers in the Proletarian Dictatorship: The Red Army and the Soviet Socialist State, 1917-1930*. Ithaca: NY: 1990.

WADE, Rex A. *The Russian Search for Peace, February-October 1917*. Stanford, CA: 1969.

WILDMAN, Allan K. *The End of the Russian Imperial Army*. v. I: *The Old Army and the Soldiers' Revolt (March-April 1917)*. Princeton, NJ: 1980; v. II: *The Road to Soviet Power and Peace*. Princeton, NJ: 1987.

WOOD, Elizabeth A. *The Baba and the Comrade. Gender and Politics in Revolutionary Russia*. Bloomington, IN: 1997._____. *Performing Justice: Agitation Trials in Early Soviet Russia*. Ithaca, NY: 2005.

ZEMAN, Z. A. B. (Org.). *Germany and the Revolution in Russia, 1915-1918: Documents from the Archives of the German Foreign Ministry*. Londres: 1958.

Índice remissivo

XIII Conferência do Partido (1924), 162
XVI Conferência do Partido (1929), 197
II Congresso do Comintern (1920), 148
X Congresso do Partido (1921), 141, 149, 150-1
XV Congresso do Partido (1927), 184
XVII Congresso do Partido (1934), 222-3
XVIII Congresso do Partido (1939), 231, 242
  revelação de "excessos" de vigilância, 247-8
XX Congresso do Partido (1956), 16, 175
  Discurso Secreto de Khruschóv ao, 242

A

ABC do comunismo (Bukhárin & Preobrajénski), 127, 172-3, 199, 260n
Abdicação, 9, 70
Aborto, 129-30, 267n
  legalizado 234-5
aburguesamento, 232, 238
abusos, 237, 246-7
Academia Comunista, 209
aço, 193, 224
acumulação de capital, 171, 183
acusações histéricas, 247
administração, 73, 108, 154, 158
  de alimentos, 136-7
  atitude inicial dos bolcheviques quanto à, 126-7
adolescentes, 129
advertências oficiais, 245
advogados, 38, 55
  socialistas, 71
agências de estatística, 127
agências de inteligência, 241
agitadores, 45, 176, 208
agitadores políticos, 82
agricultura, 30
  base para o desenvolvimento capitalista da, 56-7
  capitalista, voltada para o mercado, 36
  capacidade do Estado de explorar a, 216-7
  de subsistência, 166
  em larga escala, 124, 226-7
  ver também coletivização; fazendas estatais
agricultura em larga escala, 167-8
alarmistas, rumores, 179
Aleksei Petróvitch, *tsarévitch*, 69-70
Alekseiev, gen. Mikhail, 91-2, 259n
Alemanha, 27, 46, 70
  ascensão de Hitler ao poder, 238

comunistas, 142
conquistas perdidas no Leste, 111
guerra contra a Rússia, 109
levante contra o tratado de paz
assinado com a, 99
social-democracia, 78
trem lacrado oferecido a Lênin, 77
ver também Brest-Litovsk;
Primeira Guerra Mundial;
Segunda Guerra Mundial
Alemanha nazista, 15
Alexandra, imperatriz da Rússia,
59, 258n
Alexandre II, imperador da Rússia,
38, 41
assassinato de, 61
alfabetização, 32, 45, 165, 221
alienação, 28
alistamento militar, 82
Almá-Atá, 179
alocação de recursos, 195
Alto-Comando do Exército, 69,
71, 91
desmoralizado e confuso, 91
resistência à pressão Aliada para
tomar iniciativa, 87
ameaças militares, 182
América, *ver* Estados Unidos
"amor livre", 130
analfabetismo, 210
anarcossindicalismo, 84
anarquia/anarquismo, 64,84, 119, 240
animais:
coletivizados, 202-3
de tração, 192, 204
matança de, 192, 226
anos pré-revolucionários, 28
antagonismo de classe, 134, 200
desaparecimento do, 227
antibolcheviques, forças, 111, 115
antiespecialistas, campanha, 181

anti-imperialismo, 249
antirreligiosas, campanhas, 210
apartamentos, 238
"aparelhos", 151, 154, 156, 158, 162,
208
condomínios especiais, 236
aproveitadores, 167
ARCOS (missão comercial soviética),
178
Arkhánguelsk, 111
artesãos, 194
artistas de vanguarda, 128
ascensão social, 35, 45
canal para, 22
assassinato, 38, 41, 51, 178, 240
Assembleia Constituinte, 64, 68, 71,
86, 100
dissolvida sem cerimônia pelos
bolcheviques, 64
eleições para, 99
atividade bancária, 143
atividades conspiratórias, 180
atividade empresarial, 27, 38
ver também Nepmen
atraso, 27, 33-4, 43, 60-1, 198
agrícola, 191-2
camponês, 124
cultural, 191-2
guerra contra o, 177
industrial, 191-2
meta de tirar a Rússia do, 217
militar, 191-2
político, 191-2
revolução como meio de escapar
do, 20
atrocidades, 115
Aurora (encouraçado), 96
Áustria, 111
Áustria-Hungria, 58, 109
autarquia econômica, 216
autocensura, 14

autocracia, 27, 54, 104
adversários de mentalidade
modernizadora da, 46
apoio à, 37-8
colapso da, 63
derrubada da, 46
impulso dos liberais de classe
média contra a, 34
luta contra a, 63
menos tolerável quando
percebida como incompetente
e ineficiente, 51
organização conspiratória de
pequena escala para combater
a, 37
situação precária às vésperas
da Primeira Guerra Mundial,
59-60
tomada pelo pânico e confusão, 52
traços anacrônicos da, 59
"Vontade do Povo" contra a, 42-43
autodeterminação:
endossada cautelosamente por
Lênin, 105
limites à, 105-6
autoidentificações, 36
Automóveis Níjni Nóvgorod
(Górki), 196
autoridades, 71-2, 85, 136, 176, 186
abusos de poder das, 244-47
ataques contra, 53, 55
caídas em desgraça, 236
incentivando camponeses a se
organizar voluntariamente em
coletivos, 201
denunciadas e presas, 242
do antigo regime e do Governo
Provisório, 115
herdadas, 153-4
marcas visíveis de status de elite,
236

modestos, 155
não incentivadas a "seguir o
manual e as leis", 156-7
números de operários que se
tornaram, 212
rurais, 246-7
surradas, apedrejadas ou
baleadas, 202
autoridades locais, 202
autoritarismo, 49-50
ligação entre a Guerra Civil e,
108-9
repressivo, 66, 134
soviético e stalinista, origens
do, 108
auxílio-desemprego, 143
auxílio-saúde, 143
Azerbaijão, 106

B

bailes de máscaras, 239
Baku, 29, 274n
Bálcãs, 51
Báltico, 77, 116
Banco Estatal, 143
bandeiras nacionalistas agitadas,
59
Bandidos, 140
bandos de jovens, 214
batedores de carteira, 144
bebedeira e saques, 88
beis turcos, 192
beligerância, 58, 67, 77-8, 109-10,
189-90, 200-02
da juventude, 208
nova política de "classe contra
classe", 207
biesprizórnie, 214
Bloco Progressista, 69

bloqueios de rua, 96
bodes expiatórios, 247
Bogdánov, Aleksandr, 147
bolcheviques, 9-10, 20, 53, 56, 64,
   76-80, 145, 168-9, 244
   abordagem do campesinato
      durante a NEP, 167
   ala direita dos, 89, 148
   ala esquerda, 91,148
   apoio natural aos sovietes
      operários na Ucrânia, 105-6
   associados com confronto
      armado e violência, 109
   aumento da filiação partidária,
      66, 80
   bombardeados por denúncias
      patrióticas na imprensa, 89
   cisão (em 1903) entre
      mencheviques e, 148
   classe operária e, 15, 21, 48, 121,
      132-3, 142, 149-50
   comportamento e diretrizes
      depois da Revolução de
      Outubro, 106
   conscientes de conquistar o
      apoio dos operários, 58
   construindo a economia
      socialista, 191
   denunciam a política de coalizão
      e compromisso, 67
   desprezo por Mussolini e pelos
      fascistas italianos, 159
   ditadura estabelecida, 152-4
   eclosão de apoio aos, 91
   emigrados, 58, 77-8, 147-8
   facções no seio, 150
   figuras lendárias na mitologia
      dos, 141
   forte ênfase teórica na disciplina
      partidária, 147
   frieza, 58

governo de partido único como
   resultado de acidente histórico,
   98
história pré-revolucionária, 15
identidade definida pelas ideias e
   pela personalidade de Lênin, 48
impositivos na obtenção de apoio
   do campesinato, 141
influência em comitês de fábrica,
   83
inimigos da revolução definidos
   em termos de classe, 23-4
instintos igualitários em relação
   aos salários, 121-2
intermitentemente igualitários,
   libertários e utópicos, 231-2
Jornadas de Julho, desastre para
   as, 88-9
justificação ideológica dos, 114,
   118, 120-1
Lênin instando o partido a
   preparar-se para a insurreição
   armada, 93
líderes judeus dos, 65
líderes presos ou escondidos, 92
meta de abolir a propriedade
   privada, 117-8
metas econômicas e sociais
   revolucionárias dos, 174
mudança da capital para Moscou
   pelos, 111-2
Nicolau II e família executados
   por ordens do Soviete dos
   Urais, 70
organização centralizada e estrita
   disciplina partidária dos, 66,
   107-8
poder aos, 129-30, 136-7
presos, 58, 88-9
primeira experiência de governo,
   107

prisões pela polícia no início da
guerra, 82-3
processos dos Grandes Expurgos
dos, 15
rompendo um tabu anterior no
partido, 179
saída final da clandestinidade, 66
sinais de adesão a uma coalizão
frouxa no Soviete de
Petrogrado, 77-8
sucesso (1917) devido ao apoio
de operários, soldados e
marinheiros,108
suposições dos, 21
tendência da opinião popular em
direção aos, 92-3
todos contra a "burocracia", 152-3
uso aberto do terror, 115-6
Velhos, 108, 148, 232, 236-7
ver também Guerra Civil;
Revolução de Outubro;
Revolução de Fevereiro;
bonapartismo, 159
Brejnev, Leonid I., 16, 213
brigadas, 122
Brinton, Crane, 9, 219-20, 255n,
265n
brumário (18 de), 248
Bukhárin, Nikolai, 118, 127, 172-4,
179, 199, 233, 241
afastado de posições no
Comintern e no conselho
editorial do *Pravda*, 187
caracterização de Stalin como
"Gêngis Khan", 187
desmerecimento de teorias
associadas com, 211
último grande adversário de
Stálin no comando, 110-1
burguesia, 21, 44
alunos de colégio, 214

bolcheviques como único partido
sem compromisso com a, 92
capitalista, 135, 228
deferência à, 73
derrubada da, 78, 103
desprezo de ativistas com
trabalho burocrático pela, 209
desvantagem com relação a, 229
expropriada, 171
Governo Provisório, 76, 81
hipocrisia dissimulada da, 115
hostilidade à, 83
influência da velha família, 126
inimigos de classe, 114-5, 177
liberal, 46-7, 50, 63
luta contra a hegemonia cultural
da, 208
moralismo filisteu da, 130
nacionalista, 106-7
presa, 146-7
proletariado e, 54, 67, 106-7
protesto contra a, 129
reacionária, 146-7
relações mais estreitas dos
mencheviques com a, 49
revolução industrial, 171-2
subordinação de instituições
culturais ao controle do
partido, 211
ver também pequena burguesia
burocracia, 36, 71, 137
bolsões de apoio a Trótski na, 162
classe emergente, 14
como palavra pejorativa, 153
conflito com, 38, 51
especialistas técnicos, 133
estrutura frágil e submetida a
tensão excessiva, 59-60
expurgo intensivo da, 189
herdada, 153-4
melhor e mais eficiente, 114

problema da, 152-9
profissionalização crescente da, 36
sindicato, 214

C

caça às bruxas, 242
campanha de banquetes, 51
campesinato, 15, 28, 32, 228
  advertido para não tomar as
    terras por conta própria, 86
  agricultura capitalista de
    pequena escala, 167-8
  alarme e temor dos proprietários
    de terras em relação ao, 84
  alienado, 140
  alistado, 117
  amotinado, 54
  "arrochar o", 183
  atitude de Stálin em relação ao,
    172-3
  bolcheviques e, 122-3
  caso de amor unilateral do
    partido com o, 44
  classe operária e, 32, 34, 44-5
  classe operária industrial
    reabsorvida no, 166
  coerção do, 186
  comando partidário dividido
    quanto à política em relação
    ao, 183
  concessões ao, 144, 238-9
  confronto com o, 172-3, 180, 184,
    200, 202
  diferenciação de classe no seio
    do, 124, 167-8
  empurrado para fora das aldeias,
    213-4
  esclarecedores do, 40
  esmorecimento do, 207

estrutura patriarcal da família
  do, 30
homens alistados nas forças
  armadas, 81
hostilidade entre o regime e o, 200
idealização por parte da
  intelligentsia, 40
imperativo político de vencer
  o, 124
industrializadores sem muita
  brandura em relação ao, 163
mais rico, 123, 168, 201
"método Urais-siberiano" de lidar
  com o, 185
nova elite administrativa e
  profissional recrutada no, 230
petições ao Governo Provisório,
  85
propostas conciliatórias ao, 221
rebelde, 50, 55
relações tensas entre o regime
  soviético e o, 123
relativamente próspero, 198-99
ressentido e de má vontade para
  cooperar, 226
SRs muito mais conhecidos no, 100
trabalho sazonal, 31-2
tradição violenta e anárquica do,
  35
vingativo, 54
votante de uma única questão, 100
campos de trabalho, 25, 216, 243
capitalismo, 14, 223
  como único caminho possível
    para o socialismo, 42
  derrubada, 191
  fenômeno "progressista" para
    marxistas, 42
  impacto destrutivo em
    comunidades rurais
    tradicionais, 40

inevitabilidade do, 20
inimigos jurados do, 210
internacional, 107, 135
moderno e em grande escala, 210
objetivo de restaurar, 241
renascimento parcial do, 167
revolução proletária socialista
depois, 46
rural, 123, 167
transformação empreendida
pelo, 165
urbano, 57
Carlyle, Thomas, 240, 244, 267n
Carr, E. H., 15
"carreiristas", 151-2
carros com motorista, 236
cãs mongóis, 192
casamento, 235
casas noturnas, 144
casas senhoriais, 53
saqueadas e incendiadas, 84
Cáucaso, 112
Cáucaso Norte, 205
Cazaquistão, 205
Cem Negros, 146
censo (1926), 166
censura, 14
centralismo democrático, 147
centralização/economia planejada
centralmente, 66, 105, 107, 119-
-21, 127
alicerces institucionais da, 184-5
importância da, 49-50
cerco capitalista, 107, 228
Chákhti, 180, 187, 208, 212, 242, 264n
Chamberlin, W. H., 13
chaminés, 20, 223
China, 43, 178
Guardas Vermelhas da Revolução
Cultural (anos 1960), 208
Chliápnikov, Aleksandr, 150

Chuia, 146
Chvérnik, Nikolai, 197
"cidades socialistas", 211
ciência, 140-1
ciência social, 211, 213
classe, 20, 67-8, 81
coerção de, 115
critério aplicado a todas as
burocracias, 157-8
diferenciação no seio do
campesinato, 123, 168
pensamento dos bolcheviques
girando em torno da, 135
políticas e práticas
discriminatórias, 229-30
ver também classe média; classes
superiores; classe operária; *ver
também* entradas com "classe"
classes abastadas:
ações de caridade das, 235
apoio ativo aos Brancos por parte
das, 116
urbanas, 44
"classe ditatorial", 140
classe empresarial, 36
classe média, 34, 36
ativo apoio aos Brancos por parte
da, 116
novos sindicatos de profissionais
de, 52
classe operária, 49, 171, 228
a guerra mudou a composição
da, 82
aterrorizada, 45-6
canais de comunicação entre
escritores profissionais e, 213
componente camponês da, 35
composição étnica da, 106
demanda de que os soviéticos
tomassem o poder em nome
da, 67

demandas políticas da, 58
destino do núcleo proletário
da, 140
força demonstrada, 92
grupo favorecido dos chamados
filhos da, 213
homens nas fábricas antes da
guerra, 83
marxistas tendo algum sucesso
na organização da, 46
militante, 34, 49, 52, 82, 84
minúscula em comparação com o
campesinato, 44
nova elite administrativa e
profissional recrutada na, 230
organização político-partidária e
protesto da, 45-6
Partido Bolchevique e, 16, 21, 49,
121, 134, 142, 150
percepção de que os operários
deveriam ser os únicos
senhores, 53-4
poder tomado em nome da, 100-1
políticas que afetavam a, 121
pré-moderna, 34
protegendo os interesses da, 73
prova irrefutável de que a
Revolução cumprira suas
promessas à, 23
quadros da, 157-8
queixas contra o regime, 58
revolucionária, 34, 52
sentimentos endêmicos de
desconfiança nas classes
privilegiadas, 181
status e relacionamento com o
poder soviético, 230
ver também classe operária
industrial; classe operária
urbana
classe operária industrial, 140

dispersa e abatida, 136-7
em frangalhos (1921), 157-8
expandida, 57
papel especial da, 21
reabsorvida no campesinato, 173
classe operária urbana, 32
nova intelligentsia recrutada
na, 212
permanente, 165
classe profissional, 37, 44, 54, 63, 236
de mentalidade modernizadora, 38
militar, 114
não comunista, 237
novos sindicatos da, 52
classes privilegiadas, 135-6, 180
Clemenceau, Georges, 179
clérigos, 146
coalizões, 67, 75, 77, 79, 88
liberal-socialista, 89
Código Criminal, 185
coerção, 58, 103-4, 115, 172, 185, 202-3
disposição para recorrer à, 108
métodos de obtenção de produtos
preferidos por Stálin, 200
oposição à, 186
substituição pela conciliação, 144-5
coletivização (*ver também Kolkhoz*),
10, 24, 167-8, 173, 185, 198-207,
213-4, 221-2, 226, 232, 248
campanhas antirreligiosas nas
aldeias no auge da, 210
consequências não planejadas
da, 225
simultânea, 194
terror contra inimigos de classe
como parte da, 241-2
Colinas de Púlkovo, batalha das
(1918), 109
comandantes militares, 89
comércio, 193-4
atacadista, 120

legalização do, 142-3
privado, eliminação do, 214-5
varejista, 120
Comintern, 142, 143, 160, 170, 178-
-9, 187
Bukhárin afastado de sua posição
no, 189
II Congresso (1920), 148
pré-requisitos para admissão, 148
Comissão de Planejamento Estatal,
193
Comissão Extraordinária de Toda a
Rússia, *ver* Tcheka
Comissariado do Povo, *ver*
Comissariados
Comissariados:
Alimentação, 131
Assuntos Estrangeiros, 179
Assuntos Internos, *ver* NKVD
Educação, 131
Finanças, 143, 158, 186
Indústria Pesada, 192, 195, 240
comissões fundiárias, 57
Comitê Central Bolchevique, 88,
89, 93-4, 99, 110-11, 148, 186,
215, 242, 246
departamentos para assuntos
organizacionais e políticos
do, 131
comando de revolucionários
profissionais enviados pelo, 156
carta secreta a organizações
partidárias locais, 240
Secretariado do, 131, 151, 152, 155,
161-2
tendência a usurpar poderes do
governo, 132-3
plenária de fev.-mar. 1937 do, 242
ver também Orgburo; Politburo
Comitê das Indústrias de Guerra,
60, 71

Comitê de Segurança Pública, 103
comitês das forças armadas, 80-1
comitês de fábrica, 80, 83-4, 104,
122, 136
Comitês dos Pobres, 123
comitês partidários, 155
competição regional, 197
comunismo/comunistas, 21, 154-6,
189-90
administradores, 122, 153-4
agitação partidária e anseio pelo
"retorno à normalidade", 12
ambivalência quanto à
coletivização, 178
ateus, 65
atributo essencial dos, 240
classe operária, promoção a
cargos burocráticos, 22
classes privilegiadas, 181
comissários políticos, 114
conservando a filiação partidária,
150
convocados para o Exército
Vermelho, 113-4
desaparecimento do dinheiro
sob o, 126
disciplina reexaminada, 146-7
distinção teórica entre
socialismo e, 227
elogio público da lealdade, 24
enviados ao campo para dirigir
fazendas coletivas, 214
esquerda, 110-1
intelectuais, 237-8
intimidação das famílias de *kulaki*,
201
jovens, 129-30, 175-6, 207-8
leais, 179
legalização do comércio como
negação dos princípios, 142
membros efetivos e suplentes, 158

número no Exército Vermelho
durante a Guerra Civil, 107
ortodoxia a ser absorvida por
todos, 14
pessoas que abriam caminho
insidiosamente às posições
mais elevadas, 242
posições de responsabilidade no
aparelho partidário, 157-9
primitivo, 40
"proletários" como sinônimo
de, 211
queda do regime (1991), 7
regras do comportamento
educado dos, 27
rendimentos limitados pelo "teto
partidário", 236
siberianos, 186
temor dos inimigos de classe, 175
tendência direitista, 225
vigilância na esfera cultural, 208
violação da disciplina no seio do
partido, 144-5
ver também comunismo de
guerra
comunismo ateu, 65, 250
comunismo de guerra, 117-25, 140,
174, 177, 186, 193, 201
abandono generalizado do
sistema do, 142-3
colapso do mercado sob o, 141
concessões, 143, 235, 239
a empresas estrangeiras, 167
constitucionais, 34
sindicais, 190
condenados, 214, 216-7, 243
confiscos, 139, 141, 142
de grãos, 117, 122
confiscos de terras, 84, 86, 123
deserções em massa relacionadas
com, 117

espontâneos, 78-9
não autorizados, 85
confissões, 181-2
conflito de classe, 21, 234
confraternização, 80
confrontos de rua, 103
Congresso dos Vitoriosos (1934),
238, 242
Congresso Nacional dos Soviets
(1917), 79, 93, 97
Conquest, Robert, 17, 256n, 267n
consciência sindical, 35, 49
Conselho Central de Sindicatos,
160, 188
Conselho de Comissários do Povo,
98, 99, 131, 132, 160
Conselho de Ministros, 56, 71, 132
Conselho de Trabalho e Defesa, 195
Conselho Econômico Supremo,
120, 169, 192
conspirações, 14, 23, 37, 115, 149,
175, 241
acusações implausíveis de, 181
antissoviéticos, 182
agências de inteligência acusadas
de estar por trás de, 241
constantes, 244
contrarrevolucionárias, 23, 135
de potências estrangeiras, 180
externas, 182
facções potenciais se tornavam
automaticamente, 215
internas, 178-9, 182
sinal de, 178
consumo ostensivo, 237
Constantinopla e Estreitos Turcos,
75
Constituições:
da República Russa (1918), 63,
136, 228
Soviética (1936), 227-8

construção, 197, 214-15
   canteiros de obras por toda parte, 223
   produção intensa na, 225
   projetos de, 195, 202
   contrarrevolucionários, 23-4, 135, 209, 240-1
   punição por crimes, 25
contratos e obrigações, 195-6
contratos governamentais, 119
controle estatal, 194
controle operário, 83, 104, 122
   sentido revisado do, 84
cooperativas:
   de consumo, 121
   supervisionadas pelo Estado, 194
corrida frenética às compras, 178
cortes marciais, 54-55
   secretas, 240-1
cortes marciais de campanha, 54-55
cossacos, 111, 113
cotas, 200, 205
crédito, 28, 119
crescimento econômico:
   componente "planejador" do, 194
   primeiro surto de, 27
crianças, 32, 235
   abandonadas e órfãs, 238
   desabrigadas, 126, 214
   educação coletivista, 126
   estigmatizadas, 214
   vítimas potenciais da opressão, 129
Crimeia, 70
crimes:
   contra o Estado, 145
   contrarrevolucionários, 243
   espetaculosos, 241
   extraordinários, 241
   punição por, 25
"crise das tesouras" (1923-4), 183-4
crises de escassez, 121, 183, 199, 214

   agudas, 236
   crônicas, 249
   terríveis, 225
cubismo, 128, 130
culto a Stálin, 193, 215
cultura, 18, 174, 233, 238
   nacional, 105

D

Danílov, V. P., 204
datchas, 236
Décimo Exército, 71
"defensivista", posição, 58, 75
defesa, fábricas/produção de, 82, 119
degradação humana, 39
democracia, 73, 150, 164-5
   burguesa, 223
   direta operária, 84
   local (sovietes), 227
   parlamentar, 68
   revolucionária, 78-9
democracia liberal, 149
   povo russo defraudado da, 64
democratização:
   do exército, 74
   política, 63-4
demografia, 139, 207, 213
Deníssov, A., 182
denúncias, 16, 18, 175, 217, 246
   em cascata, 248
   interesseiras, 247
   na imprensa, 89
Departamento de Empregos, 144
departamentos de contabilidade, 127
deportações, 180, 204, 214
   forçadas, 144-5, 244
   em massa, 202-3
"derrotistas", 58
desabrigo, 126, 214

"desconfiança maliciosa", 48
desemprego, 221
desenvolvimento econômico, 20,
    165, 168, 198
    a cidade como chave para o, 168
    grande salto em marcha, 198
    planejamento centralizado do, 104
deserções, 80, 87, 90, 117
    em massa, 117
desestalinização, 16
deskulakização, 185, 204, 214, 246
deslealdade, 180
deslocamento, 28, 35
detenção:
    de ministros tsaristas, 71-2
    imigração para evitar, 55
Deutscher, Isaac, 16, 257n, 263n
devido processo legal, 55
Dia Internacional das Mulheres,
    68-9, 82
dinheiro, 120-21, 131
    desaparecimento sob o
    comunismo, 126
diplomacia, 104-5
direitos iguais, 129, 228-9, 266
disciplina, 89, 134, 148, 155, 234
    estrita, 49, 66, 108
    militar, 114
discriminação, 168
    de classe, 230
dissidentes, 241-2, 244-5
    escritores/acadêmicos, 16
    facções organizadas, 134
distribuição, 117, 120, 193
    animosidade em torno da, 197
    obstrução da, 241
    secreta, 150
    sistemas fechados de, 236
ditadura, 159
    alternativas ditatoriais ao
    consenso e ao compromisso, 68

da minoria, 108
de lei-e-ordem, 90
estabelecida, 153
permanente, 50
repressiva, 101
totalitária, 66
ditadura do proletariado, 84, 104,
    131, 137, 157-8, 230-1
    transição para o socialismo, 228
    tribunais da, 135
divórcio, 129, 130
    legalizado, 234
Djilas, Milovan, 237, 267n
Dniéper, 224, 266n, 268n
Dniéper, Siderúrgica (Zaporójie), 196
documentos de identidade falsos,
    150
Domingo Sangrento (1905), 52
Don, região do, 111
Donbás, 29, 31, 33-4, 233
    crise da indústria do carvão
    (1932) no, 225
    ver também Chákhti
Duma, 28, 52-3, 54-5, 69
    deputados presos, 58
    dissolução da, 71
    poderes limitados da, 54
    principal importância da, 55
Dzerjínski, Feliks, 169

E

economismo, 47
educação, 27, 35, 38, 44-5, 136, 210
    boa educação marxista, 70
    fundamental, universal e
    compulsória, 221
    subutilizada, 37
    superior, acesso de jovens
    operários e comunistas à, 22, 212

eletricidade, 193
eletrificação, 168
elite, 37, 191
  administrativa, 157, 208, 212
  burocrática, 38
  de especialistas, 212
  dirigente, 161
  disciplinada, 66
  do partido, 176
  esposas de membros da, 235
  gerencial, 23, 230
  instruída, 139
  nacional, 105
  nova, 237
  política, 213
  privilegiada, 236
  profissional, 23, 208, 230
  retirada do apoio ao regime, 63
  social, 51
Emancipação (1861), 30-1, 33, 42, 85
emigrados/emigração, 17, 28, 45-6,
  48, 76-77, 139
  forçada, 56
  fracos e isolados, 58
  golpe planejado supostamente
    com apoio de capitalistas, 182
  grande número de russos
    instruídos, 65
  intelectuais, 147, 150
  irritadiços e briguentos, 56
  líderes, 47, 58, 148
  revolta inspirada por, 141
empregos na burocracia, 158, 208,
  210
  operários mudando para, 212
empréstimos, 61
engano, 241
Engels, Friedrich, 42, 101, 126, 129
encrenqueiros, 151, 163
endereços secretos, 150
engenharia, 213, 224

jovens operários levados a
  estudar, 214
epidemias, 139
escândalos, 56, 59, 245
escolas, 165
escolas técnicas, 213
  requisitos para admissão a, 234
escolha ocupacional, 37
escambo, 121, 122-3
especialistas burgueses, 133, 154, 176
  caídos em desgraça, comunistas
    que trabalharam com eles, 245
  economistas, 194
  engenheiros qualificados, 181
  financeiros, 143
  processos encenados, primeiro
    de uma série de, 180
  professores, 213
  reexame do papel dos, 208
especialistas em finanças, 143
especialização, 154, 156
esperanto, 130
espiões, 17, 180
  comandantes militares acusados
    de ser, 241
  detectados no trem, 247
  perigo dos, 177
  polos de atração para, 240
  vigilância contra, 177
Estações de Máquinas e Tratores, 226
Estado de partido único, 148-9
Estado policial, 41, 49
Estados Unidos:
  admiração pelos, 210
  ciência política, 15
  comunidades agrícolas utópicas,
    125
  plano dos republicanos de
    estender controles federais, 46-7
  sovietologia, 17
  tropas enviadas à Sibéria, 112

"estamentos", 27
Estatuto do Kolkhoz, 239
esteiras transportadoras, 196
estocagem, 122-3, 185, 199
estrangeiros, 106, 167, 170
desconfiança de, 216
eufemismos, 153, 256n
euforia, 19, 119, 231
Europa Ocidental, 39, 166
história da, 64
marxismo na, 43
Europa Oriental, 20
execuções, 53-4, 70, 115, 146, 240, 243
Exército, 58, 64, 144-5, 233
derrotas e perdas esmagadoras, 58
exigência de democratização, 74
incentivado a empreender grande ofensiva no front da Galícia, 87
maioria bolchevique absoluta nos fronts norte e oeste, 98-99
missão de restaurar ordem e disciplina, 90
motins, 52
novos comitês democráticos, 81
problemas de suprimento, 121
suprimentos inadequados, 81
ver também: Alto-Comando do Exército; Exército Alemão; Exércitos Verdes; oficiais; Exército Vermelho; tropas; Exércitos Brancos
Exército Alemão, 59, 87
confraternização, 80
fronts, 81, 89, 105, 109-10
invasão pelo, 12
Petrogrado ameaçada, 95
tomada inesperada de Riga, 90
Exército Vermelho, 109-17, 121-2, 126, 136, 144, 185, 193

a maioria dos talentos organizativos dos bolcheviques no, 131
alimentação do, 122-3
bolsões de apoio a Trótski no, 162
comunistas servindo na Guerra Civil, 107
criador do, 159
forte oposição bolchevique ao uso de militares profissionais no, 133
homens que aprenderam sua ideologia no, 130
invasão da Polônia (1920), 106
número de homens servindo o, 107, 139
razões para a vitória na Guerra Civil, 14
Exércitos Brancos, 106, 123, 136
apoio das velhas classes médias e abastadas ao, 116-7
camponeses alistado nos, 116-7
oficiais do, 142
partidos políticos tornados ilegais por apoiar o, 131
República Soviética ameaçada pelo, 112-3
exércitos permanentes, 50
Exércitos Verdes, 113
exílio, 24, 76-7, 179-80, 210
emigração forçada para evitar, 55
expertise técnica, 154, 213
exploração, 226
de classe, 134-5, 227
vítimas de, 136
expropriação, 86, 118-9, 172, 201, 202-3, 214, 246
resistência à, 228
expulsão, 24, 163, 179
expurgos, 24, 148, 188-9, 194, 245
partidários, 151-2, 245-6

substituição dos inimigos de
classe, 212-3
ver também Grandes Expurgos
extrema esquerda, 67, 78, 89
Extremo Oriente, 51, 54

F

fábricas automotivas, 198
fábricas de máquinas:
  novas e enormes, 223-4
  somas investidas para, 198
fábricas metalúrgicas, 29, 34, 82,
  169, 197-8
  montantes de investimento para
    complexos de, 198
  novas e enormes, 223-4
facções, 24, 115, 146, 149, 160
  derrotadas, 150-1
  dissidentes organizadas, 134
  líderes e apoiadores de oposição
    expulsos por romper a regra
    contra as, 163-4
  lutas de (meados dos anos 1920),
    169
  minoritárias, 148
  potenciais, 215
  proibição das, 150, 162, 215
  punição para as, 188
falsificação burguesa, 17
família, 129, 235
  patriarcal, 30, 124
fanáticos, 18
fazendas estatais, 125, 199
feministas, 130, 235
Ferrovia Transiberiana, 111-2
ferrovias/ferroviários, 91, 139
  emboscadas a trens de carga,
    195-6
  estações, 96, 144, 238

ver também Transiberiana;
  Turksib
feudalismo, 27
filiação partidária, 24
"filisteus burgueses", 130, 209
filosofia, 211
Finlândia, 89, 93, 109
Fischer, Louis, 13
fome, 51, 126, 139, 140, 146, 214,
  226, 238
  alívio da, 146
  legado de enorme ressentimento,
    205
  mortes por, 139
  notícias a respeito excluídas dos
    jornais, 216
  soldados desmobilizados ou
    operários fugindo, 125, 139-40
força de trabalho:
  industrial, 33
  urbana, em rápida expansão, 206
Ford, Henry, 198
França, 27, 40, 192
  ver também Potências Aliadas;
    Primeira Guerra Mundial;
    Revolução Francesa; Segunda
    Guerra Mundial, 12
  ver também Alemanha nazista
frivolidade, 216
fronteiras territoriais, 105
fronts norte e oeste, exército dos, 81
frota do Báltico, 74
  maioria bolchevique absoluta
    na, 100
  operários representados
    desproporcionalmente na, 81
  "vingança de classe" dos
    marinheiros na relação com
    oficiais, 116
Frúmkin, Moshe, 186, 264n
futurismo, 128

G

ganância, 236-7
Gapon, padre Gueórgui, 52
gêneros alimentícios, 120
  confisco, 183, 200
  crises de escassez, 139
  racionamento, 214
Gerschenkron, Alexander, 33, 256n, 257n
Gestapo, 241
"gigantismo", 198
Gógol, Nikolai, 28
golpes, 72, 91, 95, 96, 103, 109, 179-80
  abortados, 68, 91-2
  apoiados por capitalistas exilados, 182
  bem-sucedidos, 64
  fracassados, 91
  inequívocos, 99
  organizados conspiratoriamente, 66
  partidários, 15, 132
  supostamente apoiados por capitalistas exilados, 182
  tentados, 64, 91
Gorbatchóv, Mikhail S., 174, 250
Górki, Maksim, 95, 210, 221, 241, 98
Governo Provisório, 9, 70, 78, 80, 93-4, 96, 120, 131
  ameaça ao, 89
  apelo para tirar do poder o, 76
  burguês, 76, 81-2
  credibilidade solapada, 86-7
  formação anunciada do, 71
  forte sentimento popular contra o, 88
  grupos liberal e socialista brigam por posições no, 67-8
  operários rejeitam, 94

  políticos de centro e de direita reafirmam lealdade ao, 91
  problema da remoção do, 94
  reforma fundiária do, 86-7
  relação de poder dual entre o Soviete de Petrogrado e o, 63, 67-8, 71, 74, 87-8
  renúncia do chefe do, 87
  socialistas empenhados em agir como vigilantes do, 73
GPU (Direção Política Estatal), 116, 178-9
  ver também OGPU
Grã-Bretanha, 27, 33, 112, 178
  conspiração antissoviética liderada pela, 178
  capitalistas da, 191
  líderes conservadores da, 190
  cercamentos e desenraizamento dos camponeses, 206
  Serviço de Inteligência da, 241
  ver também Potências Aliadas; Primeira Guerra Mundial; Segunda Guerra Mundial
gráficos, 91
Grandes Expurgos (1937-8), 10, 11-2, 17, 25, 213, 219, 222, 241-2, 247-8
  custo de vida durante os, 236
  "inimigos" expostos nos, 244
  prelúdio ao primeiro julgamento encenado dos, 240
  processos de Velhos Bolcheviques, 15
grandes potências, 50
"grande recuo", 222
grãos, 204, 226
  abastecimento de, 122-3, 183-6, 199-200, 225-6
  camponeses deixando de comercializar, 178

compromisso de exportar, 200
confisco de, 117, 122
estocados, 123, 184, 199
fornecimento confiável
 necessário de, 199
monopólio estatal sobre os, 120
planos para a exportação em
 grande escala em risco, 184
predomínio *kulak* sobre o
 mercado de, 185
gratificações, 236
greve, 45, 52, 141
 de mulheres operárias, 68-9, 82
 em larga escala, 34, 57
 geral, 53, 57
 rápido envio de tropas por
 autoridades estatais, 34
grupos centristas, 148
grupos de pressão, 147
Guardas Brancos, 115, 240
Guardas Vermelhas, 92, 109, 113-4
 chinesas, 209
guarnições, 75, 81, 100
guerra, 19, 126
 baixas de, 53, 59-60, 87, 139
 imperialista europeia, 110
 índice de deserção, 78, 87
 nem bem-sucedida nem
 reforçando a confiança do
 governo, 50-1
 revolucionária, 110
 ver também Guerra Civil; Guerra
 da Crimeia; Primeira Guerra
 Mundial; Guerra Russo-
 Japonesa; Segunda Guerra
 Mundial
Guerra Civil (1918-20), 9, 12, 22, 70,
 103-37, 145, 150, 200-1, 219
 emigração de grande número
 de russos instruídos durante e
 imediatamente após, 64-5

espinha dorsal da administração
 bolchevique durante, 139
lutas de facções partidárias ao
 final da, 24
nostalgia pelos dias heroicos
 da, 176
razões da vitória do Exército
 Vermelho na, 14
terror contra inimigos de classe
 como parte da, 242
Guerra da Crimeia, 51
guerra de classe, 74, 106, 123, 231
 agressiva, 187
 chamado à, 78
 fim da, 221
 intensa, 221
 políticas concebidas para
 estimular a, 186
Guerra Fria, 15, 17, 249-50
Guerra Russo-Japonesa (1904-5), 51
Gukássov, P., 182
Gulags, 10, 18, 216, 242-3, 249
Gutchkov, Aleksandr, 29, 72

H

hegemonia proletária, 208, 211, 230
heróis, 234
hierarquia, 232
história, 64, 234
 intelectual, 18
 política, 14
 pré-revolucionária, 15
 revolucionária, 174
 social, 14, 17, 18
Hitler, Adolf, 238
homossexualidade, 235
hostilidade de classe, 83
Hotel Luxe, 144
Hungria, 106

I

Iagoda, Guénrikh, 241
ideologia, 15, 40, 121, 130
   anarquista, 119
   bolchevique, 148
   científica, 118
   classe dirigente, 234
   como justificativa, 118, 121
   desenvolvimento econômico, 20
   equilíbrio entre pragmatismo
     e, 118
   importância da unidade, 49
   radical, 37
   revolucionária, 20, 42
ideologia científica, 118
Iejov, Nikolai, 242, 247
Iekaterinburg, *ver* Sverdlovsk
Igreja:
   tendência dos coletivizadores a
     profanar, 202
   terras/propriedades, 86, 98
Igreja Ortodoxa, 146
igualitarismo, 40, 121, 135, 231
ilegitimidade, 129
imagens retóricas, 210
imperialismo, 106
Império Russo, 133
   áreas não russas e remotas, 52, 103
   bolcheviques exilados em
     regiões remotas do, 76
   incorporação de territórios na
     nova república soviética, 105
   penetração do exército alemão
     em territórios ocidentais do, 59
   vasta extensão territorial do, 29
impostos, 42, 142, 143
imprensa, 196, 198, 203
   distorções flagrantes da realidade
     e manipulação de estatísticas,
     215-6

   reivindicações, 141
   tema constante na, 177-8
   estrangeira, 248
   difamação dos *Nepmen* na, 194
incentivos materiais, 233
inclemência, 144, 164, 194, 215
Índia, 43
indústria:
   bastante impulsionada pela
     Primeira Guerra Mundial, 33
   destruição e sabotagem na, 240
   domínio estrangeiro de vários
     setores da, 58
   exortada a "ultrapassar" as metas
     do Plano, 195
   impulso para a completa
     nacionalização, 143
   larga escala, 143
   munições, 82
   prisões em massa na, 242
   quase estagnada, 139
indústria de máquinas industriais,
   192-3
indústria de munições, 82
indústria pesada, 191
   ênfase na construção, 220-1
indústria têxtil, 193
industriais, 60, 196
   deslocamento dos liberais para a
     direita sob pressão dos, 89
   expoentes, 67-8
   proeminentes, 71, 84
industrialização, 27-8, 38, 221
   de estilo ocidental, 20, 39
   estratégia e política de, 163
   financiamento da, 172
   impulso de, 9, 181, 183, 191-7, 205
   rápida, 32, 42, 163, 169, 199, 205
inflação, 121, 126
inimigos, 23, 184, 191, 228, 234-5
   campanha contra (1928-9), 181

294

detenção dos, 178
escondidos, 246
externos e internos, 180
liquidados, 221
naturais, 135
políticos, assassinato dos, 248
potenciais, 246
suspeitos, 178, 243
ver também inimigos de classe
inimigos de classe, 11, 135-6, 243
ameaça interna de, 180
burgueses, 115, 177
conceitualizados nos termos da
revolução, 24
eliminados, 207
extirpação dos, 152
força e determinação dos, 106-7
guerra contra, 177
luta armada com, 200
luta contra, 207
medo que os comunistas tinham
dos, 175
ódio e desconfiança diante dos, 135
perigosos, 246
perseguição a, 217
prováveis, 41
substitutos dos, 212
tendência dos coletivizadores a
insultar, 202
terror contra, 21, 23, 241-2
vitória completa sobre os, 73
"inimigos do povo", 25, 247-8
autoridades superiores
denunciadas e presas como, 242
inquietação:
nas regiões não russas do
império, 52
política, potencial para, 149
instabilidade, 11, 28
Instituto de Professores Vermelhos,
209

Instituto Smólni, 96
Institutos Politécnicos, 39
insurreição, 50
armada, 93
chamado à, 93
divergências sobre a
conveniência da, 66-7
dúvidas quanto à, 94-5
Lênin incitando a, 96
tentativa de, 87
insurreição política, 28
intelectuais bolcheviques, 128, 131,
134, 136, 147, 175
não russos proeminentes na
liderança dos, 47-8
modos proletários cultivados
por, 232
intelligentsia/intelectuais, 15, 37, 42-
3, 44, 49, 122, 131, 134, 174, 227
comunistas, 237-8, 242
concessões a, 144
conhecimento da história
revolucionária por parte de, 148
discussões sobre abandonar o
sonho revolucionário, 56
emigrados, 146, 149
europeizados, 208
idealização dos camponeses por
parte de, 40
judeus, 18, 64, 171
marxistas, 21, 40-1
não comunistas, 208
prisões e medo rapidamente
difundido entre, 25
publicações no exterior, 215-6
radicais, 40, 128
Revolução Cultural dirigida
predominantemente contra, 10
revolucionários, 46
socialistas, 72-3
soviéticos, 230

técnicos, 237
ver também intelectuais
bolcheviques; intelligentsia
burguesa
intelligentsia burguesa, 208, 234
acusações de deslealdade
dirigidas contra a, 180
caráter traiçoeiro da, 212
"destruição" causada pela, 237
direitistas descritos como
protetores da, 208
velha, 237, 238
internacionalismo, 58
proletário, 106
"prova de", 171
interrogatórios de técnicos e
especialistas, 181-2
intervenção estrangeira, 107, 135
ameaça de, 180
intervenção militar, 238
estrangeira, 182
intimidação, 115, 131, 247
chefia e, 108
intolerância, 18-9
jacobina, 48
intransigência, 149
investimento estrangeiro, 27, 43, 144
em larga escala, 33
proteção governamental do, 34
Iskra (jornal partidário), 47
isolamento, 105, 170
contato com o Ocidente
restringido e perigoso, 216
cultural, 216, 249
"isolamento das massas", 74
Itália, 210
fascistas, 159
Partido Socialista, 148
Ivan IV (o Terrível), tsar da Rússia,
234

J

Japão, 51, 52, 192, 241
tropas na Sibéria, 112
Jornadas de Julho (1917), 76, 87, 88, 93
heróis das, 141
jornais, 91, 95, 180, 183, 239
Jovens Pioneiros, 129, 247
judeus, 18, 48, 164, 171
conspiração internacional dos, 65
libertação das restrições tsaristas,
137
migração para fora do Pale, 139
sovietes dominados por, 106
julgamentos encenados, 180, 248
desconfiança de estrangeiros
como forte tema recorrente
nos, 216
prelúdio aos primeiros, 240
teatralidade dos processos, 248
último dos, 241
justiça de classe, 135
justiça sumária, 54, 108, 115
juízes, 135

K

kadeti (democratas constitucionais),
52, 90, 109, 245
demissão de todos os ministros, 87
deportados à força, 145
Kaganóvitch, Lázar, 188, 197
Kámenev, Liev, 95, 160, 163, 240
Khárkov, 29, 196-7
Khlevniuk, Olieg, 17
Khruschóv, Nikita, 213
denúncia de Stálin, 16, 175
Discurso Secreto, 16, 242
Kiérenski, Aleksandr, 71, 73, 87, 89-
-91, 95-6, 110

Kíev, 29, 261n
Kírov, Serguei, 239-41
Koestler, Arthur, 15
Kolkhoz, 124, 199, 203-5, 221, 226-7, 239, 266n
   como obra do Anticristo, 210
   denúncias de diretores, 247
   encarado com desconfiança pelos camponeses, 125
   fuga do, 206
   necessidades imediatas dos, 192
   organizado, 202, 206
   perseguição de inimigos de classe no, 202
Kollontai, Aleksandra, 130
Koltchak, almirante Aleksandr, 111-2
Komsomol, 129, 155, 202, 246
   Comitê Central e secretariado, 209
   "Exército Cultural" e "Cavalaria Ligeira", 210
Komsomolsk-na-Amure, 232
Kornílov, general Lavr, 64, 68, 90--2, 95
Kossíguin, Aleksei N., 213
Kotkin, Stephen, 18
Krasnov, general Petr, 109
Krêmlin, 144, 235
Krímov, general Aleksandr, 91
Krjijanóvski, Gleb Kchessínskaia, Palácio, 193
Kronstadt, revolta de (1921), 22, 74, 87-8, 141-2
Krúpskaia, Nadejda, 161
Kuban, região do, 111
Kulaki, 21, 135-6, 168, 171
   acerto de contas com, 201
   ataques a, 200
   campanhas contra, 181
   como inimigos de classe, 177
   deportação de, 204

desaparecimento de moleiros, 226
discriminação de, 168
eliminados, 228
esforços intensivos para desabonar os, 200
estocadores como vilões, 185, 199
expropriados, 202, 214, 228, 246
liquidação, 201, 207, 246
medidas radicais contra, 185
predominância no mercado de grãos, 185
prisão de, 243
polos de atração de, 240
posição de Stalin com relação a, 172
ver também deskulakização
kultúrnost, 237
Kuomintang, 178
Kuznetsk, 196

L

Lago dos cisnes (Tchaikóvski), 238
lealdade, 24, 71, 91, 159, 180
   dúbia, 230
   suspeita, 115
legalidade, 116
Legião Tcheka, 111
Legitimidade, 15, 71
   Instável, 61
lei marcial, 54
lei-e-ordem, 67
leis, 133
   discriminatórias de classe, 229
   históricas, 14
   não necessidade de, 127
Leis Fundamentais (1906), 54
Lênin, Vladímir I., 14, 16, 34-5, 65, 79, 94-9, 108, 110, 114, 118, 141, 144, 152, 174-5, 190, 215, 149

biografias baseadas em arquivos,
18
bolcheviques que discordavam
de, 134, 148
carta secreta ao Politburo (1922),
146
contínuas e pequenas rixas, 56
defesa da organização partidária
centralizada e da disciplina
rigorosa, 66
"derrotismo", 58
desaprovação do novo estilo da
orientação partidária, 149
enfermidade e morte de, 10, 133,
159-60, 164-5, 187
escritos, 50; "Teses de Abril",
78; *O desenvolvimento do
capitalismo na Rússia*, 43; *O
Estado e a revolução*, 126, 227;
"Testamento", 161, 262n; *Duas
táticas da Social-Democracia*,
50; *Que fazer?* (panfleto), 49,
66, 147
facções desafiando
implicitamente sua liderança
pessoal, 150
fortemente contrário à
legalização do comércio, 142
hábitos sectários, 78
"homem de letras" como
profissão de, 130
legado político de, 173
obstinado realismo quanto ao
governo, 127
oferta de trem lacrado da
Alemanha para, 77
ordens emitidas para a prisão
de, 89
plano de eletrificação de, 168
primeiro traço distintivo como
teórico marxista, 49

princípio da autodeterminação
nacional de, 105
refúgio na Finlândia, 89, 93
rumores de que era um agente
alemão, 89
tensão entre Plekhánov e, 48
terror revolucionário de, 115, 244
vitória sobre a facção de Trótski
e conquista da maioria no novo
Comitê Central, 151
Leningrado, 29, 160, 239-40, 261n
comunistas e operários urbanos
recrutados nas grandes fábricas
de, 203
ver também Petrogrado
leninismo/leninistas, 16, 100, 164
divergência fundamental entre
stalinismo e, 174
levantes 35, 90, 94, 97, 99, 142
armados, 53, 92-3
liberação sexual, 129, 234
liberalismo/liberais, 40, 44, 54, 67, 73
burgueses, 46-7, 64
choque traumático, 64
coalizão de socialistas e, 75
deslocando-se para a direita sob
pressão dos industriais, 89
expropriação de terras
particulares, 84, 86
interesse especial na
democratização política, 63
Libertação, movimento de, 44, 46
moderados, 71
nobreza e profissionais liberais do
zemstvo unidos em apoio ao, 51
"podre", 208
pretensão à liderança do
movimento revolucionário, 52
liberdade e igualdade, 229
liberdades civis, 228
liberté, égalité, fraternité, 18, 231

lichéntsi, ver pessoas privadas de direitos, 229
Liga de Ateus Militantes, 209
limitações de gastos públicos, 143
línguas/minorias nacionais, 105
liquidação, 207, 246
listas negras, 243
livre mercado/livre comércio, 117, 120, 199-200, 252
Łódź, 29
Londres, 178
Luís Bonaparte, rei da Holanda, 248
Luís Filipe, rei da França, 51
Lunatchárski, Anatóli, 131
luta de classe, 74, 187
  desaparecimento da, 228
luta política, 134
luta pelo comando, 159
luta pelo poder, 188
Luxemburgo, Rosa, 78
Lvov, príncipe Gueórgui, 71, 87

M

Magnitogorsk, 18, 192, 196, 214, 225, 232
Makhnó, Néstor, 141
Maiakóvski, Vladímir, 128
Manchúria, 52
manifestações:
  de massa, 87
  de rua, 68-9, 75-6
  estudantis, 52
  violentas, 146
maniqueístas, 19
manufatura, 167
  privada, cerceamento da 193
mão de obra contratada, 85
máquinas/maquinário, 128, 169
  importação de, 184, 193

mar Negro, 29, 100
Martin, Terry, 18
Mártov, Iúli, 48
Marx, Karl, 42, 50, 126, 157, 171, 206, 231, 248
marxismo legal, 46-7
marxismo/marxistas, 23, 64, 67, 81, 85, 123, 223
  apreço pela industrialização de estilo ocidental, 20
  complemento lógico do, 21
  emergência como grupo distinto, 41
  formular, 14
  história, 234
  ideologia científica, 118
  impacto inicial no debate intelectual, 42
  meios para atingir um fim segundo os, 20
  nacionalismo como forma de falsa consciência, 105
  não bolcheviques, 64
  natureza eminentemente científica do, 125
  ortodoxo, 50
  postulação de que a revolução era historicamente necessária, 19
  previsões, 42-3, 46
  primeiros contatos com os operários, 44
  privilegiada, 237
  problemas conceituais quanto à emergência de uma classe burocrática, 237
  reformas "progressistas", 57
  rótulo usado por grupos da *intelligentsia* que discordavam dos, 41
  teoria, 20, 23, 34, 46, 126, 170, 228, 231

matérias-primas, 120, 193
maternidade, 235
Mausoléu de Lênin, 165
Mecanização, 203, 206
Medviédev, Roy A., 16
Mencheviques, 53, 56, 64, 73, 75, 97, 103, 165, 211
  agências estatais de planejamento impiedosamente expurgadas de, 194
  cisão entre os bolcheviques e (1903), 48
  Comitê Central, 145
  conscientes da perda de apoio dos operários, 58
  deportados à força, 145
  liderança afastada, 91
  marxismo ortodoxo dos, 48
  não russos proeminentes na liderança dominada pela *intelligentsia*, 48-9
  perdem o apoio da classe operária para os bolcheviques, 49
  prisão de, 145
  revolucionários na Suíça, 77
mendigos, 144
Menjínski, Viatcheslav, 181-2
mentalidade de país sitiado, 216
mercado negro, 142
metáforas de guerra, 177
metalúrgicos, 29, 91
Meyerhold, Vsiévolod, 128
migração, 32, 139, 204, 207
Mikhail Aleksándrovitch, grã--duque, 70
Mikoian, Anastás I., 150
milícia, unidades de, 92
militância, 82-4, 190
Miliukov, Pável, 59, 71, 75
Mineração, 29, 31
  acidentes organizados na, 241

concessões para empresas de, 143, 167
  montantes de investimento na, 197
  novos assentamentos de, 223
  sabotagem deliberada da, 180
Ministérios, 131
  Agricultura, 76
  Comércio e Indústria, 38, 71
  Exterior, 264n
  Finanças, 38, 71
  Guerra, 72, 87
  Indústria, 169
  Justiça, 71
  Trabalho, 76
Mir, 30-1, 123-4
  abolido (1930), 204
  camponeses incentivados a consolidar propriedades e separar-se do, 56-7
  desejo de salvá-lo das devastações do capitalismo, 40
  desintegração interna do, 42
  percebido como uma verdadeira instituição camponesa, 124
  italidade evidente do, 85
missões investigativas, 184
mobilidade social, *ver* ascensão social
modernização, 20, 38-9, 44, 165, 170, 223
  da estrutura bancária e de crédito, 27-8
  ideologia da, 43
modos (de comportamento), 232
modos de produção, 223
moeda:
  desvalorização, 126
  estabilização, 142-3
Moguiliov, 69
Mólotov, Viatcheslav M., 77, 150-2, 163, 188-9, 193, 237, 242, 248
monarquia constitucional, 28

monarquistas, 64
monumentos, 128
moral (ânimo), 59, 81
  abalado/desintegrado, 87, 91
moralismo filisteu, 130
morte, 10, 25, 145
  pela fome, 139, 205
  resistência obstinada de
    Raspútin à, 60
Moscou, 29, 32, 99, 143, 153, 186, 191
  capital bolchevique transferida
    para, 112
  classe operária radicalizada, 21
  combates encarniçados em, 109
  comunistas e operários urbanos
    recrutados nas grandes fábricas
    de, 203
  filiação ao Partido Bolchevique, 80
  instituições revolucionárias, 34
  julgamentos encenados, 216
  lista telefônica de, 220
  nudistas em bondes lotados em,
    130
  organizações operárias em
    centros industriais, 82
  organização partidária, 186
  população de, 215
motins, 52
  ver também revolta de Kronstadt
movimento operário:
  atitude liberal diante do 54
  esmagamento brutal do 57
movimento socialista 58
  atitude dos liberais diante 57
movimento trabalhista, 57
movimentos ilegais, 51
mudança política, 28, 37, 40
  aceitação do liberalismo como
    ideologia da, 40
mudança social, 28
  radical, 157

mulheres:
  camponesas, 202
  direito ao trabalho, 234-5
  direitos iguais e remuneração
    igual das, 129
  emancipação das, 36, 129, 235,
    267n
  greve, 82
  índice de alfabetização, 32
  jenotdiéli, 129
Múrmansk, 111
Mussolini, Benito, 159

N

nacionalismo/nacionalistas
  desarmado pelo "garantindo as
    formas da nacionalidade"
nacionalização, 118-9, 183
  completa, 222-3
  impulso abandonado para a, 143
não pessoas, 15-6
não russos:
  políticas em relação aos, 105
  proeminentes na liderança
    dominada pela *intelligentsia*, 48-9
  tropas, 111
Napoleão Bonaparte, imperador da
  França, 11, 159, 166
Narod, 40
NEP (Nova Política Econômica), 12,
  22, 183, 192, 219, 224
  abandono de muitas premissas
    básicas de diretrizes da, 187
  comunismo de guerra descartado
    em favor da, 118
  contexto político e políticas
    sociais básicas, 186
  conversão de camponeses à
    agricultura coletivizada, 198-9

e o futuro da revolução, 139-76
organizações comunistas
militantes cujo ímpeto tinha
sido contido pelo comando
partidário durante a, 208-9
políticas de recuo, 190
"recuo estratégico" marcado pela
introdução da, 9, 10
repúdio dos compromissos não
heroicos da, 177
sociedade extremamente volátil
e instável durante a, 10
velha economia mista
desaparecendo rapidamente, 194
Nepmen, 167, 171, 176, 207
expropriados, 214
investida contra, 194
política de liquidação dos, 246
Nicolau II, imperador da Rússia, 29,
39, 51, 56
abdicação de, 9, 69
ausências da capital como
comandante em chefe do
exército, 59, 69
concessões constitucionais de, 28
crença de que a Rússia ainda era
uma autocracia, 54
execução de, 70
Manifesto de Outubro (1905), 52
Nievá, rio, 96
NKVD (Comissariado do Povo para
Assuntos Internos), 242-3, 247,
268n
Nobel, A., 182
Nobreza, 27, 135
altos escalões da burocracia
estatal dominados pela, 36
descendentes da, 41
intrigas da, 60
liberada da obrigação do serviço
compulsório ao Estado, 37

lição aprendida com os eventos
(1905-6), 54
"nova nobreza do serviço público",
237
redistribuição igualitária de
terras de propriedade da,
85-6
representada de modo muito
desproporcional no sistema
eleitoral, 207
ver também zemstva
Nossas Realizações (jornal), 221
Nostalgia, 39, 129, 176
"nova classe", 231, 237
Nóvaia Jizn (jornal), 95
Nudistas, 130

O

óblast, 159
Obrigação, 37
Odessa, 29
ofensiva na Galícia (1917), 87
oficiais, 71, 74, 91, 114
antigos oficiais tzaristas, 133
ex-oficiais tzaristas, 64, III, 113-4
navais, 74
relações entre subordinados e, 81
"vingança de classe" de
marinheiros lidando com, 116
OGPU (Direção Política Estatal
Unificada), 181, 202
operários de segunda geração, 33
operários fabris, 212
operários permanentes, 32
opinião pública, 235
Oposição de Direita, 148, 225
agências de planejamento estatal
impiedosamente expurgadas
da, 194

ameaça contrarrevolucionária
da, 92
ex-líderes da, 241, 245
luta ideológica com a, 197
plataforma racional, 190
punição depois da derrota da,
189
Stálin versus, 183, 186
Oposição de Esquerda, 24, 92, 225
agitadores, 90
ataque impiedoso à, 215
derrota final da, 186
discussões secretas com líderes,
187
excomunhão da, 184
libertação de políticos presos, 94
Oposição Militar, facção, 114
"Oposição Operária", 150-2
Oposicionistas, 152, 172, 177
como polo de atração de grupos
que odiavam o poder soviético,
240
delegados, 163
filiação de, 245
intolerância de Lênin aos, 244
líderes expulsos, 179
luta entre o comando partidário
e os, 175
perigo de golpe, 179
punição dos, 179
simulando ter renunciado a
opiniões, 241
tolerância de pessoas que tinham
sido, 245
ver também Oposição de
Esquerda; Oposição Militar;
Oposição de Direita
opressão, 129, 250
ordem social, 127
Ordjonikidze, Sergó, 163, 192
orfanatos, 126

organizadores voluntários, 265
Orgburo, 131, 155, 162
Orwell, George, 15, 127-8
ostentação, 236
otkhódniki, 31, 33
outubristas, 52-3
outubro vermelho, 64

P

pacificação armada, 116
padres, 136, 144, 246-7
padrão de vida, 176
declínio do, 214
queda brusca, 213, 226
status da elite, 236
alto, 236
urbano, 22
pagamentos de resgate, 30, 42
Palácio de Inverno, 52, 96
Palácio Tauride, 72
pânico de guerra (1927), 178, 180-3
paranoia, 107
parentes indesejáveis, 245
Partido Industrial, 182, 242, 264n
Partido Operário Social-Democrata
Russo, 45-7, 255n
II Congresso do (1903), 47-8
"marxismo legal" severamente
denunciado pelo, 46-7
partidos políticos, 60, 79, 98-9
bolcheviques ultrapassando
todos os outros em
recrutamento, 66
burgueses, 128
de oposição, lealdade suspeita
dos, 115
facções desempenhando
papel de partidos no sistema
pluripartidário, 149

grandes problemas suscitados
pela existência continuada
dos, 104
imunidade parlamentar, 88
legalizados, 54
liberdade de expressar posições
publicamente, 145
ligações pré-revolucionárias com,
245
pouco espaço para outros, 131
postos na ilegalidade por apoiar
os Brancos, 131-32
socialistas, 45, 55
partidos socialistas, 45, 55, 67, 101
principais, 75
revolucionários, 53
passaportes, 205
patriotismo, 58, 179, 239
da noite para o dia, 58
foco de, 249
história usada para inculcar, 234
irrestrito, 79
patrocínio estatal, 43
Paz de Brest-Litovsk (1918), 105-6,
109-11
Pedro I (o Grande), tsar da Rússia,
216, 234
pelotões de fuzilamento, 146
pensões para idosos, 143
pequena burguesia, 57, 128, 168
concessões à, 144
moralismo da, 235
produtores confiáveis para o
mercado urbano, 167
pequena nobreza lituana, 192
pequenos lojistas, 194
Perestroika, 174
perfeição social, 56
"período heroico" (1920), 200-1
perseguição, 17, 217
legal e financeira, 194

pessoas privadas de direitos, 229
Petersburgo, região de, 33
ver também São Petersburgo
Petrienko, Lena, 247
Petrogrado, 20, 29, 67, 78, 95, 103,
109, 112
classe operária radicalizada em, 21
comitês de fábrica em, 83
Comitê Executivo do, 75-6, 91
Comitê Militar-Revolucionário
do, 97
Congresso de Sovietes (outubro
de 1917), 97
controle bolchevique em, 83-4, 103
espírito/organizações
revolucionárias em centros
industriais, 81
Estação Finlândia, 77-8
filiação ao Partido Bolchevique
em, 80
greves, 57, 141
grupos brigando por posições, 67
grupos socialistas e liberais
brigando por posições no, 67
insultos dirigidos aos moderados
que controlavam o, 92
insurreição/revolução popular
em, 63
maioria bolchevique no, 79, 93
manifestações de massa, 87
multidão nas ruas de, 67, 69
Ordem no 1 emitida em nome
do, 74
Petrogrado, Soviete de, 72, 77,
80-1, 94-5
políticos em estado de alta
excitação e atividade frenética
em, 70
recém-reativado, 63
relação de poder dual entre o
Governo Provisório e o, 67, 72

tropas despachadas do front
para, 90
petróleo, 29
Piatakov, Iúri, 200, 240
Planejamento, 104, 122, 169, 194, 252
mais sóbrio, transição para, 233
racional, 225
ver também centralização
Plekhánov, Gueórgui, 42, 48, 79
poder da lei, 38
poder dual, 63-4, 67-8, 74, 76, 88
Pokróvski, Mikhail, 234
Polícia, 41, 45, 115, 242
desintegração da, 69
desnecessária, 127
detenção de bolcheviques no
início da guerra, 82
muito fortalecida, 216
padre renegado com relações
com a, 52
poder descontrolado da, 38
risco de intimidação pela, 45
segurança, 114
sindicatos frequentemente
fechados pela, 55
ver também Estado policial;
polícia secreta
polícia secreta, 28, 244
órgãos coercitivos com função
comparável à de, 104, 116
rebatizada (1934), 242
usada contra trotskistas, 245
Politburo, 17, 131, 133, 151, 155,
160-2, 179, 181, 183-9, 195, 235,
265n, 268n
liderança coletiva, 160
carta secreta de Lênin ao, 146
papel de primeiro entre iguais
no, 164-5
tendência a usurpar poderes do
governo, 132

política:
crise, 51, 69, 72, 75, 87, 91
de coalizão, 67
de compromisso, 67
desavença, 163-4, 244
estrutura frágil e submetida a
pressão excessiva, 60
polarização crescente da, 68
partidária interna, 108
liderança, 152
desaprovação por Lênin do novo
estilo de, 149
jargão militar na linguagem da,
107-8
aberta, democrática e pluralista,
66
parlamentar, 149
problemas, 50, 68
reformas (1905-7), 55
revolucionária, 108
socialista, 78
política de "promoção proletária",
22, 137, 140, 212
políticas econômicas, 117-9, 126,
142
política externa, 106, 133, 178
Stálin responsabilizado por
desastres na, 178
Polônia, 29, 178
Exército Vermelho invade a
(1920), 106
pequena nobreza da, 192
ver também Varsóvia
pogroms antissemitas, 41
população, 29
urbana, aumento da, 207, 215
populistas, 39, 40, 44-5, 246, 257n
cerne da discussão dos marxistas
com os, 20
determinação de servir ao povo,
40, 212

irrupção do terrorismo revolucionário por parte dos, 41
voluntarismo revolucionário, 43
Portsmouth, Tratado de (1905), 52
posição social, 36
postos de telégrafo, 96
Potências Aliadas, 71, 109
extremamente hostis ao novo regime na Rússia, 112
potências estrangeiras, 106, 180, 241
suspeita de inimigos pagos por, 243-4
potências expansionistas, 50-1
Pravda, 187, 189, 268n
Preços, 183-5, 205, 226
negociáveis na prática, 199
Preobrajénski, Ievguêni, 118, 127, 171-3, 199, 260n
prerrogativas do funcionalismo público, 36
primeira geração de operários, 33
Primeira Guerra Mundial (1914-8), 28-9, 31, 50, 59, 60, 140, 179
baixas na, 139
indústria russa impulsionada pela, 33
Primeiro Plano Quinquenal (1929--32), 9, 22, 163, 194, 197-200, 207, 216, 219-20, 225, 232, 236, 264-5n
conjunto de metas elevadas, 181, 184
declarado concluído com sucesso (1932), 224
foco em ferro e aço, 192-3
industrialização e modernização econômica, 223
metas deviam se manter "realistas", 186-7
operários ascendendo a empregos burocráticos durante, 212-3

slogan levado a sério, 211
transformação econômica, 174, 222
transformação social, 174
turbulência demográfica e social, 177-78
prioridades de abastecimento, 195
prisões, 10, 24-5, 89, 91, 94, 263n
bolcheviques, 82
domiciliar, 70
em massa, 41, 115, 239, 242
empreendedores privados por "especulação", 194
mencheviques, 145
oficiais da marinha
oponentes políticos, 179
religiosos, 243
representantes da Duma, 55
desnecessárias, 127
privilégios, 176, 208, 232, 236, 146, 267n
compartilhados, 237
processo de superação do atraso, 20, 177, 191-2, 217
processos de comercialização, 204
procurador-geral do Estado, 180
produção, 168
artesanal, 195
bônus por, 233
capitalista avançada, 34
cômputo da, 127
de defesa, 119
defeituosa, 224
futura, investimento na, 196
maximizando a, 121
problemas agudos de, 225
produção de carvão, 139
produção de ferro-gusa, 193
produção de tanques, 192
produção em linha de montagem, 198
produtividade:
crescente, 233

demandas insistentes por, 22
exortações à, 216
professores, 38, 45, 129, 155, 202,
209, 213, 234
profissão jurídica, 38
profissionalismo revolucionário, 149
profissões de *status* elevado, 37
proletariado, 46, 50, 57, 84, 100, 115,
135, 140, 157-8, 177, 228, 231-2
abandono definitivo do, 230
absoluta necessidade de tomar o
poder em nome do, 174
aliança entre burguesia e, 67
antagonismo essencial entre
burguesia e, 54
burguesia contra o, 106
como única classe capaz de levar
a cabo a verdadeira revolução
socialista, 42
consciência sindical do, 49
considerar-se do, 209
definido, 140
derrubada da burguesia pelo, 78
desintegração e dispersão
temporária do, 107
explorado, 40
identificação do regime com
o, 232
industrial, 34-5, 40, 42, 107, 173
invocando o nome do, 211-2
muito concentrado, 34
núcleo, 23, 140
o regime soviético contra o, 142
Partido Bolchevique e, 14, 131,
135, 137, 140
promessas de dar poder ao, 213
revolução como a missão do,
19-20,
sem mobilidade social, 233
sem terra, 31
urbano, 134, 173

ver também ditadura do
proletariado
propaganda, 15, 40, 182, 220, 226
cartazes de, 128
crivo no país e no exterior, 224
ofensiva planejada, 238-9
propriedade, 57, 64, 84, 86, 117, 124-
-5, 167, 203
confiscada, 79, 201
da Igreja, 146
proprietários de terras, 31, 89
alarme e temor do campesinato,
84
ataques contra, 53, 84
compensação aos, 30, 86
expropriação e redistribuição de
terras dos, 86
terras conservadas no acordo da
Emancipação, 30-1, 33, 35
prostitutas, 144
provocadores, 240
Pskov, 69
Púchkin, Aleksandr, 238
Pugatchov, revolta de (1773-4), 35, 53
punições, 24-5, 115, 179, 188, 200,
215, 237
a facções de oposição, 152
infligido intencionalmente, 205-6
severo, 143, 177
Putílov, 33, 119
Pútin, Vladímir V., 250-1

Q

Quadros, 48, 131, 136-7, 153, 155-7,
181, 189, 200, 212, 226
de liderança, 230
qualidade de vida, 214
queixas, 18, 52, 58, 81, 164, 190,
246-7

questões comunais:
apartamentos, 238
posse fundiária, 30-1
quinta-coluna, 243

R

rabótchii kontrol, ver controle
operário *rabótchii*
racionamento, 120-1, 238
vida nas cidades tornada
calamitosa pelo, 214
suspenso, 238
reintroduzido nas cidades, 178
racionamento de pão, 238
radicalismo, 11, 21, 37, 39, 48,
74, 83
de políticas, 39, 119
inovação em qualquer campo, 210
intelectual, 40, 129
intransigente, 67
mudança social, 157
perspectivas de mudança, 174
retorno ao, 185
RAPP (Associação Russa de
Escritores Proletários), 209-12
Raspútin, Grigóri Iefímovitch,
59-60
rebelião da juventude, 129
recrutamento, 80
em área relativamente
industrializada, 81
voluntário, 113
Recrutamento Lênin, 158
recrutamento militar, 84, 114, 117,
140, 171
seletivo, 113
recursos financeiros, 44
redistribuição, 79, 117, 123
igualitária, 30, 85, 123

Reed, John, 13
Reeducação, 129
reforma agrária, 56, 86
reforma constitucional, 51
reformas legais (1860), 55
reforma social, 63
refugiados, 59
regência, 70
Região Industrial Central, 32, 80
regulação governamental, 190
regulamentos, 229
represas hidrelétricas, 224
repressão, 7
autoritária, 66
truculenta, 225
residentes forasteiros, 58
resistência de guerrilha, 111
resistência passiva, 205
resistência popular, 18
"retorno à normalidade", 12, 222,
238-9
revoltas camponesas (1905-7), 56
revolta de Tambov (1920-1), 141-2
revolução
afirmação da primazia dos
operários em, 83
apelo às armas para a salvação
da, 109
bem-sucedida, 125, 231
burguesa,
da elite, 63-4
escritos sobre a, 13
ideologia da, 20
industrial, 171, 206
internacional, 106, 170
interpretação da, 14, 250
mundial, 126, 228
no campo, 123
permanente, 50
popular, 63-4
prematura, 166

proeminência não é garantia de
segurança na, 244
proletária, 49, 67, 119, 126
radical, 64
socialista, 42, 46, 47, 64
traição da, 222, 232
urbana e rural não simultâneas, 53
violência inerente à, 20, 23, 87,
115
ver também Revolução Cultural;
Revolução Francesa; Revolução
Russa
revolução burguesa, 73
Revolução Cultural (1928-31), 10,
207-17
como canal de ascensão social,
22, 212
desdobramentos loucamente
experimentais, 234
preconceito antiespecialistas que
a tornou possível, 181-82
processos do Partido Industrial,
242, 264n
terror durante e após, 24
"revolução de cima para baixo", 9, 12,
177, 189, 203
Revolução de Fevereiro (1917), 68-
-76, 88
consenso instável seriamente
solapado, 67
derrubada do regime, 97
espírito revolucionário dos
operários de Petrogrado na, 81
filiação ao Partido Bolchevique
na época da, 80
organizações operárias em
centros industriais, 82
os bolcheviques como único
partido não comprometido por
associação ao, 92
poder dual, 68

primeira ação militar séria desde
a, 87
reação camponesa à notícia da, 85
regime da, 92
saída final do Partido
Bolchevique da
clandestinidade, 66
Revolução de Outubro (1917), 14,
92-101
cicatrizes deixadas pela, 65
comportamento e políticas dos
bolcheviques depois da, 106
crença do partido no golpe, 15, 132
desastre essencialmente injusto
da, 121
ilegitimidade da, 65
interpretação da, 14
primeiros membros da
intelligentsia a aceitar a, 128
Revolução Francesa, 7-9, 11-3, 23,
244, 247, 249-52, 255n, 267n
Carlyle sobre, 240
degeneração da, 159, 175
Lei dos Suspeitos da, 179-80
ver também Terror Jacobino
Revolução Russa (1905), 15, 17, 24,
25, 44, 57, 219, 255n, 259n, 274n
início e desdobramentos da, 140,
142
instituições revolucionárias na, 34
Lênin e *Duas táticas da social-*
-democracia, 50
levante/agitação dos camponeses,
35
resultado político da, 249-51
ver também Revolução de
Fevereiro; Revolução de
Outubro
revolução socialista operária, 42,
46-7, 64
Riabuchínski, P., 182

Riga, 29, 90
   queda de, 96
Rigby, T. H., 152, 253, 258n, 260-2n
Ríkov, Aleksei, 160, 173, 179, 184,
   187, 189, 191, 241, 264n
riqueza nacional, 27
rivalidades, 197
Rostov, 29
Rostow, Walt, 224
Rússia
   atraso da, 19-20, 33, 43, 166, 177,
     191-92, 217, 251
   central, fluxo caótico de
     refugiados para a, 59
   crise política interna (anos 1870),
     51
   declínio da civilização na, 65
   domínio estrangeiro em muitos
     setores da indústria na, 58
   expansão para o Extremo
     Oriente, 51
   futuro governo democrático
     da, 63
   industrialização capitalista
     inevitável na, 39-40, 42
   interesse alemão de deixar
     revolucionários opostos à
     guerra voltarem para a, 77
   marxismo como ideologia
     da revolução e do
     desenvolvimento econômico
     na, 20
   natureza esquizoide da sociedade
     da, 36
   padrão de medida para o futuro
     da, 39
   partidos revolucionários na, 19,
     45, 53, 82
   população da (1897), 29
   posse da terra por agricultores
     camponeses na, 57

Potências Aliadas extremamente
   hostis ao novo regime na, 112
reformas domésticas radicais na
   (anos 1860), 51
rural, 43, 54, 103
sistemas de transportes e
   comunicações na, 113
status de grande potência da, 27
ver também Rússia europeia
Rússia europeia
   índice de alfabetização mais alto
     em terras menos férteis, 32
   mir dissolvido em aldeias da, 30
   pessoas fuziladas sem
     julgamento pela Tcheka, 115

S

sabotadores, 187, 240
   conspiradores contra o poder
     soviético, 242
   vigilância contra os, 177-8, 216
sabotagem/sabotadores
   acusações implausíveis de, 181
   econômica, 241
   na indústria mineradora, 180
   necessidade de vigilância contra,
     177-8, 216
   perigo de, 187
   polos de atração para, 240
   salários, 35, 82, 124, 129, 213
   atrasos no pagamento de, 241
   de especialistas, 233
   diferenciação de, 233
   elevados, 233, 236
   média de, 233, 236
   pagos parcialmente em
     mercadorias, 121
salários reais, 22, 213
Samara, 112

Samizdat, 16
São Petersburgo, 29, 32-3, 52-3, 113
  instituições revolucionárias de, 34
  listas telefônicas de, 36
São Petersburgo, Soviete de (1905),
  72
saques e incêndios, 53, 84
seca, 139
sectarismo, 78-9, 243
Segunda Guerra Mundial (1939-45),
  8, 12-3, 15
  ver também Alemanha nazista
Segundo Plano Quinquenal (1933-7),
  196, 221, 233
segurança, 114, 116, 156, 193, 244
senhores de terras, 30-1, 36, 53
sentenças de morte, 25
servidão, 30, 85
  abolição da, 27, 36, 41
  idade de ouro antes do advento
    da, 166
  segunda, 205, 226
setor privado:
  atitude dos bolcheviques em
    relação ao, 167
  autorizado a se reconstituir, 143
sexo
  casual, 130
  promíscuo, 130
  teoria do "copo d'água", 130
Sibéria, 70, 184, 112, 184
  deportações em massa para a,
    202
  governo antibolchevique da, 111
  líderes bolcheviques exilados
    na, 77
sindicatos, 52, 83, 91, 104, 212
  comando nacional dos, 188, 197
  concessões importantes aos, 190
  controlados, 213
  debate sobre o status dos, 149-50

tornados legais em princípio,
  28, 55
  ver também Conselho Central de
    Sindicatos
Sirtsov, Serguei, 184
sistema judicial, 38
Slezkine, Yuri, 17, 261n
slogans, 64, 78, 87, 104, 129, 170,
  190, 211
  de paz, 95, 96
  nobres, 18
  provocadores, 92-3
  rejeitados, 76
  reservas quanto a, 103
  revolucionários, 128, 231
soberanos feudais suecos, 192
socialismo
  capitalismo como estágio
    necessário no caminho para
    o, 42
  científico, 125
  construção do, 20
  consumado, 227
  dedicação ao, 228
  distinção teórica entre
    comunismo e, 228
  geralmente aceito pela
    intelligentsia, 40
  marco no caminho para o,
  pré-marxista, 40
  produzido automaticamente pela
    economia socialista, 223
  símbolo do, 249
  transição para o, 135, 228
  verdadeiro, 42
  via para o, 10, 20, 42-3
socialistas, 8, 21, 40
  coalizão dos, 77, 79, 88, 99
  desprezo pelos que não
    entendiam a necessidade do
    terror, 115

ilusões de unidade dos, 78
intelectuais, 73
tendência tradicional dos liberais
a ver como aliados os, 63
moderados, 88
empurrados para a esquerda, 89
sociedade civil, 36
soldados desmobilizados, 125, 140
solidariedade, 34
de aldeia
patriótica, 52
Soljenítsin, Aleksandr, 16-7
Lênin em Zurique, 65, 257n, 260n
Soviete de Moscou
levante armado do, 53
maioria bolchevique no, 93
sovietes, 53, 64, 84, 97, 106
ainda tinham de seguir a
liderança das capitais na
derrubada da burguesia, 103
clamor pela transferência do
poder para os, 97-8
Comitê Executivo Central dos
criados no nível municipal e no
nível mais baixo, 82-3
comitês partidários se tornando
hegemônicos nos, 132-3
como instituições-chave para
a transferência de poder da
burguesia para o, 78
dominados por "estrangeiros", 106
dos distritos urbanos, 80
fábricas expropriadas por
iniciativa dos próprios
administradores, 119
papel em nível local, 103
pouco cooperativos e
frequentemente caóticos, 155
proletariado, 78
transferência semilegal de poder
aos, 93-4

ver também Soviete de Moscou;
Soviete de Petrogrado
sovkhózi, ver fazendas estatais
SR (Socialista-Revolucionário)
Partido, 44, 73, 75, 77, 97, 100,
103, 112, 147
direita do, 145
esquerda do, 99, 111, 132
liderança destituída, 91
Stakhanovista, Movimento, 233
Stálin, Ióssif V., 7-9, 23, 150, 152, 156,
164, 188, 225, 227, 230-1, 233-5,
237-8, 242-3, 245-9, 262-6n, 268n
acusação a, 163
autopromoção, 233
biografias baseadas em arquivos, 18
criticado em obra de Medviédev,
16
denunciado por Khruschóv, 16, 175
discurso das "Seis Condições"
(1931), 237
ditadura totalitária de, 66
escritos: "Embriagado pelo
sucesso" (artigo), 202; *História
do Partido Comunista*, 14
exílio na Sibéria, 77
nova Constituição, 227
novos livros escolares de história,
234
oposição unida contra 163
ordem secreta especial para
prender ex-*kulaki* e criminosos,
243
polícia secreta usada contra
trotskistas, 245
política de industrialização de,
21, 170
revolução de, 11, 177-217, 219, 246,
263n
revolucionários culturais usados
para desacreditar Trótski, 211

rompimento com Zinóviev e Kámenev, 163
terror de Estado iniciado por, 12
Trótski deportado por, 179, 245
Stalingrado, fábrica de tratores de, 195-6, 225
stalinismo/stalinistas, 12, 14, 18, 188-9, 192, 237, 259n
autoritarismo, 108
divergência fundamental entre o leninismo e, 174
ortodoxo, 236
Stavka, 71
Stolípin, Piotr, 56-7, 85-6, 116, 124, 167, 203, 261n
Struve, Piotr, 46, 51
subdesenvolvimento, 33
Suíça, 77
suicídio, 91
Sukhánov, Nikolai, 73-4, 161
Suny, Ronald, 18, 259-60n, 262n
Superpopulação, 206
superstições religiosas, 129
Sverdlovsk, 197, 215, 264n

T

tamizdat, 16
Tchaadáiev, Piotr, 251
Tcheka (*Tchrezvitcháinaia Komíssia*), 109, 111-2, 114, 131, 137, 141, 169
paralelos históricos com atividades da, 116
pessoas fuziladas sem julgamento pela, 115
substituída pela GPU, 178
Tcheliábinsk, 112
tchinóvnik, 152
tchístki, ver expurgos
teatros, 210

tecido social, 39
tecnologia, 165
avançada, 33
moderna, 198
teoria política, 84, 210
tendências reformistas, 47
tendências revisionistas, 47
Terceiro Mundo, 20
movimentos de libertação, 249
Termidor, 10, 175, 219, 222, 249, 255n, 263n
teorias da conspiração, 65
teoria econômica, 172
Terra Negra, região da, 32
Terror, 24, 239, 249
antissoviético, 178
em pequena escala, 24
gesto associado ao abandono do, 116
irrupção de, 41
nova onda de, 232
órgão de, 115
propósito principal do, 23
repúdio do, 42
seu uso contra inimigos de classe, 241-2
suspeitos habituais de, 243
tática de, 41
Terror Jacobino (1794), 12, 244, 247-8
terrorismo revolucionário, 10-2, 20-1, 23, 38, 41, 116, 243-4, 247-9
totalitário, 11-2
Vermelho, 115
Timasheff, Nicholas S., 219, 222, 266-7n
tomada de reféns, 115
tomada do poder, 21-2, 44, 66-7, 94-5, 97-8, 100, 103, 130, 170
Tómski, Mikhail, 160, 188, 213
Totalitarismo, 15, 66
trabalho por empreitada, 30-1

trabalho sazonal, 31
trabalho social, 127
tradições, 19
traição, deslealdade, 22, 59, 179-80,
  187, 222, 232, 248
traidores, 15, 239
transferência de poder, 78, 98, 258n
  na prática, 72
  semilegal, 93-4
transição e experimentação, 194
tratores
  sua escassez no *kolkhoz* típico, 226
tropas, 34, 52-3, 69, 75, 90-1, 111-2
  campanha de pacificação aldeia
    por aldeia, 54
  confraternizando com a
    multidão, 69
  de reserva, 81
  legalistas, 109
  não confiabilidade das, 90
  Tratados Secretos (entre o governo
    tsarista e Aliados 1915-7), 75
Trótski, Liev
  biografia clássica de, 16
  comissário da Guerra (1918), 113,
    160
  comissário do povo de Assuntos
    Estrangeiros (1917), 98, 104
  críticos destinados à "lata de lixo
    da história", 98, 250
  deportado para fora do país, 179,
    245
  descrédito de teorias associadas
    a, 211
  desprezo por socialistas que não
    compreendiam a necessidade
    do terror, 115
  escritos: *História da Revolução
    Russa*, 13; *Novo curso*, 160;
    A Revolução traída, 13, 236
  exílio de, 163, 179

internacionalismo de, 171
luta de Stálin contra, 179
negociações de paz com alemães,
  110
oposição unida contra Stálin, 163
passível de ser mencionado
  como não pessoa mas só em
  contexto pejorativo, 16
polêmica pré-revolucionária, 48
políticas de estabilização
  rotuladas de "Termidor
  soviético" por, 219, 222, 249
soltura da prisão e admissão ao
  quadro de filiados do Partido
  Bolchevique, 94
Stálin usando a polícia secreta
  contra os, 245
tentativa de desacreditar o
  secretário-geral do partido, 159
teoria da "ditadura", da
  "insurreição" e da "guerra civil"
  permanentes, 50
triunvirato posicionado contra,
  160-2
trotskistas, 151, 184, 187, 240, 245
Tucker, Robert, 237, 258n, 260n,
  263n, 267n
Tukhatchévski, marechal Mikhail,
  240
Turksib, ferrovia, 224, 266n
  ver também Áustria-Hungria

U

Ucrânia, 82, 100, 112, 188
  apoio bolchevique a sovietes de
    operários na, 106
  fábricas metalúrgicas, 192
  ocupação alemã da, 110
  organizações partidárias, 188, 197

pogroms antissemitas na, 41
principais áreas de produção de
  grãos, 205
revolta camponesa na, 141
ver também Donbás; Khárkov;
  Kíev; Odessa
udárnie, 195
Uglánov, Nikolai, 186, 188, 264n
Ulam, Adam, 21, 256n, 263n
unidade, 134, 148-9
  falta de, no comando partidário,
    175
  ideológica, 48-9
  ilusões socialistas de, 78
  "métodos administrativos" para
    reforçar, 152
  partidária, escrúpulos quanto
    à, 190
universidades, 162
  discriminação em favor de
    operários na admissão às, 214,
    230
  grande agitação nas, 213
  reaparecimento da história nos
    currículos, 234
  requisitos para a entrada, 234
Urais, 18, 112, 189-92, 197, 215, 264n
  deportações para os, 70, 202
  organizações partidárias, 197
  "método uralossiberiano", 185
Uralmach (Fábrica de Máquinas
  dos Urais), 197
Urbanização, 165
União Soviética, 7-8
União Soviética:
  alfabetização de adultos (índice
    de), 221
  autoritarismo repressivo, 66
  base socialista, 223
  chaminés gigantes que povoam a
    paisagem, 20

cicatrizes de guerra recorrentes,
  65, 107
circulação não oficial de
  manuscritos no interior da, 16
conspiração que provavelmente
  resultaria em violento ataque
  conjunto contra a, 178
conspirações contra a, 14, 178
cúmplices perigosos de
  inimigos externos e internos
  da, 180
dissolução/desmoronamento/
  colapso da (1991), 7
era pós-revolucionária na, 12
evocação do espírito da (1936-7),
  240
fronteiras territoriais, 105
histórias da, 13-8
ideias que se tornaram
  amplamente difundidas na,
  182
início do engajamento na
  Segunda Guerra Mundial, 12
interpretação da Revolução
  Russa, 14
"líder das forças progressistas da
  humanidade", 249
novas instalações industriais e de
  mineração, 223
objetivo final de desfechar ataque
  militar contra a, 241
obsessão pela grandeza da, 198
órgãos de poder da, 153
Perestroika, 174
população urbana, 205-7, 212
quadros e especialistas de
  destaque na, 212
redesenhando o mapa
  econômico da, 196
resistência às diretrizes do
  regime na, 177

sem necessidade ou desejo de
pedir favores do Ocidente
capitalista, 171
socialismo como fato consumado
na, 227
territórios pré-1939 da, 12
uniformes escolares, 234
utopismo, 40, 125-6, 232
repúdio ao idealismo utópico, 41
visionário, 211

V

valores, 10
burgueses, 14, 129, 208
comunistas, 153-4
culturais, 208, 237
familiares, 235, 238
liberal-democráticos, 149
morais, 235
revolucionários, 222
tendência inerente a desenvolver,
55
"vanguardismo revolucionário", 209
Varsóvia, 29, 126
Vesenkha, *ver* Conselho
Econômico Supremo
vingança de classe, 116
violência
bolcheviques associados ao
confronto armado e à, 108-9
de rua, 87, 90
espontânea, 247
organizada, 23
orgulho em ser obstinado quanto
à, 115
popular, 23, 247
revolucionária, 20, 23
visionários, 211
Vladivostok, 111-2

Volga, região do, 112, 139, 186
Volga Central, região do, 205
"Vontade do Povo", 41-2
voto, direito de, 55
Víborg, 69

W

Weber, Max, 156
Wildman, Allan K., 81, 257-8n
Witte, conde Serguei, 38, 42, 57,
172, 191
negociações de paz com o Japão
(1905), 52

X

xenofobia, 107, 216

Z

zakonomiérnosti, 14
Zamiátin, Ievguêni, 127
Zemstva, 38, 44, 51-2, 60, 71
Zinóviev, Grigóri, 16, 65, 95, 160,
170, 240
ordens emitidas para prender, 89
rompimento de Stálin com, 163

© Sheila Fitzpatrick, 2017

A Revolução Russa foi publicado originalmente em inglês em 2017 (quarta edição). Essa tradução foi publicada mediante acordo com a Oxford University Press.

Todos os direitos desta edição reservados à Todavia.

Grafia atualizada segundo o Acordo Ortográfico da Língua Portuguesa de 1990, que entrou em vigor no Brasil em 2009.

capa
Bloco Gráfico
preparação
Leny Cordeiro
revisão
Amanda Zampieri
Renata Lopes Del Nero
índice remissivo
Débora Donadel
Rafaela Biff Cera

1ª reimpressão, 2018

Dados Internacionais de Catalogação na Publicação (CIP)
——
Fitzpatrick, Sheila (1941-)
Sheila Fitzpatrick: A Revolução Russa
Título original: *The Russian Revolution*
Tradução: José Geraldo Couto
São Paulo: Todavia, 1ª ed., 2017
320 páginas

ISBN 978-85-93828-14-0

1. História 2. História da Rússia
3. Revolução Russa
I. Geraldo Couto, José II. Título

CDD 947.0841
——
Índices para catálogo sistemático:
1. História: História da Rússia 947.0841

todavia
Rua Luís Anhaia, 44
05433.020 São Paulo SP
T. 55 11. 3094 0500
www.todavialivros.com.br

fonte
Register*
papel
Munken print cream
80 g/m²
impressão
Geográfica